中國學術思想 研究輯刊

十九編

林慶彰 主編

第1冊

《十九編》總目

編輯部編

《易緯》占術研究

劉彬著

花木蘭文化出版社

國家圖書館出版品預行編目資料

《易緯》占術研究／劉彬 著 -- 初版 -- 新北市：花木蘭文化出版社，2014〔民103〕

目 2+138 面；19×26 公分

（中國學術思想研究輯刊 十九編；第 1 冊）

ISBN 978-986-322-921-6（精裝）

1.易經　2.研究考訂

030.8　　　　　　　　　　　　　　　103014768

ISBN-978-986-322-921-6

9 789863 229216

中國學術思想研究輯刊

十九編　第一冊　　　　　　　　ISBN：978-986-322-921-6

《易緯》占術研究

作　　者　劉彬
主　　編　林慶彰
總 編 輯　杜潔祥
副總編輯　楊嘉樂
編　　輯　許郁翎
出　　版　花木蘭文化出版社
社　　長　高小娟
聯絡地址　235 新北市中和區中安街七二號十三樓
　　　　　電話：02-2923-1455／傳眞：02-2923-1452
網　　址　http://www.huamulan.tw 信箱 hml 810518@gmail.com
印　　刷　普羅文化出版廣告事業
封面設計　劉開工作室
初　　版　2014 年 9 月
定　　價　十九編 25 冊（精裝）新台幣 42,000 元

《十九編》總目

編輯部　編

《中國學術思想研究輯刊》十九編　書目

經學研究

第 一 冊　劉　彬　《易緯》占術研究

第 二 冊　陳姝伃　《禮記・儒行》研究

第 三 冊　鄭伊珊　張爾岐《儀禮鄭註句讀》研究

儒家思想研究

第 四 冊　李長泰　儒家人本價值與公共理性的耦合機理研究

道家思想研究

第 五 冊　施依吾　老莊福德觀研究

第 六 冊　陳慧娟　兩漢三家《老子》注養生思想研究（上）

第 七 冊　陳慧娟　兩漢三家《老子》注養生思想研究（下）

氣論思想研究

第 八 冊　楊婉羚　《淮南鴻烈》氣論思想研究

第 九 冊　段宜廷　荀子、董仲舒、戴震氣論研究

秦漢學術思想研究

第 十 冊　劉芝慶　修身與治國──從先秦諸子到西漢前期身體政治論的嬗變

第十一冊　劉成紀　漢代美學中的身體問題（上）

第十二冊　劉成紀　漢代美學中的身體問題（下）

宋元學術思想研究

　　第十三冊　鍾永興　論宋季士儒之困頓與抉擇──以殉節思想為核心展
　　　　　　　　　　　開探討（上）

　　第十四冊　鍾永興　論宋季士儒之困頓與抉擇──以殉節思想為核心展
　　　　　　　　　　　開探討（下）

　　第十五冊　李蕙如　許衡對朱子學的傳承與發展

明代學術思想研究

　　第十六冊　謝居憲　孝弟慈通貫孔孟聖學──羅近溪哲學之建構

清代學術思想研究

　　第十七冊　黎雅真　謝文洊及其思想研究

民國學術思想研究

　　第十八冊　楊　輝　「學衡派」倫理思想研究

佛教思想研究

　　第十九冊　吳明興　天台圓教十乘觀法之研究
　　第二十冊　魏建中　圓悟克勤禪學思想研究
　　第二一冊　陳穎蓁　惠洪、張商英《妙法蓮華經合論》研究
　　第二二冊　康　莊　禪宗非言語行為之語言研究（上）
　　第二三冊　康　莊　禪宗非言語行為之語言研究（下）
　　第二四冊　陳宜青　「敦煌舞」的佛教藝術思想研究（上）
　　第二五冊　陳宜青　「敦煌舞」的佛教藝術思想研究（下）

《中國學術思想研究輯刊》十九編
各書作者簡介·提要·目次

第一冊 《易緯》占術研究

作者簡介

劉彬，字於易，男，1965 年生，山東滕州人，哲學博士，清華大學博士後，曲阜師範大學孔子文化研究院教授，碩士生導師，山東大學易學與中國古代哲學研究中心兼職教授，山東周易研究會常務理事，山東孔子學會理事，孔子研究院特聘研究員。長期學習和研究易學，在象數易學、出土易學文獻研究等方面有較深造詣。在《中國哲學史》、《周易研究》、《孔子研究》等期刊發表學術論文 30 餘篇，出版《帛書〈要〉篇校釋》等專著，主持國家社會科學基金項目「帛書《衷》篇新校新釋」，主持教育部社會科學基金項目「帛書《易傳》新釋暨孔子易學思想研究」等課題。

提 要

《易緯》爲古讖緯文獻之一，包括《乾鑿度》、《乾坤鑿度》、《稽覽圖》、《辨終備》、《通卦驗》、《乾元序制記》、《是類謀》、《坤靈圖》等八種。歷代學者對《易緯》進行大量研究，取得豐富成果。但有兩個問題還需要深入探索：一是《易緯》文本內容性質還含糊不明。二是歷代學者對《易緯》占術一些內容的探討有誤，還有不少內容沒有被推求出來。因此必須對《易緯》占術進行系統、全面的研究，以糾誤補缺。本書針對上述兩個問題，在前賢研究的基礎上，對《易緯》占術作了較系統的探討。

本書首先對先秦至西漢易學史作簡要考察，認為在先秦至西漢的易學發展中，存在著數術易系統。這一系統源於古代史官，具有推數、觀象等特點，含有星象、陰陽、五行、卦氣、干支等內容。《易緯》占術乃數術易的內容，屬於先秦西漢的數術易系統。《易緯》占術的主體部分，應是春秋末和戰國時的史官和方士，為解決當時帝王受命的宗教政治問題，承襲以前的一些數術易占術，並採用當時成熟的「時令」思想和古四分歷的《殷曆》，進一步發展而成的，因此《易緯》占術的主體部分形成於戰國。其後由方士或增益出新的占術，或將原有占術添枝加葉整齊化，最後在西漢中期整體定型。

《易緯》占術內容豐富，可分為王命占術和卦氣占術兩大部分。王命占術旨在推算帝王受命、歷年以及世數等，包括五德終始術、六十四卦主歲術和策軌術以及一軌享國數和推厄數等。五德終始術是戰國鄒衍師徒的學說，用來推算帝王受命的五行之德。六十四卦主歲術和策軌術用來推算一個朝代的歷年，可能形成於戰國時代。一軌享國術用來推算一軌中享國帝王的世數、品性和異表，推厄術用來推算一軌中發生的水旱等災厄。

《易緯》卦氣占術，可分為四正卦占候、八卦氣占候、十二消息卦占候、六日七分術和一爻直一日術。其中八卦氣占候又有《乾鑿度》卷上八卦氣說和《通卦驗》卷下八卦氣占候的不同，十二消息卦占候（廣義）又有十二消息卦占候（狹義）和七十二候占術的不同，六日七分術有《稽覽圖》卷下、《乾元序制記》六日七分術和《稽覽圖》卷上六日七分術的不同。這些卦氣占術的不同形式，分屬於不同的易學派別，其形成的時間亦各不相同。

西漢孟、焦、京等人卦氣說當源於《易緯》卦氣占術。孟喜的六日七分說源於《稽覽圖》卷下、《乾元序制記》的六日七分術，以及《乾鑿度》的九宮易數思想。焦贛的卦氣說可能源於《稽覽圖》卷下的一爻直一日術。京房的六日七分說可能源於《稽覽圖》卷上的六日七分術。

目　次

緒　論 ……………………………………………………………………………… 1
第一章　《易緯》占術形成考察 ………………………………………………… 11
　第一節　《易緯》占術形成的動機 …………………………………………… 11
　第二節　《易緯》占術形成所利用的兩種思想資源 ………………………… 12
　　一、先秦「時令」思想 ……………………………………………………… 13
　　二、先秦四分曆《殷曆》 …………………………………………………… 19

　　第三節　《易緯》占術形成的內在考察 ………………… 23
　　　一、先秦西漢易學史中的數術易 …………………… 23
　　　二、《易緯》占術屬於數術易系統 ………………… 31
　　　三、《易緯》卦氣占術與西漢孟、焦、京易學的關係 … 37
第二章　《易緯》王命占術 ……………………………… 43
　　第一節　五德終始術 ……………………………………… 43
　　第二節　六十四卦主歲術和策軌術 ……………………… 50
　　　一、六十四卦主歲術的演算法 ……………………… 50
　　　二、六十四卦策軌術的演算法 ……………………… 57
　　　三、卦主歲術和策軌術占王命功用 ………………… 61
　　　四、卦主歲術和策軌術形成時間初考 ……………… 62
　　第三節　一軌享國術和推厄術 …………………………… 63
　　　一、一軌享國術 ……………………………………… 63
　　　二、推厄術 …………………………………………… 69
第三章　《易緯》卦氣占術（上）……………………… 71
　　第一節　四正卦占候 ……………………………………… 71
　　第二節　八卦氣占候 ……………………………………… 85
　　　一、《乾鑿度》卷上八卦氣說 ……………………… 85
　　　二、《通卦驗》卷下八卦氣占候 …………………… 90
　　第三節　十二消息卦占候 ………………………………… 95
　　　一、《通卦驗》十二消息卦占候 …………………… 95
　　　二、《通卦驗》七十二候占術 ……………………… 96
第四章　《易緯》卦氣占術（下）…………………… 103
　　第四節　六日七分術 …………………………………… 103
　　　一、《稽覽圖》卷下六日七分術 ………………… 103
　　　二、《稽覽圖》卷上六日七分術 ………………… 109
　　第五節　爻直一日術 …………………………………… 116
結　語 …………………………………………………… 125
附　錄
　　一、中國歷代學者《易緯》研究論著 ……………… 127
　　二、日本學者《易緯》研究論著 …………………… 129

參考文獻⋯⋯⋯⋯⋯⋯⋯⋯⋯⋯⋯⋯⋯⋯⋯⋯⋯⋯⋯⋯⋯⋯⋯⋯ 131

後　記⋯⋯⋯⋯⋯⋯⋯⋯⋯⋯⋯⋯⋯⋯⋯⋯⋯⋯⋯⋯⋯⋯⋯⋯⋯⋯ 137

第二冊　《禮記・儒行》研究

作者簡介

　　陳姝伃，1983 年生，臺灣臺北市人，國立臺灣師範大學國文研究所碩士。曾任小學教師、臺北市教育局民俗運動踢毽輔導員，現任崇德文教基金會講師。有志於從事中國經學、儒家思想研究，碩士論文承蒙林素英教授指導。曾發表〈黃以周《十翼後錄》以《禮》釋《易》探析〉、〈《禮記・儒行》容貌章發微〉、〈克己復禮儒風化人──林素英教授及其禮學研究〉（合著）等三篇論文。

提　要

　　〈儒行〉收入於《禮記》一書當中，以孔子與魯哀公之對答為背景，記載儒者十六種言行規範，每段以「儒有⋯⋯」作為標準開頭，中間以「其⋯⋯」敘述言行之內容，最後以「其⋯⋯有如此者」結尾，以明該段之題旨，可謂先秦典籍論「儒」的言行最為詳盡之篇章。然而，綜觀歷代注疏及今人研究成果，該篇相關之研究數量並不多，且前人對於此篇是否符合孔子早期儒家思想的問題，多有爭議及辯駁，故本文以此為題探究之。

　　本文首先從「儒」的意義與發展作為研究起點，從殷商原始術士之儒、西周師儒之儒，一路探索至先秦儒家君子之儒，目的在理解孔子所肩負之文化傳承，及其以君子儒為教之理想的偉大眼光，藉此凸顯〈儒行〉存在之意義與價值。再者，運用儒家傳世典籍、出土文獻、古代字書、歷代注疏與國內外研究孔子學說之成果，將〈儒行〉之字句義涵先做一梳理，並從中分類出數個重要群組概念，歸納出該篇之思想體系乃以學、履、忠、信、仁、義為核心主旨，且主要建立在社會倫理之架構中，蘊藏有深刻的立己、成人之內涵。

　　本研究的主要方法，是將〈儒行〉與重要儒家文獻之內容，反覆地進行比較、論述，過程中發現〈儒行〉思想並無一處外於孔子學說，其原因有三：第一，《論語》所提言簡意賅之道德原則，於〈儒行〉之中不但大多能找到直述其義之語句，且在「忠信」連稱與「仁」、「義」分立的表述方式上，亦與《論語》相同。孔子極力發揚之「仁」德，於〈儒行〉亦最為尊貴。第二，〈儒行〉

與二戴《禮記》、《郭店楚簡》、《孟子》之內容，多半亦有相合之處，當中有些語句甚至雷同，說明〈儒行〉全文整體的論點，並不違背早期儒家之思想。第三，關於宋、明、清之學者對於〈儒行〉的批評，其實除了少數學者如清初王船山指陳該篇部分不詳、不通之語句，與清代姚際恆未論原因，便於每段皆下不合義理之評語外，大多數學者皆持正面肯定的態度。再加上本文利用今人對於孔學之研究成果，印證〈儒行〉與孔子學說的關係，更見其歷歷有據。因此，本研究認為〈儒行〉思想堪稱可與孔子學說能相呼應。

目　次

第一章　緒　論 1
　第一節　研究動機與目的 1
　　一、研究動機 1
　　二、研究目的 7
　第二節　研究範圍與材料 7
　　一、研究範圍 8
　　二、研究材料 8
　第三節　文獻回顧與探討 10
　　一、〈儒行〉的文本結構特色 10
　　二、〈儒行〉的研究成果 15
　　三、前人研究成果綜評 21
　第四節　研究方法與步驟 23
　　一、研究方法 23
　　二、研究步驟 28
第二章　儒的意義與發展 29
　第一節　原始之儒 29
　　一、術士之儒服事天道 30
　　二、卜辭中的「需」 34
　第二節　師儒之儒 40
　　一、殷周文化傳遞 41
　　二、師儒的教化內容 44
　第三節　儒家之儒 49
　　一、孔子提升德、藝的內涵 49

二、君子儒的意義 ··· 54

第三章 學與履 ··· 57

第一節 學之態度與教之內涵 ································· 57

一、儒者向學之三度 ·· 58

二、儒者教授之三方 ·· 62

第二節 人倫日用的處世原則 ································· 67

一、社會倫理之範圍 ·· 68

二、修己待人的三種原則 ··································· 73

第四章 忠與信 ··· 91

第一節 忠信的分論及合述 ···································· 92

一、忠、信分論之意義 ····································· 92

二、「忠信」合述之內涵 ··································· 97

第二節 忠信的表現與做法 ··································· 104

一、人臣之道 ·· 104

二、交友舉賢 ·· 116

第三節 忠信與禮義的關係 ··································· 123

一、忠信的層次與應用 ····································· 123

二、「忠信爲禮之本」的意義 ····························· 125

第五章 仁與義 ·· 131

第一節 仁之建立、形成與地位 ···························· 131

一、仁建立在人與人相親愛之關係 ······················ 132

二、仁爲諸德累積之過程 ··································· 135

三、仁之四種實踐特性 ····································· 149

第二節 義之實踐與省思 ······································ 151

一、立義：道德應然之原則 ································ 152

二、處義：情境適宜之作法 ································ 153

三、行義：明辨是非之勇敢 ································ 154

四、思義：事理本質之反省 ································ 155

第六章 結 論 ··· 157

第一節 本研究成果之回顧 ··································· 157

第二節 研究之所限與未來之展望 ························· 162

附錄一　《禮記・儒行》全篇原文 ⋯⋯⋯⋯⋯⋯⋯⋯⋯⋯⋯⋯ 169

附錄二　黃道周《儒行集傳》之歷史人物 ⋯⋯⋯⋯⋯⋯⋯ 173

附錄三　《禮記・儒行》與《孔子家語・儒行解》對照表 ⋯⋯ 177

附錄四　甲骨文中出現□、□（需）字一覽表 ⋯⋯⋯⋯⋯⋯ 181

參考文獻 ⋯⋯⋯⋯⋯⋯⋯⋯⋯⋯⋯⋯⋯⋯⋯⋯⋯⋯⋯⋯⋯ 187

圖表目次 ⋯⋯⋯⋯⋯⋯⋯⋯⋯⋯⋯⋯⋯⋯⋯⋯⋯⋯⋯⋯⋯

表一　〈儒行〉「不爲」之事類 ⋯⋯⋯⋯⋯⋯⋯⋯⋯⋯⋯ 12

表二　《商周圖形文字編》「需」字 ⋯⋯⋯⋯⋯⋯⋯⋯⋯ 39

表三　「儒」與「君子」的意義轉變與關係 ⋯⋯⋯⋯⋯⋯ 51

表四　〈儒行〉之社會倫理架構 ⋯⋯⋯⋯⋯⋯⋯⋯⋯⋯ 71

表五　〈儒行〉論忠信之層次、應用及其與「禮」的關係 ⋯ 125

圖一　士宮圖 ⋯⋯⋯⋯⋯⋯⋯⋯⋯⋯⋯⋯⋯⋯⋯⋯⋯⋯ 78

圖二　一堂一房一室圖 ⋯⋯⋯⋯⋯⋯⋯⋯⋯⋯⋯⋯⋯⋯ 79

第三冊　張爾岐《儀禮鄭註句讀》研究

作者簡介

鄭伊珊，生於西元 1983 年台南，2013 畢業於國立高雄師範大學經學研究所碩士，碩士論文題目《張爾岐儀禮鄭註句讀研究》。因從小對於民間禮俗有濃厚的興趣，因此在碩士時就投入古禮的研究，並更進一步觀察民間的禮俗，現今就讀國立高雄師範大學國文系博士班。

提　要

張爾岐，字稷若，號蒿庵，爲明末清初治《儀禮》學的大儒。因有感於《儀禮》爲聖賢之書，世人卻因難讀而廢，因此以推廣《儀禮》爲初衷，望學子不因《儀禮》難讀而止，著《儀禮鄭註句讀》一書以傳後世。其書直承鄭註，對於賈疏與後人之說，皆簡略附註於鄭註之後，對於賈疏過於漫衍的解釋皆加以省略，務求經文明白通曉，並且在有疑之處提出自己的看法。此書雖提名爲句讀之書，然而從張爾岐對於注疏的取捨以及附錄於後的看法，可以看出張爾岐以《儀禮》修身、《儀禮》治世的觀念。

明代以後，禮學衰微，而《儀禮鄭註句讀》後，禮學大興，治《儀禮》者眾，其中多受張爾岐《儀禮鄭註句讀》影響。要談清代《儀禮》之學，不可不

談張爾岐《儀禮鄭註句讀》，此書可說是清代《儀禮》之學的先聲，影響秦蕙田、方苞、胡培翬等學者。

本論文先論張爾岐之生平，爬梳張爾岐的一生，並點出張爾岐書寫《儀禮鄭註句讀》的動機與歷程。次論《儀禮鄭註句讀》之體例與解經特色，以凸顯《儀禮鄭註句讀》與其他著述的分別。接下來討論張爾岐禮學思想的展現，說明「禮」在張爾岐思想中的重要性，兼論張爾岐以禮修身、以禮治世的態度。最後論《儀禮鄭註句讀》的歷史定位與價值。

目　次

第一章　緒　論 1
　第一節　研究動機 1
　第二節　研究方法 3
　第三節　文獻探討 3
　　一、張爾岐研究 4
　　二、張爾岐著作研究 6
第二章　張爾岐生平論述 11
　第一節　張爾岐生平傳略 11
　第二節　張爾岐著述考 13
　　一、經部 14
　　二、史部 17
　　三、子部 18
　　四、集部 19
第三章　《儀禮鄭註句讀》體例說解 23
　第一節　論述特色 25
　　一、依經註內容分章析節 26
　　二、在條目下加入自己的說解 40
　　三、在條目重要語句中加頓點強調 46
　　四、分章析節之缺失探討 51
　第二節　句讀分明，並在重要語句旁加頓點強調 59
　　一、對禮器的強調 59
　　二、對禮義的強調 62
　第三節　爲生難字詞標音注釋 66

　　一、鄭玄未言其音，張爾岐標示字音 ·············· 67

　　二、鄭玄解釋字形，張爾岐補充字音 ·············· 68

　　三、鄭玄標註字音，張爾岐補上反切 ·············· 69

　第四節　節錄賈疏的特色 ····················· 69

　　一、根本《儀禮》經文與鄭註說解 ·············· 70

　　二、重視儀節、禮器之說解 ················· 74

第四章　《儀禮鄭註句讀》解經特色 ·············· 79

　第一節　以經解經 ······················· 79

　　一、以《儀禮》其他篇章解《儀禮》本文 ········· 80

　　二、以《周禮》經文解《儀禮》 ·············· 85

　　三、以《禮記》解《儀禮》 ················· 87

　　四、以春秋三傳解《儀禮》 ················· 89

　　五、以其他經典或前人說法解《儀禮》 ··········· 91

　第二節　避談陰陽五行之說 ················· 95

　第三節　有疑處寧略勿詳，不妄做推測 ··········· 97

　第四節　對注疏有疑處提出自己的看法 ··········· 98

第五章　張爾岐禮學思想研究 ················· 103

　第一節　天道觀 ························ 104

　　一、天道與氣的關係 ·················· 105

　　二、氣與勢的關係 ··················· 107

　　三、不以功利論天道 ·················· 109

　第二節　以禮實踐天道 ··················· 113

　第三節　以古禮應世 ···················· 118

　　一、以古禮修身 ···················· 118

　　二、以古禮治世 ···················· 119

第六章　《儀禮鄭註句讀》歷史地位與價值 ·········· 127

　第一節　秦蕙田《五禮通考》 ··············· 127

　第二節　方苞《儀禮析疑》 ················ 130

　第三節　吳廷華《儀禮章句》 ··············· 133

　第四節　盛世佐《儀禮集編》 ··············· 134

　第五節　胡培翬《儀禮正義》 ··············· 138

　　一、對《儀禮》內文分節……………………………………139

　　二、繼承張爾岐對《儀禮》的看法………………………………143

　　三、解決張爾岐對《儀禮》的疑問………………………………146

第七章　結　論……………………………………………………151

〔附錄一〕張爾岐年譜……………………………………………157

〔附錄二〕《儀禮鄭註句讀》……………………………………167

參考書目……………………………………………………………181

第四冊　儒家人本價值與公共理性的耦合機理研究

作者簡介

　　李長泰，男，1971 年 10 月生，湖北大悟人，哲學博士，碩士生導師，湖南農業大學馬克思主義學院教授，湖南省青年骨幹教師。2007 年畢業於中國人民大學中國哲學專業，獲哲學博士學位。主要研究方向有中國哲學、科技與倫理、哲學與文化，發表論文 40 餘篇，出版專著有《天地人和——儒家君子思想研究》、《孟子公共理性研究》、《馬克思主義中國化的文化生態和合論》、《當代中國農業科技倫理思維模式論》四部，主持完成國家社會科學基金課題 1 項和湖南省社會科學基金 2 項。

提　要

　　本書主要研究儒家人本價值與公共理性的耦合機理，以儒家人本價值和儒家公共理性兩大問題主線，著手解決二者實現耦合的機理問題，其架構分人本價值論、人本價值向公共理性轉換的機理論、公共理性論、當代公共理性建構論四個部分。儒家人本價值體現儒家人本價值的發現、人本價值的內容，人本價值的演生三個方面。儒家人本價值的發現是仁義，核心內容是德性人本、知識人本、境界人本，人本價值要從修道、修身、修行三個方面形成。儒家人本價值論與儒家公共理性論的耦合需要通過轉化才能實現，主要體現人本人格向普世價值的轉化、普世價值向公共價值的轉化和公共價值向公共人格的轉化三個轉化論。三個轉化的完成，普世價值、公共價值、公共人格向公共理性的轉化創造了條件，公共人格和價值順理成章地轉化人文理性、國家理性和教育理性，儒家公共理性對當代世界公共理性和公共秩序的建樹具有重要的參考作用。全書凸顯儒家人本價值與公共理性耦合機理的動態研究，重點突出儒家人

本價值論、人本價值向公共理性的轉換機理論和公共理性論三個方面。

目　次

導　論　人本價值與公共理性 ……………………………………… 1
　一、人文精神與人本關注 ……………………………………… 1
　二、以人爲本與公共人格 ……………………………………… 9
　三、道德共識和價值理性 ……………………………………… 16
　四、理性價值和耦合機理 ……………………………………… 21
第一章　人本價值原人：人本仁人 ……………………………… 33
　一、各家異說：人的分野 ……………………………………… 34
　　1、道法自然：無爲爲本 …………………………………… 34
　　2、墨家功效：生存爲本 …………………………………… 42
　　3、法家嚴苛：人本缺失 …………………………………… 50
　二、立人爲人：人的發現 ……………………………………… 57
　　1、人本發現：仁義立人 …………………………………… 58
　　2、本原立人：明德良知 …………………………………… 63
　　3、人本存在：天人合一 …………………………………… 67
　三、理性爲人：人本自覺 ……………………………………… 70
　　1、人本自覺：立人成人 …………………………………… 71
　　2、人本安頓：安身立命 …………………………………… 75
　　3、價值玄理：至善之美 …………………………………… 77
第二章　人本價值原道：天地人境 ……………………………… 81
　一、道德人本：至善盛德 ……………………………………… 83
　　1、人本完善：天道明德至善 ……………………………… 84
　　2、人本德厚：地道厚德載物 ……………………………… 87
　　3、人本幸福：天地生生不息 ……………………………… 91
　二、素質人本：天地人通 ……………………………………… 94
　　1、人本博學：大道費隱 …………………………………… 94
　　2、人本剛柔：自強柔順 …………………………………… 98
　　3、人本至上：成人求聖 …………………………………… 100
　三、境界人本：崇高至上 ……………………………………… 102
　　1、本眞境界：自然中庸 …………………………………… 103

2、群體境界：道德仁義 107

3、虛靈境界：虛靈不昧 111

第三章　人本價值踐行：身心家國 117

一、修道確立人本：立仁守道 119

1、格物致知、博學慎思 119

2、立人達人、爲仁由己 123

3、守道不離、一以貫之 126

二、修身實現人本：立心誠意 128

1、慎獨戒懼，天下中和 129

2、誠意修心，至誠無息 131

3、大人丈夫，浩然之氣 134

三、修行保障人本：立國爲民 136

1、君子坦蕩，文質彬彬 137

2、人才示範，德才兼備 139

3、言行威信，天下得民 141

第四章　人本人格演生：普世價值 147

一、人格獨立：價值幸福 148

1、人本獨立，個體幸福 148

2、道德心性，普世幸福 151

二、人格完善：價值理性 155

1、完美心境，價值提升 155

2、理性價值，自我完善 158

三、人格認同：價值崇高 162

1、人本至上，可能幸福 162

2、崇高精神，天下認同 165

第五章　普世價值轉生：公共價值 171

一、以人爲本，公平正義 172

1、人本存在，仁愛關切 173

2、仁民愛物，以公滅私 175

二、推己及人，民主平等 178

1、人同此心，天下公平 179

　　2、由己及人，忠恕民主 ················· 182

　三、和而不同，公共和合 ················· 184

　　1、禮用促和，人本缺憾 ················· 185

　　2、和而不同，公共和合 ················· 187

第六章　公共價值化成：公共人格 ············· 193

　一、德性人格：存義去利 ················· 193

　　1、天下為公，人本大公 ················· 194

　　2、以德報怨，當仁不讓 ················· 197

　　3、以德化民，人本政治 ················· 200

　二、利他人格：厚生濟世 ················· 203

　　1、心憂天下，責任擔當 ················· 203

　　2、正德厚生，治國化民 ················· 207

　　3、濟世安民，太平幸福 ················· 210

　三、藝術人格：崇高儒雅 ················· 213

　　1、內外和美，人本美樂 ················· 215

　　2、文辭達道，人本書質 ················· 219

　　3、儒雅亨通，人本雅致 ················· 223

第七章　公共人格轉換：公共理性 ············· 229

　一、人文理性：價值人生 ················· 231

　　1、道德為人，德性價值 ················· 232

　　2、人文倫理，化成天下 ················· 235

　二、國家理性：政治人生 ················· 240

　　1、國家至上，齊家治國 ················· 241

　　2、天下一統，理一至善 ················· 246

　三、教育理性：教育人生 ················· 249

　　1、明德新民，理性教化 ················· 250

　　2、精神常駐，靈魂教化 ················· 254

第八章　公共理性新樹：公共秩序 ············· 257

　一、人文至美：理性建樹 ················· 259

　　1、生存理性：以人為本 ················· 261

　　2、價值理性：德性立人 ················· 265

3、可能理性：幸福崇高 ·················· 269
二、社會至善：價值建樹 ·················· 273
1、人民安定，人本關懷 ·················· 274
2、公平正義，公共關切 ·················· 277
3、崇高精神，幸福至善 ·················· 279
三、管理至眞：制度建樹 ·················· 281
1、公民意識：人人同心 ·················· 282
2、公共制度：上下規範 ·················· 285
3、執行管理：家國同安 ·················· 287
參考文獻 ······························ 291

第五冊　老莊福德觀研究

作者簡介

施依吾，父母皆爲歷史老師，書香世家，師成王邦雄教授，淡大博士班畢業。自畢業後幾年下來，問學開人天眼，教學益添見識。感謝這幾年來所遇淡江、嘉藥、長庚、輔仁大學等的學校同仁與莘莘學子，我雖是老師，但你們對我的啓發，其實更多。對攝影及客家文化頗有浸潤，雖是玩票性質，幸而玩味出一點成績，兼任外台戲班的攝影師，並爲客家耆老作採訪實錄，希望爲文化傳承盡點心力。

提　要

道德與幸福之關連，是人生最大困惑，有道之士不但未能享福，反倒常受貧苦困頓之累；「竊國者侯」縱然難免身陷刑戮之危，卻未必能遏止人類僥倖求福之衝動。且今日普世價值講求人權，嚴刑峻法多已不復存在，罪犯之罪惡感也不如以往，若只需冒著短短幾年徒刑之風險，便可換取世代不盡之福報，殺人更無須擔心終身不赦之法律制裁，只需服刑期滿，便可重回社會；好人無好報，惡人卻可逍遙法外，試問道德如何維繫其鼓舞世人棄惡從善之普世價值？

道德不但未必足以勸人棄惡從善，道德本身，亦適足以自我異化爲一壓迫他人之價值標準；中國有所謂吃人的禮教，以爲「餓死事極小，失節事極大」，以貞節之美名，掩飾無人權之事實；而西方更有宗教迫害、十字軍東征、回教聖戰，乃至 911 事件之兩極對立；追根究柢，問題亦出自道德認知之不同，與

意識型態之對立。結果無論在東西方社會中，道德固然可以提供教化社會之貢獻，卻也可以成爲壓迫異己之工具。昔日君父威權以禮教爲手段，壓迫婦女及臣下，以宗教爲理由，整肅異己與異端；今日多元開放之民主思潮雖已廣爲世人接受，然不同信仰間彼此自是非他之對立惡鬥，其實未嘗稍緩；僅是假民主之名，行政黨惡鬥之實，結果雙方自我堅持之道德標準，同樣只是一敵視對方之手段工具，如此道德，如何可曰常道常德？

　　道德不能空談，道德實踐不該與幸福相衝突，然而佛教的彼岸與基督教的天國，在科學昌明之今日，說服力逐日遞減，但人類之心靈面對福德無法一致之問題，仍須給出解釋。且自工業革命後，世人對於現世福報之追求，又遠甚於農業時代，而追求現代生活所造成之環境傷害，亦更甚於以往。然而不同價值觀之間的傾軋，與東西方文明之對立，乃至全球化後人際間過於頻繁的互動所導致的相刃相靡，實爲前所未見。在傳統文化淪喪，宗教信仰式微，而人際間對立嚴重之當下，重新檢視老莊義理，尤具價值。

　　以下即爲拙作摘要：

　　第一章爲序論，分別說明研究目的、研究成果之回顧、與研究方法及內容大要，第二章探討儒墨二家之福德觀，蓋先秦諸子起於救時之弊，孔子力圖振興周文，墨子亦針對儒家所傳承之周文，多所反思；至於老莊則同時反省儒、墨二家。故在福德問題之討論上，乃先就儒、墨二家之福德觀作一釐清。

　　第三章進行老莊福德觀之析論，本章詳述老莊如何看待「福」，又如何定義「德」？老莊認爲「有」是執著，老莊之福德觀，便始於對幸福之反思。其次，老莊對「德」之認定，與儒墨是否相同？在老莊眼中，福德一致是否可能？皆在此一章節進行詳細之分析。

　　第四章則針對老莊福德觀間相異之部分進行探討，老莊雖同屬道家，義理性格上卻有外王與內聖不同之性格，尤其老子可往權變術用之方向解讀，莊子卻僅注重於主體之修養，此爲老莊最大之不同。

　　第五章則專就莊子外雜篇之部分，探討福德觀在外雜篇的演進，蓋外雜篇受黃老、無君與儒墨思想影響，加以客觀情勢日漸惡化，故較諸內七篇，外雜篇之福德觀既有後出轉精之處，亦有妥協，乃至不及之處。

　　最後第六章之部分，則探討以老莊之智慧，當如何處理現代人所面對之科技問題、環保問題，乃至意識型態分裂對立之問題，此爲老莊福德觀的現代詮釋。

目 次

第一章 緒 論 ……………………………………………………… 1
　一、研究目的 ………………………………………………………… 1
　二、既有成果之回顧 ………………………………………………… 2
　三、研究方法及內容結構 …………………………………………… 5
第二章 老莊福德觀的發生背景 …………………………………… 11
　第一節 孔孟福德觀的反思 ………………………………………… 12
　　一、孔子的福德觀 ………………………………………………… 12
　　二、孟子的福德觀 ………………………………………………… 19
　第二節 墨家的福德觀 ……………………………………………… 28
　第三節 老莊對儒墨福德觀的反思 ………………………………… 35
　　一、老莊對「福」的反思 ………………………………………… 35
　　二、老莊對儒墨德行的反思 ……………………………………… 49
第三章 老莊福德觀的理論架構 …………………………………… 55
　第一節 上德不德，是以有德：道家的福德觀 …………………… 56
　　一、道家對「德」的界定：德是實然，不是應然 ……………… 56
　　二、作用的保存：解消德行的執著，即解消福報的祈求 ……… 57
　第二節 無厚入有間：心上做工夫，性上得收穫的修養工夫 …… 61
　　一、老子：兕無所投其角，兵無所容其刃 ……………………… 62
　　二、莊子：從「材與不材之間」到「乘道德而浮游」 ………… 64
　第三節 「出生入死」的福德觀 …………………………………… 66
　　一、老莊對生死的認知 …………………………………………… 67
　　二、福德問題之究極，在生死大關 ……………………………… 71
第四章 老莊福德觀比較 …………………………………………… 79
　第一節 老子以明照德的政治思想 ………………………………… 80
　　一、「自知、自勝、知足」：回歸天生本德 …………………… 80
　　二、以「無為」之化解，保存天下人的幸福 …………………… 81
　　三、無棄人也無棄物的外王理想與智慧 ………………………… 83
　　四、「報怨以德」從根本化解的福報觀 ………………………… 84
　　五、在放下中成全的生成之道 …………………………………… 86
　第二節 莊子逍遙無待的工夫境界 ………………………………… 91

一、福報的解消與德行的重構 ································ 92

二、聖人內斂涵藏的修養 ································ 94

三、無名無刑的無可解 ································ 99

四、安義若命的不用逃 ································ 104

五、在人間世逍遙遊 ································ 109

六、禍福雙遣與福德雙全 ································ 112

第五章　莊子外雜篇中福德問題的發展與變化 ················ 115

第一節　從「聽之以氣」到「純氣之守」：修養論的延伸、實踐與改變
································ 120

一、由氣化論說生死 ································ 121

二、由「聽之以氣」的無心自然到「純氣之守」的養生之道 ······ 123

三、修養的究竟目的 ································ 126

第二節　「人與天一」：「安命」思想的延伸 ················ 129

一、貧也、憊也、病也，有道之士常見的際遇 ··········· 130

二、從「知命」到「安命」的安時處順 ··············· 132

三、「察安危，謹去就」的保身之道 ················· 135

四、「安」的最高境：適 ························· 136

第三節　「不得已而臨蒞天下」與「與化為人，方能化人」的政治思想
································ 138

一、「不得已而臨蒞天下」 ···················· 138

二、「與化為人，方能化人」 ···················· 140

第四節　「不能自勝則從」：縱欲與棄世思想的濫觴 ········· 142

第六章　老莊福德觀回應當代的問題 ·················· 149

第一節　現代社會的病痛 ························ 149

一、追求幸福引起的災難 ···················· 150

二、意識型態鬥爭引起的災難 ·················· 151

第二節　知止：老莊對知識問題的看法 ··············· 152

一、老莊典籍中的「知」，並非現代「知識」之意 ········· 153

二、近代學者對「老莊如何處理知識問題」的看法 ········· 154

三、「知止其所不知」的現代意義 ················· 160

第三節　勇於不敢：老莊對科學技術的建議 ············· 162

第四節　因是兩行：老莊對意識型態對立的調解與觀照⋯⋯⋯⋯166
　　一、無爲的修養，給萬物共存共榮的空間⋯⋯⋯⋯⋯⋯⋯⋯167
　　二、無心自然，讓萬物充分實現⋯⋯⋯⋯⋯⋯⋯⋯⋯⋯⋯⋯168
　　三、因是兩行，讓各大教各行其是的智慧⋯⋯⋯⋯⋯⋯⋯⋯168
第五節　宗教式微，老莊福德觀的價值⋯⋯⋯⋯⋯⋯⋯⋯⋯⋯⋯173
第七章　結　論⋯⋯⋯⋯⋯⋯⋯⋯⋯⋯⋯⋯⋯⋯⋯⋯⋯⋯⋯⋯177
　　一、老莊福德觀的見地⋯⋯⋯⋯⋯⋯⋯⋯⋯⋯⋯⋯⋯⋯⋯⋯178
　　二、老莊福德觀之差異⋯⋯⋯⋯⋯⋯⋯⋯⋯⋯⋯⋯⋯⋯⋯⋯180
　　三、莊子外雜篇之發展變化⋯⋯⋯⋯⋯⋯⋯⋯⋯⋯⋯⋯⋯⋯181
　　四、老莊福德觀的新意⋯⋯⋯⋯⋯⋯⋯⋯⋯⋯⋯⋯⋯⋯⋯⋯182
參考書目⋯⋯⋯⋯⋯⋯⋯⋯⋯⋯⋯⋯⋯⋯⋯⋯⋯⋯⋯⋯⋯⋯⋯⋯183

第六、七冊　兩漢三家《老子》注養生思想研究

作者簡介

陳慧娟，臺灣台南人。習業於台灣師大國文系、高雄師大國文研究系所，獲文學博士學位，今爲高雄師大國文系兼任助理教授。專長《老子》、兩漢道家思想、兩漢道教思想，著有碩士論文《《老子河上公注》氣論研究》、博士論文《兩漢三家《老子》注養生思想研究》以及單篇論文〈《老子河上公注》成書時間考察——以思想爲考察面向〉、〈羅隱之花鳥詩探析〉、〈《莊子・秋水》之時空美學〉、〈論《老子河上公注》「存神」之道〉、〈論《老子河上公注》氣化生成說〉、〈《老子想爾注》「人身神授」之身體觀析論〉等。

提　要

從兩漢《老子》注養生思想之淵源，乃至兩漢《老子》注之養生思想觀之，不難看出黃老一派養生思想的發展與特色,黃老一派的養生思想大抵有講求養精氣,重時變,貴因循,重中和,講儉嗇,求柔弱的共同特色,並將養生之術「宛轉合道」以用作治國或致仙。

就兩漢《老子》注養生思想之轉變而言，在道觀念上：1.道體由虛無的形上本體衍化爲至上神。就道、一的概念範疇來說，從「道」、「一」分，至「道」、「一」渾，又至「道」、「一」同。就道氣關係而言，從「道」、「氣」分，至「道」、「氣」渾，又至「道」、「氣」同。2.從道性觀之：道由絕對之

虛無，而漸具實質。道由絕對之無為，而宰制萬物。道由因自然，至性自然，轉至道與自然同號異體。3.從道用觀之，由治國之術，轉向治身，終至致仙。從生命觀上：由「重神」，至「重神不忘形」，終至「形神皆重」。在生死觀上：由「生死一如」，至「貴生惡死」，終至「賤死貴仙」。在養生方法上，由「養神」，至「養氣」，終至積善「養精」。在養生境界上：理想人格由「聖人」至「眞人」，終至「仙人」。就形神於時間的超越來看，由「留神住世」至「形神住世」。就形神於空間上的超越，由「神遊」至「形神俱遊」。就生死的超越來說，由與道同在，置生死於度外，轉而精神之不死，肉身之成道，終至《想爾注》則在形神上已達至不死之境地。就空間的超越來說，由神遊太虛、太素、玄冥之道境中，至「志意於神域」，終至徜徉神仙世界。在學術方向的轉變上：一是由「道」到「術」，二是由「哲學」到「宗教」，三是由黃老道學至黃老道，又至道教。

　　就兩漢《老子》注之養生思想特色而言，蓋有五點：其一，氣化流通的生命共同體。其二，儉約節嗇以保生命能量。其三，去除情欲以涵養精神。其四，柔弱處下的辯證思維。其五，對天與道的契合與回歸。

　　養生的過程，就是一個修道的過程，養生的方法看似繁瑣，但當人養生至極而得道的同時，這些謙卑、虛靜、素樸、無為、處下、不爭、柔弱等養生方法，就聖人而言，只是發乎自然的尋常生活。

目　次

上　冊

第一章　緒　論 ……………………………………………………………… 1

　第一節　研究動機與目的 ………………………………………………… 1

　第二節　研究方法與限制 ………………………………………………… 19

　第三節　文獻探討 ………………………………………………………… 24

第二章　兩漢《老子》注之時代背景 …………………………………… 27

　第一節　政治社會背景 …………………………………………………… 27

　　一、西漢初期：休養生息，國力大增 ………………………………… 28

　　二、西漢後期：外戚專政，盛極而衰 ………………………………… 29

　　三、東漢時期：外戚干政，宦官亂政 ………………………………… 31

　第二節　學術思想背景 …………………………………………………… 34

　　一、黃老思想 …………………………………………………………… 35

（一）治國之用 ………………………………… 37
（二）治身之用 ………………………………… 40
（三）融入仙說 ………………………………… 42
二、儒家經術 …………………………………… 48
（一）漢初儒學 ………………………………… 48
（二）儒學神化 ………………………………… 49
三、其他思想 …………………………………… 63
（一）陰陽思想 ………………………………… 63
（二）氣化思想 ………………………………… 64
第三節　小結 …………………………………… 70
第三章　兩漢《老子》注養生之淵源 …………… 73
第一節　道家之養生思想 ……………………… 75
一、《老子》之養生思想 ……………………… 76
（一）自然無爲 ………………………………… 76
（二）致虛守靜 ………………………………… 78
（三）抱一無離 ………………………………… 80
（四）專氣致柔 ………………………………… 80
二、《莊子》之養生思想 ……………………… 84
（一）形全精復 ………………………………… 85
（二）安時順處 ………………………………… 88
（三）心齋坐忘 ………………………………… 90
（四）無爲至樂 ………………………………… 92
第二節　黃老之養生思想 ……………………… 93
一、《管子》之養生思想 ……………………… 94
（一）以德存精 ………………………………… 94
（二）敬除其舍 ………………………………… 97
（三）調養血氣 ………………………………… 98
（四）順應四時 ………………………………… 100
二、《呂氏春秋》之養生思想 ………………… 103
（一）節制物欲 ………………………………… 103
（二）適宜其度 ………………………………… 104

（三）疏通精氣 ……………………………………………… 106

（四）順應自然 ……………………………………………… 108

三、《黃帝內經》之養生思想 ……………………………… 112

（一）法於陰陽 ……………………………………………… 112

（二）順應四時 ……………………………………………… 115

（三）飲食有節 ……………………………………………… 116

（四）動靜有度 ……………………………………………… 118

（五）攝養精神 ……………………………………………… 119

四、《淮南子》養生思想 …………………………………… 122

（一）養精調氣 ……………………………………………… 123

（二）虛靜養神 ……………………………………………… 124

（三）順應四時 ……………………………………………… 126

第三節　道教之養生思想 …………………………………… 127

一、《太平經》之養生思想 ………………………………… 128

（一）守一存神 ……………………………………………… 128

（二）胎息辟谷 ……………………………………………… 131

（三）積善修道 ……………………………………………… 133

第四節　小結 ………………………………………………… 135

第四章　兩漢《老子》注養生之基礎 ……………………… 139

第一節　道論 ………………………………………………… 139

一、《老子指歸》之「道」 ………………………………… 140

（一）道體 …………………………………………………… 140

1. 萬物所由 ………………………………………………… 142

2. 性命所以 ………………………………………………… 143

（二）道性 …………………………………………………… 144

1. 虛無 ……………………………………………………… 145

2. 無為 ……………………………………………………… 147

二、《河上公注》之「道」 ………………………………… 153

（一）道體 …………………………………………………… 153

1. 萬物之母 ………………………………………………… 153

2. 「道」與「一」 ………………………………………… 157

3.「道」與「氣」 ································· 161

（二）道性 ······································· 165

1. 虛靜 ··· 165

2. 無爲 ··· 169

3. 其他 ··· 171

三、《老子想爾注》之道論 ························· 172

（一）道體 ······································· 172

1. 道之神化 ····································· 172

2. 道即「一」、「氣」、「自然」 ··········· 176

3. 眞道、僞道 ··································· 177

4. 生道合一 ····································· 180

5. 道誡 ··· 181

（二）道性 ······································· 182

第二節　氣論 ······································· 184

一、《老子指歸》氣論 ····························· 185

（一）宇宙之氣 ··································· 185

（二）萬物之氣 ··································· 189

（三）氣化連通 ··································· 192

二、《河上公注》氣論 ····························· 194

（一）宇宙之氣 ··································· 194

（二）自然之氣 ··································· 201

（三）人身之氣 ··································· 203

（四）精氣相貫 ··································· 206

三、《老子想爾注》氣論 ··························· 209

（一）宇宙之氣 ··································· 210

（二）人身之氣 ··································· 212

（三）氣與天通 ··································· 215

第三節　小結 ······································· 217

下　冊

第五章　兩漢《老子》注養生之生命觀 ··············· 221

第一節　《老子指歸》之生命觀 ··················· 221

一、萬物一體 222

二、形神合一 226

　（一）形氣神結構 226

　（二）形氣神關係 237

三、死生一如 239

第二節　《河上公注》之生命觀 241

一、人身結構 242

二、因氣立質 273

三、壯極而老 279

第三節　《老子想爾注》之生命觀 281

一、人身神受 281

二、人身結構 283

三、仙無骨錄 295

第四節　小結 298

第六章　兩漢《老子》注養生之方法 301

第一節　《老子指歸》之養生方法 302

一、虛靜無爲 303

　（一）虛靜 303

　　1. 去知慮 304

　　2. 去情欲 306

　　3. 去意志 310

　（二）無爲 312

二、順應自然 316

　（一）安性 318

　（二）順命 321

　（三）因時 322

　（四）守分 325

三、柔弱處下 327

　（一）柔弱 328

　（二）微寡 329

　（三）處下 329

　　四、中和儉嗇 ……………………………………………………… 330

　第二節　《老子河上公注》之養生方法 ………………………… 333

　　一、節精愛氣 ……………………………………………………… 334

　　　（一）愛精重施 ……………………………………………… 335

　　　（二）愛氣希言 ……………………………………………… 337

　　二、呼吸行氣 ……………………………………………………… 340

　　　（一）呼吸精氣 ……………………………………………… 340

　　　（二）行氣導引 ……………………………………………… 341

　　　（三）和氣潛通 ……………………………………………… 345

　　三、存養精神 ……………………………………………………… 349

　　　（一）內視存神 ……………………………………………… 350

　　　（二）除情去欲 ……………………………………………… 354

　　　（三）虛靜無為 ……………………………………………… 361

　第三節　《老子想爾注》之養生方法 …………………………… 364

　　一、志道守誠 ……………………………………………………… 365

　　二、去惡積善 ……………………………………………………… 370

　　三、養氣結精 ……………………………………………………… 377

　　四、虛靜存神 ……………………………………………………… 385

　第四節　小結 ……………………………………………………… 389

第七章　兩漢《老子》注養生之境界 ………………………………… 391

　第一節　《老子指歸》養生之境界 ……………………………… 393

　　一、理想人格——聖人、真人、至人 ………………………… 394

　　二、精神境界——物我合一、我道相入 ……………………… 404

　　　（一）物我合一 ……………………………………………… 404

　　　（二）我道相入 ……………………………………………… 408

　第二節　《老子河上公注》養生之境界 ………………………… 413

　　一、理想人格——聖人、道人、真人 ………………………… 413

　　二、精神境界——天人合一、與道合同 ……………………… 424

　　　（一）天人合一 ……………………………………………… 424

　　　（二）與道合同 ……………………………………………… 427

　第三節　《老子想爾注》養生之境界 …………………………… 430

　　　一、理想人格——聖人、仙人、道人、眞人、道君 ……………………431

　　　二、精神境界 …………………………………………………………442

　　　　（一）神與天通 ……………………………………………………442

　　　　（二）回歸道素 ……………………………………………………444

　　第四節　小結 …………………………………………………………448

第八章　結　論 ……………………………………………………………453

　　第一節　兩漢《老子》注養生思想之承先 ……………………………454

　　第二節　兩漢《老子》注養生思想之轉變 ……………………………455

　　第三節　兩漢《老子》注養生思想之特色 ……………………………459

　　第四節　兩漢《老子》注養生思想之現代意義與展望 ………………461

主要參考書目 ………………………………………………………………469

表　次

　　表2－1：陰陽比附表 …………………………………………………53

　　表2－2：兩漢《老子》注之思想背景 ………………………………71

　　表3－1：《管子》精氣爲物 …………………………………………95

　　表3－2：《管子》五行五臟相配表 …………………………………100

　　表3－3：《黃帝內經》五行五臟相配表 ……………………………117

　　表3－4：兩漢《老子》注養生思想之淵源 …………………………136

　　表4－1：《老子指歸》宇宙生成序列 ………………………………143

　　表4－2：《老子》與《河上公注》於「玄牝之門，是謂天地根」之比較

　　　　　　表 ………………………………………………………………163

　　表4－3：《老子指歸》生成序列 ……………………………………185

　　表4－4：兩漢《老子》注之道論比較表 ……………………………218

　　表4－5：兩漢《老子》注之氣論比較表 ……………………………218

　　表5－1：兩漢《老子》注之生命觀——身體結構 …………………299

　　表5－2：兩漢《老子》注之生命觀——性命觀等 …………………299

　　表6－1：兩漢《老子》注之養生方法比較表 ………………………390

　　表7－1：兩漢《老子》注之養生境界比較表（一） ………………450

　　表7－2：兩漢《老子》注之養生境界比較表（二） ………………450

第八冊 《淮南鴻烈》氣論思想研究

作者簡介

楊婉羚，台北人，1983 年生，2005 年 6 月畢業於中國文化大學中國文學系文學組，同年考取中國文化大學中國文學系碩士班，2009 年 1 月以《《淮南鴻烈》氣論思想研究》取得碩士學位，9 月考取中國文化大學中國文學系博士班。目前爲台北海洋技術學院通識教育中心、馬偕醫護管理專科學校通識教育中心兼任講師。

提 要

漢朝初年的《淮南鴻烈》爲淮南王安集眾賓客共同撰作完成的重要著作，其內容包羅萬象，並以道家思想爲主軸，兼融先秦眾家學術思想之長，同時，繼承戰國以降氣論思想，具承先啓後之功。本文試以氣論思想爲主，探討《淮南鴻烈》中氣論思想結構。以下簡述各章主旨。

第一章，說明本文撰寫研究動機、目的與研究方法、範圍、前賢研究成果。

第二章，簡述劉安生平事蹟與相關著作、前人對《淮南鴻烈》思想家派歸屬問題，及其成書時代背景與氣論思想淵源。

第三章，整理分析道之內涵和道與氣的關係、道創生萬物的過程、次序及氣在其中所扮演的角色，最後論述氣由無限道體中落實到有形世界之過程。

第四章，透過全面對天文、曆法、星象、節氣、地理、物類產生現象之探討，試圖藉陰陽五行之氣在天地間的變化，傳達氣化天道輪轉不息及貫通天地包羅萬有的特色。

第五章，討論陰陽五行之氣與各種物類間的相互感應、影響，並藉由天人是一、天人同類的特殊關係，強調以人爲尊的觀念，說明人可直接與天相互感應，故人不合道，天降下災異；反之人行道則精誠感通，天會回應並降下祥瑞。

第六章，探討氣化作用落實於人的肢體、臟器，及其在溝通內外所扮演的角色，和氣化作用對心性情欲的產生與影響，並帶出人貴於萬物，具備變化氣質修養學習工夫的特點。

第七章，結論，首先論述後世的批評與褒揚，其次討論氣化思想對後世之影響，最後總論《淮南鴻烈》之氣論思想特色，希冀藉由各章的討論能充分掌握《淮南鴻烈》氣論思想之全貌。

目　次

第一章　緒　論 ……………………………………………………………… 1

　第一節　研究動機與目的 ………………………………………………… 1

　第二節　研究範圍與方法 ………………………………………………… 4

第二章　劉安生平與思想淵源 …………………………………………… 11

　第一節　劉安生平、著作 ……………………………………………… 11

　　一、生平 ………………………………………………………………… 11

　　二、著作 ………………………………………………………………… 15

　第二節　《淮南鴻烈》歸屬探討 ……………………………………… 19

　　一、雜家 ………………………………………………………………… 19

　　二、黃老道家 …………………………………………………………… 20

　第三節　時代背景 ……………………………………………………… 26

　　一、政治背景 …………………………………………………………… 26

　　二、學術背景 …………………………………………………………… 27

　第四節　思想淵源 ……………………………………………………… 28

　　一、陰陽五行 …………………………………………………………… 28

　　　（一）陰陽 …………………………………………………………… 29

　　　（二）五行 …………………………………………………………… 32

　　　（三）陰陽五行的合流 ……………………………………………… 34

　　二、先秦諸子 …………………………………………………………… 38

　　　（一）道家 …………………………………………………………… 38

　　　（二）儒家 …………………………………………………………… 39

　　　（三）黃老 …………………………………………………………… 41

第三章　氣化天道論 ……………………………………………………… 45

　第一節　道的內涵 ……………………………………………………… 45

　　一、絕對的本體 ………………………………………………………… 46

　　二、無形但實存 ………………………………………………………… 48

　　三、無為無不為 ………………………………………………………… 51

　　四、循環生生不已 ……………………………………………………… 52

　　五、無限不可被限制 …………………………………………………… 55

　　　（一）時間無限 ……………………………………………………… 55

（二）空間無限 ………………………………………… 55

　六、道與氣 ………………………………………………… 57

第二節　道的生化 ………………………………………… 58

　一、宇宙生化次序 ……………………………………… 59

　　（一）眾家說法 ……………………………………… 60

　　（二）無形生有形 …………………………………… 62

　二、宇宙氣化觀 ………………………………………… 65

　　（一）眾家說法 ……………………………………… 65

　　（二）氣化之生成 …………………………………… 66

　三、由人論宇宙氣化生成 ……………………………… 68

　　（一）眾家說法 ……………………………………… 69

　　（二）精氣爲人 ……………………………………… 70

第三節　道的展現 ………………………………………… 72

　一、政治 ………………………………………………… 73

　　（一）君道無爲 ……………………………………… 73

　　（二）循天施政 ……………………………………… 74

　二、軍事 ………………………………………………… 78

　　（一）兵之由來 ……………………………………… 78

　　（二）循道用兵 ……………………………………… 78

　　（三）陰陽兵法 ……………………………………… 80

第四章　氣化之天文地理觀 ……………………………… 83

第一節　氣化天文觀 ……………………………………… 83

　一、氣化天文觀 ………………………………………… 83

　二、《淮南》的天體觀 ………………………………… 86

　　（一）秦漢天體觀概述 ……………………………… 86

　　（二）《淮南》中的蓋天說 ………………………… 88

　三、神話式天文觀 ……………………………………… 88

　四、天體劃分 …………………………………………… 92

　五、天體測量 …………………………………………… 94

　六、天的組成 …………………………………………… 99

　　（一）九野 …………………………………………… 100

（二）五星 102

（三）八風 105

第二節　陰陽五行與時令 107

一、陰陽刑德觀 107

二、二十四節氣與音律 111

（一）二十四節氣 111

（二）十二月律 114

（三）五音 117

（四）六十旋宮 118

三、五行時令 120

第三節　《淮南》的曆法觀 123

一、紀元法 123

二、太陰紀歲法 127

三、陰陽刑德數術 130

四、歲星災異 138

第四節　氣化地理觀 151

一、秦漢的地理觀 151

二、神話式的地理觀 154

三、陰陽五行地理觀 156

四、五行生勝 158

五、物類衍化過程 159

第五節　氣化天文地理的落實 161

一、十二紀的落實 161

二、君王施政規律 164

第五章　氣化感應論 167

第一節　氣類相感 167

一、同類相動 169

二、風土之氣 171

三、同數相動 175

第二節　天人感應 178

一、人副天數 180

二、上天之誅 ·· 183

三、精誠感通 ·· 187

第六章　氣化心性修養論 ···································· 191

第一節　形氣神 ·· 191

第二節　心 ·· 196

一、心的內涵作用 ·· 196

二、心的特色 ·· 197

（一）血氣心知 ·· 197

（二）以心爲尊 ·· 198

第三節　性 ·· 199

一、性的自然義 ··· 199

二、性的清淨義 ··· 199

三、性與命 ·· 200

第四節　情欲 ·· 201

一、情 ·· 201

二、欲 ·· 203

第五節　心性修養論 ··· 205

一、養形氣神 ·· 206

二、反性於初 ·· 208

三、學 ·· 211

第六節　心性修養之展現 ································· 213

一、政治 ·· 213

二、軍事 ·· 214

第七章　結論 ·· 217

第一節　後世批評與褒揚 ································· 217

一、批評 ·· 217

二、褒揚 ·· 218

第二節　後世影響 ··· 219

一、漢代 ·· 219

二、唐宋 ·· 225

三、明清 ·· 226

第三節　結語 ………………………………………………………… 228

引用文獻 ……………………………………………………………… 231

參考文獻 ……………………………………………………………… 239

第九冊　荀子、董仲舒、戴震氣論研究

作者簡介

　　段宜廷，1981 年生，台灣台中人，現居台北。國立政治大學中文研究所碩士，目前就讀於國立政治大學中文研究所博士班，現任大專院校兼任講師，亦曾在中學任教數年。長期關注荀子與荀學研究，並發表多篇相關期刊文章。博士論文則聚焦在魏晉思潮中的荀學發展。

提　要

　　本文試圖以氣論的角度，切入荀子、董仲舒、戴震的哲學，並考察荀子、董仲舒、戴震的氣論型態為何，三者是否有相似之處。而為求研究的正確與詮釋的合理，故探討的範圍及於本體宇宙論、人性論以及修養工夫論。在三大主題下都可揭櫫三者的氣論型態其實是相同的，只不過荀子、董仲舒的氣論是較為素樸、隱微不顯的「氣本論」──更確切地來說，是「自然氣本論」，而戴震則是自然氣本論無疑。由此可知，在自然氣本論的典範下，荀子可謂是開其端緒，到董仲舒逐步衍化，而至戴震則極為成熟、明朗。這樣的研究有其雙重效果、雙重貢獻，其一可以將董仲舒、戴震歸屬於荀學性格（思路）；其二可以看出荀學在思想史上發展的軌跡為何。也就是說，能夠找到荀學思想史的發展脈絡，以及抉發出荀學內在理路的結構線索。而此一線索，或許可以提供給之後研究荀學的人作一參考，期盼能將失聯的荀學都串聯起來，發展出壯闊的荀學思想史。

目　次

第一章　緒　論 ……………………………………………………………… 1

　第一節　研究動機與目的 ………………………………………………… 1

　第二節　前人研究成果 …………………………………………………… 5

　第三節　研究範圍 ………………………………………………………… 11

　第四節　研究方法 ………………………………………………………… 12

第二章　荀子的氣論 ………………………………………………………… 19

第一節　氣的世界觀 19

　　一、基於氣的宇宙本體論 19

　　二、神：氣化的表現 22

　　三、氣本論的定位 25

第二節　氣與禮／（理）的關係 27

　　一、禮的內在性——潛藏於欲、情中的秩序 27

　　二、禮／理在氣中的本體論意涵 31

第三節　治氣養心 35

　　一、以禮治「氣」 36

　　二、以樂調「氣」 40

第三章　董仲舒的氣論 45

第一節　氣的宇宙觀 45

　　一、氣為宇宙本原：「元」、「天」皆「氣」 45

　　二、氣化宇宙觀：陰陽、五行之氣的存在樣式 50

　　三、氣本論視野下的天人感應說 54

第二節　陰陽氣化的人性論 59

　　一、陰陽性情觀：陽仁陰貪與性情一瞑 59

　　二、氣性善惡觀：性三品說與性未善論 62

第三節　氣在工夫論中的呈現 65

　　一、養生的層次：身——氣——心的養氣工夫 65

　　二、以中和養身 67

第四章　戴震的氣論 71

第一節　基於氣的本體宇宙論 72

　　一、氣化即道——實體與實事的世界實有論 72

　　二、理在氣中——存在的自然與必然 76

第二節　氣化人性論 79

　　一、以氣釋性：性、命、才的人性觀 79

　　二、由血氣心知說性善 82

第三節　修養工夫論：與氣相關的討論 86

　　一、養氣：血氣、心氣之養 87

　　二、考據學：「自然氣本論」的哲學實踐 90

　　　三、踐形：心──氣──形之一貫 ·· 97

第五章　結　論 ·· 101

　第一節　「以氣爲本」：荀子、董仲舒、戴震哲學的基本立場 ············· 102

　　　一、本體宇宙論──以氣爲本 ·· 102

　　　二、人性論──以氣論性 ··· 106

　　　三、工夫論──修養於氣 ··· 109

　第二節　「自然氣本論」：儒家另一種本體論的哲學典範 ················· 111

參考書目 ··· 115

附錄：正始儒者──傅玄的荀學思想闡微 ·· 121

第十冊　修身與治國──從先秦諸子到西漢前期身體政治論的嬗變

作者簡介

　　劉芝慶，男，1980 年生。輔仁大學進修部歷史系學士、臺灣大學歷史所碩士、政治大學中文所博士，閱讀與研究興趣爲中國學術思想史。博士論文爲：《自適與修持──公安三袁的死生情切》、亦曾於各期刊發表〈心學經世陸象山〉〈食之有情，味之飄零──逯耀東的飲饌書寫〉〈北宋理學「天人之道」溯源──以唐中葉「氣、天、易」爲線索〉〈陳亮經學述義〉〈「文章要有本領」──方東樹論漢宋之爭〉〈論康有爲與廖平二人學術思想的關係──從《廣藝舟雙楫》談起〉〈廖平的經學與道教〉〈從《中國──理性之國》來看梁漱溟的內心世界〉〈白話文學與文學革命──重探胡適《白話文學史》〉〈李贄的生死之學〉等數十篇論文。

提　要

　　修身與治國的連續性關係，一向是中國傳統的政治立場。而在這樣的關係中，身體則是其中關鍵。一方面，身體是修身的必要基礎，不管是德充於身、又或是忘身貴身，心、氣、形都構成修身的重要內容；另外一方面，也因爲身體作爲一種政治場域，身修則國治，而在這種層次裡，以心喻君、君爲首，又或是以股肱、耳目手足爲臣，於是君臣關係又往往以君王身體作比喻。因此君王不但要以身作則、以上化下，身體同時也成了國家的象徵，代表整個國家機器，身體與政體、君國同體，再到身國共治，建構了身體政治論的骨架。

在這種思考模式之中，先秦諸子中各有不同的傾向。第三章討論了其中一種身體政治論：修身磨練、道德實踐、身在政先，然後勤政愛民，本文將其概稱是「爲政以德」，先秦儒墨兩家的政治理論便是秉持此說。第四章則是分析另外一種，這種理論講清靜無爲、因循自然，其後更發展了形名、任勢、君無爲臣有爲等說，這就是「君佚臣勞」的身體政治論。其中老子、莊子講體道無爲，順著這個講法，從無爲到無不爲，君是無爲，臣卻必須有爲，「君佚臣勞」終於在黃老、莊子後學與法家韓非等學說裡產生，風生水起，成爲足以與「爲政以德」抗衡的政治理論。第五章則是以史實與思想交會的方式，就事言理、以理即事，從理事合一的角度來看兩種身體政治論的持續發展，說明身體政治論如何在具體人事裡實現，並指出其思想的時代意義。

兩種身體政治論的觀念，在思想上究竟如何開展？在政治行爲上又如何落實？本文即是藉由政治思想史的角度，從歷史與思想、理論與實際、政治行爲與傳統文化的觀察，瞭解其間的複雜關係。

在學術與政治之間、在權力與哲學之中，身體政治論透露了思想家的關懷與理想，也折射出他們的遺憾與失望。本文即是希望經由這樣的研究，藉述史而知世情，能因此對先秦到秦漢政治思想作出一些貢獻。

目　次

第一章　緒　論 ………………………………………………………………… 1
　第一節　研究動機與問題意識 …………………………………………… 1
　　身、心、氣 ……………………………………………………………… 5
　　修身——治國 …………………………………………………………… 8
　　兩種理想類型的身體政治論 ………………………………………… 10
　第二節　文獻回顧與章節安排 ………………………………………… 13
第二章　身體：中國古代思維方式的特徵 …………………………… 35
　第一節　作爲「具體性思維」與「聯繫性思維」的身體 ………… 35
　　以類度類：「具體性思維」的身體 ………………………………… 35
　　引譬連類：「聯繫性思維」的身體 ………………………………… 41
　第二節　政體與身體——身國共治 ………………………………… 43
　　國君以國爲體 ………………………………………………………… 43
　　國君一體下的君臣關係 …………………………………………… 46
　第三節　周代人文意識的興起 ……………………………………… 47

　　　殷周天命觀 ……………………………………………………… 47

　　　春秋威儀觀 ……………………………………………………… 51

第三章　踐形與德治──為政以德的身體政治論 …………………… 55

　第一節　修齊治平之路 ……………………………………………… 55

　　　一個關鍵的人物：孔子 ………………………………………… 55

　　　後繼者：孟子 …………………………………………………… 62

　　　另個後繼者：荀子 ……………………………………………… 65

　第二節　修身、治國、《墨子》 …………………………………… 73

　第三節　身國共治：從出土文獻來看 ……………………………… 79

　　　郭店楚簡的修身與治國 ………………………………………… 79

　　　上博簡〈民之父母〉的五至與三無 …………………………… 84

　第四節　小結 ………………………………………………………… 90

第四章　無為而無不為──君佚臣勞的身體政治論 ………………… 93

　第一節　從《老子》談起 …………………………………………… 93

　第二節　無身與齊物 ………………………………………………… 97

　　　《老子》的身體政治論 ………………………………………… 97

　　　支離、齊物、逍遙遊 ………………………………………… 103

　第三節　黃老與法家 ……………………………………………… 111

　　　黃老思想與《黃老帛書》 …………………………………… 113

　　　黃老思想與《管子》四篇 …………………………………… 120

　　　法家：另種類型的君佚臣勞 ………………………………… 127

　第四節　小結 ……………………………………………………… 135

第五章　秦代到西漢前期政治思想析論──兩種身體政治論的發展 … 137

　第一節　君佚臣勞：從《呂氏春秋》到《淮南子》 …………… 137

　　　《呂氏春秋》的身體政治論 ………………………………… 137

　　　秦朝與法家 …………………………………………………… 149

　　　西漢前期與黃老 ……………………………………………… 151

　　　治國如治身：《淮南子》 …………………………………… 158

　第二節　為政以德：從《新語》到《春秋繁露》 ……………… 170

　　　「文武並用，長久之術也」：陸賈與《新語》 …………… 173

　　　講無為的儒者：韓嬰與《韓詩外傳》 ……………………… 177

《天人三策》與《春秋繁露》：兩種身體政治論的融合與結束 ············· 187

　　第三節　小結 ··· 210

第六章　結　論 ··· 213

參考書目 ·· 219

第十一、十二冊　漢代美學中的身體問題

作者簡介

　　劉成紀，河南虞城人，1966 年生於陝西銅川市。武漢大學哲學博士，北京大學美學專業博士後。現任北京師範大學哲學與社會學學院教授，博士生導師，兼任北京師範大學美學與美育研究中心主任。

提　要

　　長期以來，漢代一直是中國美學史研究的薄弱環節。其原因不在於這一時期美學思想匱乏，而在於當代的美學史觀念阻礙了許多思想資源被作為美學問題討論。劉成紀先生的這部著作以身體為切入點，重建了對漢代美學的理解，並闡釋其對後世中國美學的重大影響，極富新意。作者認為，兩漢美學對身體的認知可分為五個層面，即：以元氣自然論為身體認知確立哲學基礎，以形神骨相論界定身體的本質形式，以天人相副論建構身體與世界的關係，以禮樂服飾再造身體的社會性，以養生與厚葬表達對身體不朽的期許。以此為背景，該著作進一步探討了兩漢身體觀對魏晉美學的開啟之功，認為魏晉文學的文氣論、繪畫的形神論、書法的筋骨論等，均是前朝身體理論向藝術領域的引申；漢代的察舉取士制度則是魏晉人物品藻之風得以形成的歷史動因。

目　次

上　冊

導　言 ··· 1

第一章　兩漢美學對身體的規定 ·· 17

　　第一節　哲學的轉折與身體的凸顯 ··· 18

　　　一、西漢哲學的轉折 ··· 18

　　　二、漢初文化與社會特性 ·· 22

　　　三、黃老的省欲及目的 ·· 24

　　第二節　何謂漢代的身體 ··· 26

一、西漢前期的「全身」……………………………26

二、完整的身體及構成要素…………………………28

三、「心」與五官百體………………………………31

四、身心與形神之關係………………………………33

第三節　形神骨相（一）……………………………35

一、相術的背景………………………………………35

二、《淮南子》論「形神」…………………………36

三、賈誼論「形神」…………………………………39

四、四體、眉睫與眼睛………………………………42

第四節　形神骨相（二）……………………………45

一、王充論「命相」與「骨相」……………………45

二、王符論「骨相」…………………………………48

三、歷史成因及影響…………………………………50

第五節　活身、治身與修身…………………………53

一、身體本位主義……………………………………53

二、《淮南子》論治身：養神與養形………………57

三、漢儒的「修身」及審美意義……………………62

第二章　漢代美學中的身體與世界…………………71

第一節　身體經驗與世界經驗………………………72

一、身體與世界的一般關係…………………………72

二、音聲形貌與地理環境……………………………75

三、《淮南子》論人在自然中的位置………………77

四、經驗的邏輯與想像的邏輯………………………80

第二節　身體的形而上起源…………………………83

一、創生神話與身體的起源…………………………83

二、氣化論與身體的起源……………………………86

三、氣化論與人體的形成……………………………89

四、身體的形而上學…………………………………92

第三節　天人相副與天人感應………………………95

一、從天人合一到天人同體…………………………95

二、董仲舒論「天人相副」…………………………98

三、董仲舒論「天人相感」 ………………………………… 102

四、王充的質疑 ……………………………………………… 105

第四節　被身體建構的世界 ………………………………… 108

一、作為美學命題的天人合一 ……………………………… 108

二、身體的規律與世界的規律 ……………………………… 110

三、作為身體映像的自然和藝術 …………………………… 112

第三章　漢代美學中的禮樂服飾 …………………………… 115

第一節　身體與禮容威儀 …………………………………… 117

一、叔孫通制禮 ……………………………………………… 117

二、漢禮的特點 ……………………………………………… 120

三、賈誼論帝王禮容 ………………………………………… 123

四、漢禮中的「隱」 ………………………………………… 126

第二節　身體與樂及歌舞 …………………………………… 130

一、漢代音樂狀況 …………………………………………… 130

二、樂由心生與心音相感 …………………………………… 133

三、音樂的功能 ……………………………………………… 135

四、音樂向歌舞的生發 ……………………………………… 138

第三節　身體與服飾 ………………………………………… 141

一、服裝與權力 ……………………………………………… 141

二、賈誼的服裝政治學 ……………………………………… 142

三、董仲舒的服裝哲學 ……………………………………… 146

四、服色、服制與自然 ……………………………………… 149

第四節　全能身體的形成與解構 …………………………… 152

一、全能的身體 ……………………………………………… 152

二、禮樂服飾與造人的歧途 ………………………………… 154

三、理欲衝突與禮樂制度的危機 …………………………… 157

四、東漢以後的新趨勢 ……………………………………… 160

下　冊

第四章　身體的死亡與對死亡的超越 ……………………… 163

第一節　身體的死亡與處置 ………………………………… 164

一、薄葬與裸葬 ……………………………………………… 164

　　二、漢代的厚葬 ⋯⋯⋯⋯⋯⋯⋯⋯⋯⋯⋯⋯⋯⋯⋯⋯ 169

　　三、儒家葬制面臨的問題 ⋯⋯⋯⋯⋯⋯⋯⋯⋯⋯⋯⋯ 171

　　四、漢儒圍繞葬制的爭論 ⋯⋯⋯⋯⋯⋯⋯⋯⋯⋯⋯⋯ 174

　第二節　形而下的不朽 ⋯⋯⋯⋯⋯⋯⋯⋯⋯⋯⋯⋯⋯⋯ 176

　　一、儒道不朽觀念的歧異 ⋯⋯⋯⋯⋯⋯⋯⋯⋯⋯⋯⋯ 176

　　二、神人、真人與仙人 ⋯⋯⋯⋯⋯⋯⋯⋯⋯⋯⋯⋯⋯ 178

　　三、漢代的神仙信仰與實踐 ⋯⋯⋯⋯⋯⋯⋯⋯⋯⋯⋯ 181

　　四、漢代道家的方術 ⋯⋯⋯⋯⋯⋯⋯⋯⋯⋯⋯⋯⋯⋯ 184

　　五、《太平經》的成仙之路及審美特性 ⋯⋯⋯⋯⋯⋯ 186

　第三節　對身體不朽的駁難 ⋯⋯⋯⋯⋯⋯⋯⋯⋯⋯⋯⋯ 189

　　一、儒道的神學化與揚雄的批判 ⋯⋯⋯⋯⋯⋯⋯⋯⋯ 189

　　二、桓譚論人的必死性 ⋯⋯⋯⋯⋯⋯⋯⋯⋯⋯⋯⋯⋯ 193

　　三、王充論神仙之虛妄 ⋯⋯⋯⋯⋯⋯⋯⋯⋯⋯⋯⋯⋯ 197

　　四、王充對成仙的否定及哲學後果 ⋯⋯⋯⋯⋯⋯⋯⋯ 200

　第四節　身體問題在漢末的敞開 ⋯⋯⋯⋯⋯⋯⋯⋯⋯⋯ 203

　　一、漢代思想狀況及東漢末年的變化 ⋯⋯⋯⋯⋯⋯⋯ 203

　　二、荀悅的理論進展 ⋯⋯⋯⋯⋯⋯⋯⋯⋯⋯⋯⋯⋯⋯ 205

　　三、長生理想的破產 ⋯⋯⋯⋯⋯⋯⋯⋯⋯⋯⋯⋯⋯⋯ 208

　　四、佛教的出現 ⋯⋯⋯⋯⋯⋯⋯⋯⋯⋯⋯⋯⋯⋯⋯⋯ 210

　　五、佛教的彼岸與死亡問題的終結 ⋯⋯⋯⋯⋯⋯⋯⋯ 215

第五章　兩漢身體觀對魏晉美學的開啟 ⋯⋯⋯⋯⋯⋯⋯⋯ 219

　第一節　漢代察舉制與人物品藻（一）⋯⋯⋯⋯⋯⋯⋯ 221

　　一、視覺政治 ⋯⋯⋯⋯⋯⋯⋯⋯⋯⋯⋯⋯⋯⋯⋯⋯⋯ 221

　　二、以貌取人 ⋯⋯⋯⋯⋯⋯⋯⋯⋯⋯⋯⋯⋯⋯⋯⋯⋯ 225

　　三、「天根」與「形容」⋯⋯⋯⋯⋯⋯⋯⋯⋯⋯⋯⋯⋯ 232

　第二節　漢代察舉制與人物品藻（二）⋯⋯⋯⋯⋯⋯⋯ 237

　　一、以名取人 ⋯⋯⋯⋯⋯⋯⋯⋯⋯⋯⋯⋯⋯⋯⋯⋯⋯ 237

　　二、人物品藻 ⋯⋯⋯⋯⋯⋯⋯⋯⋯⋯⋯⋯⋯⋯⋯⋯⋯ 243

　　三、身體與制度 ⋯⋯⋯⋯⋯⋯⋯⋯⋯⋯⋯⋯⋯⋯⋯⋯ 249

　第三節　身體的死亡與魏晉風度 ⋯⋯⋯⋯⋯⋯⋯⋯⋯⋯ 255

　　一、厚葬與薄葬 ⋯⋯⋯⋯⋯⋯⋯⋯⋯⋯⋯⋯⋯⋯⋯⋯ 255

二、裸葬與裸體 261

三、遊仙與煉丹 266

四、藥與酒 273

第四節　身體的不朽與魏晉文學藝術 279

一、從人的不朽到文的不朽 279

二、人體與文體 285

三、書法 294

四、繪畫 299

餘論：中國古典美學中的身體及其映像 307

參考文獻 323

人名索引 327

第十三、十四冊　論宋季士儒之困頓與抉擇──以殉節思想爲核心展開探討

作者簡介

　　鍾永興，桃園縣人，輔仁大學中國文學系博士。曾任輔仁大學全人教育課程中心兼任助理教授，銘傳大學應用中國文學系兼任助理教授，教育部全校性閱讀書寫計畫專案教師等職。研究領域以儒家思想、程朱理學爲主，旁及易學、清代學術。發表過〈從「人倫」、〈事理〉、「物類」三端探討先秦儒學之發揚進路〉、〈試論《周易》「致用之變」──原典與詮釋〉、〈「經之流變，必入於史」──章實齋「史學文」之研究〉、〈從《大學》釋義析論朱子、陽明學說特質之異同〉、〈王通「中道思想」與「三教可一說」之商榷〉等文。

提　要

　　「論宋季士儒之困頓與抉擇──以殉節思想爲核心展開探討」此題，乃著眼於宋季此一歷史段落，當時華夏爲夷狄所欺凌，中國傳統士儒必然得面對新舊政權交替下的「仕」、「隱」問題，且必須設法在左支右絀的劣勢之中，確保中國文化傳統與思想的屹立不搖，避免它在腥風血雨的摧殘當中飄零凋謝。蒙古外族侵宋及滅宋，使故宋孤臣與士儒面臨巨大的歷史變遷與窘迫的時代境域，彼輩遭遇到內憂與外患的交併侵擾，誠然陷入了進退兩難的空前絕境，如此感受極適合以「困頓」二字來作爲理解，而所謂「困頓」，不單指政治軍事

等局面與情勢，亦牽涉到故宋士儒在歷經亡國事實後所呈現的心理狀態，這種心理狀態形成的背後，往往有其更龐大深邃的思想底蘊，爬梳這種困頓感所激盪出的思想體系，楬櫫出蘊藏其間的精神意志與不朽價值，是一項饒富旨趣的學術議題。士儒所遭遇的「困頓」既是無法改變的現實疑難，彼輩惟有以最堅決的信念、精神、意志做出重大的人生「抉擇」，再將林林總總的抉擇付諸具體真切的實際行動，用生命及鮮血標榜忠義、氣節、倫常等不朽真諦，宣誓不屈的意志，展現凌霜的傲骨。傳統士儒受儒家思想的教化薰陶，德性涵養深植於生命血肉之中，這樣的精神意念平日幽微不顯、若有似無，但每在歷史環境最艱困的時刻中，在政治變遷最劇烈的情況下，在個人際遇最疑難的窘態裡，卻愈是能夠淋漓盡致地體現出來。處在改朝換代的危難之中，傳統士儒服膺忠義節操等價值觀念，慷慨地憑藉一種超凡入聖的信念與思想體現道德，這股力量促使忠臣節士們在亡國之時能夠忘利趨義，看破生死大事，並不惜用犧牲性命的積極方式，證成一些文化與思想上的永恆價值，也同時揭示儒家所特有的「生死觀」。殉節者在其「舍生取義」的路途上，以大無畏的姿態，樹立起最光輝燦爛的里程碑，其性命雖然殞落，然而忠義氣節的道德典範卻可流芳百世，其一往無悔、萬夫莫敵的生命張力亦是歷久彌堅。殉節這股浩瀚的生命張力，又應坐落於融通「群」、「我」的施為上頭，而「殉節現象」與「群我」的關聯性也是本文意欲闡揚的研究範疇。另外，關於論文章節的編排方式，首章為緒論，第二章是探討宋季士儒「困頓」之肇因，第三章著手歸納影響宋季士儒抉擇方向的幾種背景因素，第四章乃逐項析論宋季士儒的「抉擇進路」及其思想憑據，第五章則闡述文天祥的忠義行誼，並析論〈正氣歌〉之思想底蘊。第六章探討宋季殉節現象之生死觀及群我內涵，第七章則總結全文。

目　次

上　冊

第一章　緒　論 1

　第一節　問題的提出 1

　第二節　前人研究成果之梗概 5

　第三節　研究步驟與方法 13

　　一、研究步驟 13

　　二、研究方法 16

　第四節　章節架構 18

第二章　宋季士儒困頓之肇因 ································· 21
　第一節　士儒身分及其使命 ····························· 22
　第二節　宋朝政權的孱弱 ······························· 31
　　一、「聖王美政」訴求的幻滅 ······················· 31
　　二、抑武政策的利弊得失 ··························· 41
　　三、輕武王朝中的文臣處境 ························· 45
　第三節　姦邪誤國與朝政腐壞 ························· 49
　　一、姦臣與叛臣 ································· 49
　　二、理宗的昏庸 ································· 55
　第四節　改朝換代下的歷史哀慟 ······················· 57
　　一、宋代遺民的亡國之痛 ··························· 57
　　二、蒙元統治的紊亂乖張 ··························· 61
　　三、華夷共處的文化衝突 ··························· 66
第三章　影響宋季士儒抉擇方向的背景因素 ··············· 79
　第一節　文治禮遇 ································· 80
　　一、提倡儒治與崇尚氣節 ··························· 80
　　二、文治鼎盛的疑難與迴響 ························· 86
　第二節　理學勃興 ································· 94
　　一、理學的濫觴與發展 ····························· 94
　　二、宋遺民對理學的貫徹與承擔 ··················· 102
　第三節　書院發達 ································· 109
　　一、書院的結構及特質 ····························· 109
　　二、書院與理學的結合 ····························· 113
第四章　宋季士儒的抉擇進路及其思想憑據 ··············· 117
　第一節　殉節或存活 ······························· 118
　　一、殉節而死 ··································· 118
　　二、保身存活 ··································· 122
　　三、殉節與守節的思想憑據 ························· 135
　第二節　出仕或隱逸 ······························· 177
　　一、仕與隱的涵義 ······························· 177
　　二、宋遺民的仕隱抉擇 ····························· 181

下　冊

第五章　文天祥的忠義行誼與〈正氣歌〉思想 197

　第一節　文天祥生平梗概 197

　　一、志向與才識 197

　　二、學術與師承 200

　　三、詩歌與文章　202

　第二節　正氣爲體的義理思想 207

　　一、從〈正氣歌〉論及「氣」之源由 207

　　二、儒道兩家氣論之異同 212

　　三、宋代理學對「氣」的闡釋與發揚 219

　　四、〈正氣歌〉中的「正氣」思想 231

　　五、明清氣論的建構與轉進 239

　第三節　以人爲本的事理思想 245

　　一、即事明理的思維方式 247

　　二、〈正氣歌〉中的人物標榜與事理內涵 254

第六章　宋季殉節現象之生死觀及群我內涵 269

　第一節　傳統儒家生死觀之梗概 273

　　一、殷周兩代鬼神觀之轉變 274

　　二、儒家思想的鬼神觀與神形論 277

　　三、宋代理學的鬼神觀與魂魄論 284

　第二節　宋季殉節志士的生死觀 292

　　一、慷慨成仁之死 296

　　二、從容就義之亡 304

　　三、小結 312

　第三節　論宋季殉節行爲之「群我」內涵 322

　　一、儒家「群我」意識下的道德開展 322

　　二、殉節就個人之實現 331

　　三、殉節對群體的引導 335

第七章　結　論 341

附錄　文天祥〈正氣歌〉 359

參考書目 361

第十五冊　許衡對朱子學的傳承與發展

作者簡介

李蕙如，東吳大學中文研究所博士畢業，現爲淡江大學中國文學系專任助理教授，教授「中國思想史」、「四書」等課程。研究方向爲中國學術思想史、宋明理學、朱子學等相關課題。著有博士論文《許衡對朱子學的傳承與發展》、碩士論文《陳淳研究》，及單篇論文二十餘篇。

提　要

由宋至明，元於理學之傳，是不可少的承上啓下環節，許衡便是當時的中堅人物。許衡，字仲平，生於金泰和九年（西元 1209 年），卒於元世祖至元十八年（西元 1281 年），河內（今河南沁陽）人，世稱魯齋先生。《宋元學案‧魯齋學案》中稱他「表章程朱之學」、「興絕學於北方」，時稱「皇元受命，天降眞儒：北有許衡，南有吳澄。」傳播程朱理學的許衡，並非閉門造車，而是在歷史的脈動下，以經世的熱忱，致力於理學的推動，爲理學做了寬泛的解釋。許衡的歷史貢獻主要有二個方面：一是緊密結合時代所面臨的重大問題，總結出少數民族統治者入主中原必行「漢法」的規律，也影響元初的政治走向；二是開元朝國學之先河，奠定了元朝國學的教育制度，發展朱子學說，將學術思想應用在實際作爲上。這是許衡的特殊點，因爲他不僅堅持了先秦儒家以來的政治理想，也延續了兩宋理學的精神，爲元初儒學強烈的用世氣氛中，注入一股清流。影響所及，使朱學成爲官方學術正統，教化人民的主要憑藉。本論文除了就許衡傳承及發展朱子學作一全面的分析與探討外，也是對許衡在思想史中地位的評騭；而且，在陳述研究成果的同時，再次襯托出許衡在思想史中之重要性。最後，就本論文未來展望上，欲以許衡爲基準點，將視野擴及整個朱子學的深入探究，不管是對思想史的詮釋，或是儒學史的補綴，乃至元代學術的闡發上，皆冀能求更爲宏觀完整的思想內容。

目　次

第一章　緒　論 ……………………………………………………………… 1
　第一節　研究動機與目的 ………………………………………………… 1
　第二節　前人研究成果 …………………………………………………… 3
　第三節　研究之方法與步驟 ……………………………………………… 9
　　一、研究之方法 ………………………………………………………… 9

二、研究之步驟 ……………………………………… 11

第二章　許衡其人及其書 ……………………………… 15

第一節　許衡生平傳略 ……………………………… 15

一、生平略述 ……………………………………… 15

二、師友關係 ……………………………………… 32

三、仕隱抉擇 ……………………………………… 44

第二節　許衡著作介紹 ……………………………… 47

第三章　許衡對先秦儒道思想之評論 ……………… 51

第一節　對孔孟思想的評論 ………………………… 54

一、對孔子的評論 ………………………………… 54

二、對孟子的評論 ………………………………… 68

三、儒家工夫論 …………………………………… 73

第二節　對先秦道家思想的評論 …………………… 77

一、對老子的評論 ………………………………… 79

二、對莊子的評論 ………………………………… 89

第四章　許衡推動朱學官學化的歷程 ……………… 95

第一節　發軔期 ……………………………………… 96

第二節　發展期 ……………………………………… 98

一、行漢法 ………………………………………… 98

二、推動教育 ……………………………………… 104

三、國子監書院化 ………………………………… 117

四、朱子理學的通俗化 …………………………… 119

五、宣揚儒家經典 ………………………………… 121

第三節　完成期 ……………………………………… 146

一、理學家從祀孔廟 ……………………………… 146

二、恢復科舉取士制度，試藝以經術為先 ……… 146

三、理學發展的停滯 ……………………………… 153

第五章　許衡的影響及歷史評價 …………………… 155

第一節　許衡的影響 ………………………………… 155

一、許衡門人 ……………………………………… 156

二、許衡對王學的影響 …………………………… 167

　　第二節　歷代對許衡的評價……………………………………………171
　　　一、正面評價………………………………………………………172
　　　二、負面評價………………………………………………………184
　第六章　結　論………………………………………………………………193
　參考書目………………………………………………………………………201
　附　錄…………………………………………………………………………215

第十六冊　孝弟慈通貫孔孟聖學——羅近溪哲學之建構

作者簡介

　　謝居憲，台灣省桃園縣人，中央大學哲學博士。經歷中華大學通識中心、玄奘大學通識中心，以及元智大學中語系等兼任助理教授。現任中華民國陸軍軍官學校通識教育中心助理教授。主要研究興趣爲宋明儒學、道德哲學、先秦儒學及家庭哲學研究。目前共發表二十餘篇相關的論文。

提　要

　　本文是我博士論文《羅近溪哲學思想研究》之修改版。本文要旨，從近溪原典中確定其自己的詮釋系統，進而建構其哲學思想宗旨，以及工夫論，最後以其思想宗旨孝弟慈通貫孔孟聖學。

　　第一章主要綜合了當代研究近溪學的成果與限制，並提出相應的研究方法。

　　第二章進一步探討近溪回歸孔孟，以孔子「仁者人也，親親爲大」與孟子「形色天性」重新釐清孔孟「仁」與「人」的辯證關係，修正陽明心學與朱子理學，強調「求仁」必先「求人」，「求人」必先「知孝知弟知良知」。

　　第三章從家庭教育與求學過程的啓蒙、學術環境的影響、哲學義理的向度、家學與道學傳人之見證四個面向完整地建構近溪的學問思想宗旨。一來釐清學術界分歧的說法，同時也掌握了近溪學的核心思想。

　　第四、五章有系統條理地建構其工夫論，主要有格物、致知兩大工夫，似乎有調和陽明學與朱子學之味道。首先概要地建立其工夫基本綱維，再則分析古今一大關鍵格物工夫。以「覺悟良知」爲先，而「明眼眞師之指點」與「觀先聖之嘉言善行」是「覺悟」不可或缺的工夫。第五章進一步討論如何直養順推良知。工夫有「復以自知」、「破光景」、「一切放下」三個層次。

第六章綜合各章，強調近溪學術宗旨孝弟慈如何落實於工夫論，如何一以貫之縱貫內聖橫通外王。

目　次

推薦文一：盡性至命必本於孝弟　楊祖漢
推薦文二：當代儒學研究的新成果　陳榮灼
第一章　緒　論 1
　第一節　研究動機及問題提出 1
　　一、化約近溪學即為泰州學 10
　　二、描述性的籠統概括 13
　　三、思想豐富性之減損 14
　　四、義理的內在邏輯性不足 16
　　五、小結 23
　第二節　研究方法 27
　　一、近溪的心事即孔孟兩夫子的心事 30
　　二、對宋明諸儒的不滿 37
　　三、當時學者大病 47
　　四、結語 49
第二章　仁學與人學的辯證關係 51
　第一節　歸會孔孟 52
　　一、歸會孔孟求仁：近溪為學歷程的轉折 52
　　二、回歸生生之易：近溪哲學意義下的轉折 56
　第二節　仁者人也：形上、形下一體觀的哲學思想 65
　　一、人字不透，決難語仁 66
　　二、形色天性也 70
　第三節　小結 74
第三章　以孝弟慈為學問嫡旨 77
　第一節　家庭教育與求學過程的啟蒙 80
　第二節　學術環境的影響 85
　　一、重視道德主體的超越義而輕忽其內在義 85
　　二、極其高明而忘失中庸 88
　　三、小結 94

第三節　哲學義理的向度 ··· 94
　一、孝弟與仁義之關係 ··· 95
　二、親親是行仁之始終 ··· 100
　三、孝弟慈是天人精髓之體現 ································· 104
第四節　家學與道學傳人之見證 ································· 106
　一、聖諭六言之價值衡定 ··· 106
　二、羅懷智的見證 ··· 112
　三、楊復所的見證 ··· 116
第五節　小結 ··· 121
第四章　格物工夫：古今一大關鍵 ····························· 125
第一節　工夫論的基本綱維 ··· 126
　一、覺悟與實踐之辯證 ··· 126
　二、體仁顯禮 ··· 135
　三、工夫合本體與本體做工夫 ································· 138
　四、執持與放下 ··· 140
　五、小結 ··· 141
第二節　古今一大關鍵：格物工夫 ····························· 142
　一、覺悟為先 ··· 144
　二、尊信德性 ··· 152
　三、止於至善 ··· 170
　四、結語 ··· 188
第五章　致知工夫與破光景、一切放下 ····················· 191
第一節　致知工夫：復以自知 ···································· 191
　一、百姓日用不知之復 ··· 195
　二、知善之復 ··· 198
第二節　破光景與一切放下 ··· 238
　一、光景的產生與拆除 ··· 239
　二、一切放下 ··· 252
第六章　孝弟慈通貫內聖外王學：大人之學的完成 ······ 261
第一節　孝弟慈縱開內聖之學 ···································· 261
　一、如何邁向「聖人路上」人 ································· 261

　　二、徹始徹終、徹上徹下之工夫 ⋯⋯⋯⋯⋯⋯⋯⋯⋯⋯⋯ 263

　第二節　大人之學 ⋯⋯⋯⋯⋯⋯⋯⋯⋯⋯⋯⋯⋯⋯⋯⋯⋯ 273

　　一、近溪「身」觀：恕以求仁 ⋯⋯⋯⋯⋯⋯⋯⋯⋯⋯⋯ 273

　　二、明明德於天下之不容已 ⋯⋯⋯⋯⋯⋯⋯⋯⋯⋯⋯⋯ 281

　第三節　孝弟慈乃先王至德要道 ⋯⋯⋯⋯⋯⋯⋯⋯⋯⋯⋯ 285

　　一、孝弟慈聯屬中國爲一身，統會萬古爲一息 ⋯⋯⋯⋯ 285

　　二、孝弟尤當貴於「學」 ⋯⋯⋯⋯⋯⋯⋯⋯⋯⋯⋯⋯⋯ 292

　　三、小結 ⋯⋯⋯⋯⋯⋯⋯⋯⋯⋯⋯⋯⋯⋯⋯⋯⋯⋯⋯ 295

第七章　結論──回顧與反省 ⋯⋯⋯⋯⋯⋯⋯⋯⋯⋯⋯⋯⋯ 299

　第一節　回顧──本論文之研究成果 ⋯⋯⋯⋯⋯⋯⋯⋯⋯ 299

　第二節　反省──本論文之限制與未來之展望 ⋯⋯⋯⋯⋯ 311

參考文獻 ⋯⋯⋯⋯⋯⋯⋯⋯⋯⋯⋯⋯⋯⋯⋯⋯⋯⋯⋯⋯⋯ 313

第十七冊　謝文洊及其思想研究

作者簡介

　　黎雅眞（1985～　），臺灣台北市人。元智大學中國語文學系學士，國立高雄師範大學經學研究所碩士，目前爲國立高雄師範大學國文研究所博士候選人，現任高雄師範大學國文學系及美和科技大學通識教育中心兼任講師。研究領域主要爲春秋學與清代學術思想，博士班指導教授爲鄭卜五老師，未來將從事清代春秋公羊學發展。撰有碩士論文《謝文洊及其思想研究》，另有〈謝文洊與朱熹教育思想對台灣之影響探析〉、〈江藩〈《公羊》親迎辯〉探析〉、〈慈孝與倫理──《呂氏春秋》孝道觀探析〉等單篇論文發表。

提　要

　　本論文主題爲「謝文洊及其思想研究」。謝文洊（1616～1682）是明清之際著名的理學教育家，字秋水，號約齋，江西省建昌府南豐縣人，時人稱其「程山先生」。明萬曆四十四年（1616）謝文洊出生於南豐縣大井里，其家族世系皆爲書香世家，父親謝天錫，即爲明代太學生。謝文洊自幼端重不喜群兒嬉戲，五歲時即不同於其他孩童，尤其好禮注重行儀。七歲入小學，受到母親的諄諄訓勉，孝親敬長、敦睦兄弟，學業十分精進。生平大致可分爲前、後兩期，前階段主要是謝文洊求學的草創期，其由務舉業而入禪，由入禪而習儒，習儒則

又由崇奉陽明轉而師承程朱，途中頗多曲折，但文洊能不斷地自我完善，使治學日精月進。後階段則可說是其治學的興盛期，通過長期的教育實踐和著書立說，奠定著名的「程山謝子之學」。本論文內容首先從研究謝文洊的生平及交游開始，接續論述其學述著作，最後探討其學術思想，包含治學理念和教育學風，筆者由以上三個大脈絡進行考察和研究，以深入瞭解謝文洊的生平及其學術思想，並將研究的章節主旨論述如下：

第一章　緒論：

第一節，提出本論文的研究動機與目的，所謂問題意識如何形成。第二節，資料取材與文獻探討，說明論文的研究現況，包含原典文獻取材以及前人研究狀況探討。第三節，簡述論文研究的方法，包括研究步驟與研究態度。第四節，介紹研究內容範圍，並闡述每章節架構。

第二章　謝文洊生平及交游：

本章主要是研究謝文洊的家族世系背景、生平建樹事蹟，以及師承、弟子交游概況。第一節，由介紹謝文洊的家族世系，以瞭解其成長背景概況。第二節，研究謝文洊的生平歷程和建樹事蹟，包括其年譜的製作呈現。第三節，研究謝文洊的師承關係，分為心師與人師兩部分進行論述。第四節，列出向謝文洊授學的弟子們，其中涵蓋當時頗具名聲的程山六君子。第五節，研究謝文洊的交游情形，包含介紹與程山謝文洊合稱「江西三山言理學派」的易堂、髻山兩大派學者。

第三章　謝文洊學述探究：

本章以研究謝文洊的學述著作為主體，內容主要包括：第一節，著作考述。第二節，文體概述。第三節，文學風格。由以上三節進行考察謝文洊的學述著作之內涵主張。

第四章　謝文洊學術思想：

本章以論述謝文洊的學術思想為主旨，內容主要包含：第一節，謝文洊學術背景，由探討明末清初的學術背景，從內在、外緣因素分別探討，研究謝文洊「文以載道」與「經世致用」的思想時代背景。第二節，謝文洊治學理念，從謝文洊治學的態度與方法分析，研究其治學理念特色。第三節，謝文洊教育學風，由〈程山十則〉和〈果育齋教條〉為準則，研究謝子之學的教育風格。透過以上三節進而研究謝文洊為學理念的時代意義與學術風貌。

第五章　結論：

本章列舉後世對謝文洊的學術評價，以及其對後代之影響，客觀檢視本論文之研究成果價值，並提出筆者研究期間所遇之侷限和有待檢討改進的地方。

目　次

第一章　緒　論 1
　第一節　研究動機與研究目的 1
　　一、研究動機 2
　　二、研究目的 2
　第二節　資料取材與文獻探討 3
　　一、資料取材 3
　　二、文獻探討 3
　第三節　研究步驟與研究態度 5
　　一、研究步驟 5
　　二、研究態度 6
　第四節　內容範圍與章節架構 6
第二章　謝文洊生平及交游 9
　第一節　謝文洊家族世系 9
　第二節　謝文洊生平 13
　　一、幼年時期 13
　　二、壯年時期 13
　　三、盛年時期 15
　　四、暮年時期 17
　程山謝明學先生年譜 19
　第三節　謝文洊師承 43
　　一、心師 44
　　二、人師 47
　第四節　謝文洊弟子 47
　　一、程山六君子 48
　　二、程山其他弟子 51
　第五節　謝文洊交游 53
　　一、易堂九子 54
　　二、髻山——宋之盛 64

　　三、其他交游 66

第三章　謝文洊學述探究 69

　第一節　著作考述 69

　　一、《學庸切己錄》 70

　　二、《日錄》 71

　　三、《講義》 73

　　四、《左傳濟變錄》 76

　　五、《兵法類案》 78

　　六、《大臣法則》 80

　　七、《程門主敬錄》 80

　　八、《風雅倫音》 82

　　九、《初學先言》 84

　　十、《讀易緒言》 86

　　十一、《養正篇》 86

　　十二、《大學稽中傳》 86

　　十三、《七克易》 87

　　十四、《詩集》 89

　　十五、《文集》 90

　第二節　文體概述 91

　　一、「書」類 92

　　二、「序」類 95

　　三、「傳狀」、「碑誌」、「祭文」類 97

　　四、「論說」類 99

　　五、「記」類 100

　第三節　文學風格 101

　　一、推崇復初本性 101

　　二、注重切己工夫 104

　　三、提倡慎獨成德 107

第四章　謝文洊學術思想 109

　第一節　謝文洊學術背景 109

　　一、內在因素 110

二、外緣因素 ⋯⋯⋯⋯⋯⋯⋯⋯⋯⋯⋯⋯⋯⋯ 111

三、因應方式 ⋯⋯⋯⋯⋯⋯⋯⋯⋯⋯⋯⋯⋯⋯ 112

四、結語 ⋯⋯⋯⋯⋯⋯⋯⋯⋯⋯⋯⋯⋯⋯⋯⋯ 113

第二節　謝文洊治學理念 ⋯⋯⋯⋯⋯⋯⋯⋯⋯ 114

一、畏天 ⋯⋯⋯⋯⋯⋯⋯⋯⋯⋯⋯⋯⋯⋯⋯⋯ 115

二、識仁 ⋯⋯⋯⋯⋯⋯⋯⋯⋯⋯⋯⋯⋯⋯⋯⋯ 116

三、學修 ⋯⋯⋯⋯⋯⋯⋯⋯⋯⋯⋯⋯⋯⋯⋯⋯ 117

四、疑古 ⋯⋯⋯⋯⋯⋯⋯⋯⋯⋯⋯⋯⋯⋯⋯⋯ 118

五、辟禪 ⋯⋯⋯⋯⋯⋯⋯⋯⋯⋯⋯⋯⋯⋯⋯⋯ 119

六、載道 ⋯⋯⋯⋯⋯⋯⋯⋯⋯⋯⋯⋯⋯⋯⋯⋯ 120

七、經世 ⋯⋯⋯⋯⋯⋯⋯⋯⋯⋯⋯⋯⋯⋯⋯⋯ 121

第三節　謝文洊教育學風 ⋯⋯⋯⋯⋯⋯⋯⋯⋯ 122

一、辨喻以定志 ⋯⋯⋯⋯⋯⋯⋯⋯⋯⋯⋯⋯⋯ 122

二、實踐以立基 ⋯⋯⋯⋯⋯⋯⋯⋯⋯⋯⋯⋯⋯ 124

三、奮厲以去習 ⋯⋯⋯⋯⋯⋯⋯⋯⋯⋯⋯⋯⋯ 125

四、堅苦以礪操 ⋯⋯⋯⋯⋯⋯⋯⋯⋯⋯⋯⋯⋯ 126

五、繹理以養心 ⋯⋯⋯⋯⋯⋯⋯⋯⋯⋯⋯⋯⋯ 127

六、讀史以致用 ⋯⋯⋯⋯⋯⋯⋯⋯⋯⋯⋯⋯⋯ 127

七、勤講以精義 ⋯⋯⋯⋯⋯⋯⋯⋯⋯⋯⋯⋯⋯ 129

八、簡事以專功 ⋯⋯⋯⋯⋯⋯⋯⋯⋯⋯⋯⋯⋯ 130

九、自反以平謗 ⋯⋯⋯⋯⋯⋯⋯⋯⋯⋯⋯⋯⋯ 131

十、相規以有成 ⋯⋯⋯⋯⋯⋯⋯⋯⋯⋯⋯⋯⋯ 132

第五章　結　論 ⋯⋯⋯⋯⋯⋯⋯⋯⋯⋯⋯⋯⋯ 135

一、後代評價 ⋯⋯⋯⋯⋯⋯⋯⋯⋯⋯⋯⋯⋯⋯ 135

二、後世影響 ⋯⋯⋯⋯⋯⋯⋯⋯⋯⋯⋯⋯⋯⋯ 137

三、綜述回顧 ⋯⋯⋯⋯⋯⋯⋯⋯⋯⋯⋯⋯⋯⋯ 138

四、成果價值 ⋯⋯⋯⋯⋯⋯⋯⋯⋯⋯⋯⋯⋯⋯ 140

五、侷限檢討 ⋯⋯⋯⋯⋯⋯⋯⋯⋯⋯⋯⋯⋯⋯ 141

參考文獻書目 ⋯⋯⋯⋯⋯⋯⋯⋯⋯⋯⋯⋯⋯⋯⋯ 143

附表一　謝文洊家族世系簡表 ⋯⋯⋯⋯⋯⋯⋯⋯ 151

附表二　謝文洊著作一覽表 ⋯⋯⋯⋯⋯⋯⋯⋯⋯ 153

附表三　謝文洊年譜簡表 ··· 155

第十八冊　「學衡派」倫理思想研究

作者簡介

楊輝，女，黑龍江省齊齊哈爾市人，哲學博士，黑龍江工程學院思政部院副研究員。參與過國家社科基金項目「中國哲學史學史」的研究，主持過黑龍江省教育廳項目「『學衡派』的倫理思想研究」。合著有《中國現代倫理道德研究》（社會科學文獻出版社 2011 年版），參加了《馮友蘭思想研究》（人民出版社 2010 年版）的撰寫。在《光明日報》、《求是學刊》、《學術交流》等報刊發表學術論文多篇。主要研究領域爲中國近現代思想文化。

提　要

「學衡派」是中國 20 世紀 20 年代產生，以《學衡》雜誌爲平臺，由具有共同學術立場的知識分子群體構成的一個具有文化民族主義色彩的學術流派，主要代表人物有梅光迪、吳宓、胡先驌、柳詒徵、劉伯明、湯用彤、繆鳳林、景昌極、林損等。

近 10 多年來，研究「學衡派」的論著較多，但系統研究其倫理思想的尚不多見，本書以此爲突破點，試圖勾勒出「學衡派」倫理思想的完整面貌，並給出相對公正的評判，爲當代中國的道德建設提供借鑒。

全文共分十一個部分：導論、第一章至第九章、結語。導論介紹了選題的目的和意義、國內外研究現狀、「學衡派」倫理思想概述。第一章描述了「學衡派」的產生及發展歷程。第二章以白璧德「人文主義」爲重點探討了「學衡派」倫理思想的思想資源。從第三章到第九章分別探討了「學衡派」的人性論、人生論、苦樂論、道德修養論、儒家道德論、西方道德論和學術道德論，展示和分析了「學衡派」倫理思想的主要內容。結語試圖以比較的方式探討「學衡派」的倫理思想與現代新儒家倫理思想、西化派倫理思想之間的關係，並立足當代視域審視「學衡派」倫理思想的得失。

目　次

序　柴文華
導　論 ·· 1
　一、研究的目的和意義 ·· 1

　　二、國內外研究現狀 ⋯⋯⋯⋯⋯⋯⋯⋯⋯⋯⋯⋯⋯⋯⋯⋯⋯⋯ 2

　　三、「學衡派」倫理思想概述 ⋯⋯⋯⋯⋯⋯⋯⋯⋯⋯⋯⋯⋯⋯ 22

第一章　「學衡派」的產生及發展歷程 ⋯⋯⋯⋯⋯⋯⋯⋯⋯⋯⋯ 25

　第一節　「學衡派」產生的文化背景 ⋯⋯⋯⋯⋯⋯⋯⋯⋯⋯⋯ 25

　　一、國際文化背景 ⋯⋯⋯⋯⋯⋯⋯⋯⋯⋯⋯⋯⋯⋯⋯⋯⋯⋯ 25

　　二、國內文化背景 ⋯⋯⋯⋯⋯⋯⋯⋯⋯⋯⋯⋯⋯⋯⋯⋯⋯⋯ 30

　第二節　《學衡》雜誌與「學衡派」的發展歷程 ⋯⋯⋯⋯⋯⋯ 34

　　一、《學衡》雜誌的創刊與「學衡派」的幾位主力成員 ⋯⋯ 34

　　二、《學衡》雜誌的興衰與「學衡派」的發展歷程 ⋯⋯⋯⋯ 37

第二章　「學衡派」倫理思想的思想資源 ⋯⋯⋯⋯⋯⋯⋯⋯⋯⋯ 43

　第一節　白璧德其人其作 ⋯⋯⋯⋯⋯⋯⋯⋯⋯⋯⋯⋯⋯⋯⋯ 43

　第二節　白璧德「人文主義」的提出 ⋯⋯⋯⋯⋯⋯⋯⋯⋯⋯⋯ 44

　第三節　白璧德「人文主義」的主要內容 ⋯⋯⋯⋯⋯⋯⋯⋯⋯ 46

　第四節　白璧德「人文主義」對「學衡派」倫理思想的影響 ⋯ 47

　第五節　「學衡派」倫理思想的其它思想資源 ⋯⋯⋯⋯⋯⋯⋯ 51

第三章　「學衡派」的人性論 ⋯⋯⋯⋯⋯⋯⋯⋯⋯⋯⋯⋯⋯⋯⋯ 53

　第一節　人性二元論 ⋯⋯⋯⋯⋯⋯⋯⋯⋯⋯⋯⋯⋯⋯⋯⋯⋯ 53

　第二節　對孟荀人性論的分析 ⋯⋯⋯⋯⋯⋯⋯⋯⋯⋯⋯⋯⋯ 56

　第三節　對唯識宗人性論的闡揚 ⋯⋯⋯⋯⋯⋯⋯⋯⋯⋯⋯⋯ 58

　第四節　人性可善可惡 ⋯⋯⋯⋯⋯⋯⋯⋯⋯⋯⋯⋯⋯⋯⋯⋯ 61

　第五節　對善惡標準的探討 ⋯⋯⋯⋯⋯⋯⋯⋯⋯⋯⋯⋯⋯⋯ 61

　本章小結 ⋯⋯⋯⋯⋯⋯⋯⋯⋯⋯⋯⋯⋯⋯⋯⋯⋯⋯⋯⋯⋯⋯ 62

　　一、有重要的西學背景 ⋯⋯⋯⋯⋯⋯⋯⋯⋯⋯⋯⋯⋯⋯⋯ 63

　　二、對中國傳統倫理的復歸 ⋯⋯⋯⋯⋯⋯⋯⋯⋯⋯⋯⋯⋯ 63

　　三、理論局限 ⋯⋯⋯⋯⋯⋯⋯⋯⋯⋯⋯⋯⋯⋯⋯⋯⋯⋯⋯ 66

第四章　「學衡派」的人生論 ⋯⋯⋯⋯⋯⋯⋯⋯⋯⋯⋯⋯⋯⋯⋯ 67

　第一節　人生觀的構成 ⋯⋯⋯⋯⋯⋯⋯⋯⋯⋯⋯⋯⋯⋯⋯⋯ 67

　第二節　人生哲學的性質 ⋯⋯⋯⋯⋯⋯⋯⋯⋯⋯⋯⋯⋯⋯⋯ 69

　第三節　人生哲學的問題 ⋯⋯⋯⋯⋯⋯⋯⋯⋯⋯⋯⋯⋯⋯⋯ 70

　　一、價值的一般問題 ⋯⋯⋯⋯⋯⋯⋯⋯⋯⋯⋯⋯⋯⋯⋯⋯ 70

　　二、道德哲學問題 ⋯⋯⋯⋯⋯⋯⋯⋯⋯⋯⋯⋯⋯⋯⋯⋯⋯ 72

第四節　人生哲學的流派 ……………………………………… 73

本章小結 ……………………………………………………… 73

第五章　「學衡派」的苦樂論 ………………………………… 77

第一節　苦樂的界定和分類 …………………………………… 77

第二節　苦樂與道德 …………………………………………… 79

一、道德產生於苦樂或由苦樂引發的計較心和同情心 …… 79

二、道德或善惡問題，以苦樂爲根本條件之一 …………… 80

三、苦樂和義利的關係 ……………………………………… 80

第三節　苦樂是人生行爲的根本原動力 ……………………… 83

第四節　快樂論的分類 ………………………………………… 85

第五節　心理快樂論的苦樂觀及其批判 ……………………… 86

第六節　倫理快樂論的苦樂觀及其批評 ……………………… 88

一、唯我快樂論的觀點及其批評 …………………………… 88

二、倫理快樂論的基本觀點及其批評 ……………………… 91

本章小結 ……………………………………………………… 92

第六章　「學衡派」的道德修養論 …………………………… 95

第一節　道德修養的重要性 …………………………………… 95

第二節　「存養省察」的道德內修法 ………………………… 96

第三節　「廣求勝緣」的道德外修法 ………………………… 97

第四節　「篤志强行」的道德實踐論 ………………………… 99

一、克己復禮 ………………………………………………… 100

二、行忠恕 …………………………………………………… 101

三、守中庸 …………………………………………………… 102

本章小結 ……………………………………………………… 103

第七章　「學衡派」的中國傳統道德論 ……………………… 105

第一節　儒家道德與當下的道德狀況 ………………………… 105

第二節　孔學與當時的社會 …………………………………… 107

一、當時流行的觀點 ………………………………………… 107

二、孔子之道對社會影響的非連續性 ……………………… 108

三、孔子學說不是專制產生的原因 ………………………… 108

四、中國近世的腐敗根源恰恰是不奉行孔子之教 ………… 108

第三節　五倫的價值 109

第四節　傳統禮樂論 111

　一、傳統禮樂的界定及關係 111

　二、傳統禮樂的演變 113

　三、傳統禮樂與現代生活 114

本章小結 116

　一、對新文化運動中激進思潮的批評包含合理因素 ... 116

　二、挖掘了儒家倫理的普適性價值 117

　三、迴避了儒家倫理的負面效應 118

第八章　「學衡派」的西方道德論 121

第一節　對希臘精神的闡釋 121

　一、入世 122

　二、諧合 124

　三、中節 126

　四、理智 127

　五、西方近代文化對希臘精神的背離 129

第二節　對進化論的批評 130

　一、進化論的傳播和危害 130

　二、事實不等於正確 131

　三、競爭與道德 132

　四、優勝劣汰與文化進步 134

　五、競爭與協作 135

　六、道德與「兩利」、「兩害」 137

本章小結 140

　一、對繆鳳林希臘精神的分析 140

　二、對景昌極評進化論的分析 143

　三、「學衡派」西方道德觀的基本思想傾向 144

第九章　「學衡派」的學術道德論 147

第一節　職業與志業之辨 147

第二節　學術道德論 148

第三節　教育者與道德 151

　　本章小結⋯⋯⋯⋯⋯⋯⋯⋯⋯⋯⋯⋯⋯⋯⋯⋯⋯⋯⋯⋯⋯152

結　語⋯⋯⋯⋯⋯⋯⋯⋯⋯⋯⋯⋯⋯⋯⋯⋯⋯⋯⋯⋯⋯⋯⋯⋯155

　　一、「學衡派」倫理思想與早期現代新儒家倫理思想⋯⋯⋯155

　　二、「學衡派」的倫理思想與中國現代西化派的倫理思想⋯161

　　三、「學衡派」倫理思想的現代審視⋯⋯⋯⋯⋯⋯⋯⋯⋯⋯164

參考文獻⋯⋯⋯⋯⋯⋯⋯⋯⋯⋯⋯⋯⋯⋯⋯⋯⋯⋯⋯⋯⋯⋯⋯167

後　記（一）⋯⋯⋯⋯⋯⋯⋯⋯⋯⋯⋯⋯⋯⋯⋯⋯⋯⋯⋯⋯⋯173

後　記（二）⋯⋯⋯⋯⋯⋯⋯⋯⋯⋯⋯⋯⋯⋯⋯⋯⋯⋯⋯⋯⋯175

第十九冊　天台圓教十乘觀法之研究

作者簡介

　　吳明興，民國 47 年 8 月 4 日，生於臺灣省臺中市，祖籍福建省南靖鄉。

　　學歷：國立空中大學人文學士，南華大學宗教學研究所碩士，佛光大學文學研究所博士、湖南中醫藥大學醫學博士、白聖佛教學院佛教學系研究部研究。

　　文化工作資歷：曾任《葡萄園》詩刊主編、腳印詩刊社同仁、象詩社社長、《四度空間》詩刊編委、《曼陀羅》詩刊編委、臺北青年畫會藝術顧問、《妙華》佛刊撰述委員、曼陀羅現代詩學研究會副會長、香港文學世界作家詩人聯誼會會員、香港當代詩學會會員、江蘇《火帆》詩刊名譽成員、湖南《校園詩歌報》副主編、黑龍江哈爾濱出版社編委、湖南省《意味》詩刊編委、中國散文詩研究會常務理事、圓明出版社總編輯、華梵大學原泉出版社總編輯、如來出版社總編輯、中華大乘佛學總編輯、昭明出版社總編輯、雲龍出版社總編輯、知書房出版社總編輯、米娜貝爾出版社總編輯、慧明出版集團總經理兼總編輯、湖南中醫藥大學附屬醫院醫師、育達科技大學應用中文系、玄奘大學中國語文學系教師，主講「東西文化」、「應用文」、「中國現代詩」、「中國現代小說」、「中國現代文學史」諸教程。現任瑞士歐洲大學教授、法鼓佛教學院佛教學系助理教授，主講「華嚴學」、「天台學」、「大學國文」、「第四級產業」諸教程。

　　文化工作成果：親自「審、編、讀、校、刪、訂、考、潤」出版的叢書有《般若文庫》、《生活禪話叢書》、《薩迦叢書》、《花園叢書》、《密乘法海叢書》、《根本智慧叢書》、《曲肱齋全集》、《流光集叢書》、《大乘叢書》、《昭明文史叢書》、《昭明文藝叢書》、《昭明心理叢書》、《昭明名著叢書》、《頂尖人物叢書》、《科學人文叢書》、《雲龍叢刊》、《佛學叢書》、《famous 叢書》、《全球政經叢

書》、《弗洛伊德文集叢書》、《經典叢書》、《人與自然叢書》、《創造叢書》、《新月譯叢》、《花園文庫》、《春秋文庫》等，已出版者凡四百餘種，發行達百餘萬冊。

寫作成果：撰有散文詩百餘篇、創作詩數千首，已在海內外將近三百種報刊、雜誌發表大量創作。並著有學術論文《蘇軾佛教文學研究》、《延黃消心痛膠囊對急性心肌梗死模型大鼠抗心肌細胞凋亡作用機理的研究》、《天台圓教十乘觀法之研究》、《詩人范揚松論》、〈天台智顗學統研究〉、〈文學與文學出版品傳播通路在臺灣的出版現象綜論——以二十世紀最後十五年為考察範圍〉、〈華美整飭的樂章——論高楚〈中國萬歲交響曲〉〉、〈鋤頭書寫——閱讀陳冠學《田園之秋》〉、〈鋤頭書寫的佛教語境——再閱讀陳冠學《田園之秋》〉、〈北宋文學思潮的佛學根源導論〉、〈從古典化裁序論新詩集《聖摩爾的黃昏》〉等，凡百餘萬言。名列瀋陽出版社版《臺港澳暨海外華文新詩大辭典》、北京學苑版《中國現代抒情名詩鑑賞大辭典》、河南中州古籍版《古今中外朦朧詩鑑賞大辭典》、湖南文藝版《當代臺灣詩萃》與《散文詩精選》、臺北九歌版《中華現代文學大系》、臺北幼獅版《幼獅文藝四十年大系》、臺北，正中書局版《中國新詩淵藪：中國現代詩人與詩作》、天津人民版《中國文學家大辭典》、四川西南師範大學中國新詩研究所《1996年卷中國詩歌年鑑》、廣州教育出版社版《二十世紀中國新詩分類鑑賞大系》、北京中國文聯版《地球村的詩報告》等。作品已被選入百餘種文選、詩選、年度選，並被香港中文大學譯成英文，省立臺灣美術館製成畫展海報、在新嘉坡被譜成歌曲，且出版有個人詩集《蓬草心情》。

曾獲獎項：全國優秀青年詩人獎、第三屆詩粹獎、中國散文詩評選二等獎、甘肅馬年建材盃新詩特別榮譽獎。

提　要

前言，本論文是以《摩訶止觀》卷第五，「正修止觀」的「觀心具十法門」為研究對象。以第三章〈天台圓教十乘觀法的架構〉、第四章〈天台圓教十乘觀法的圓頓觀〉為主要的論述內容。在進行論述之前，為釐清論主「智顗止觀思想的淵源」，因此，先成立第二章〈天台圓教十乘觀法的建立〉。茲將這三章的論述範圍及其內涵，依次提要如下：

第二章〈天台圓教十乘觀法的建立〉，分為三節，第一節「智顗止觀思想的淵源」、第二節「十乘觀法主要典據析」、第三節「智顗對觀法的抉擇」。

　　就「智顗止觀思想的淵源」而言，旨在揭明智顗思想源流的義理梗概，對正確觀解智顗所創立的教相論、觀行論、思想論，可得一入門鎖鑰，特別是對觀行論之於天台止觀的思想核心「正修止觀」的開解與論證，能與智顗當時代的諸說相互抉擇，而從「心」上破折「假名」之「迷」以爲「解本」，進而彰示「諸法實相」的本質──「三界無別法，唯是一心作」，在空、假、中「三──三」不二的互具宇宙觀中的體現。

　　就「十乘觀法主要典據析」而言，則對形塑智顗十乘觀法的主要典據進行論析，以便脈絡清晰的理出智顗觀行思想體系的源流，並指出其在發展與綜成的方法上，具有先經後論的次第，而且有以經證論、以論裁經的特色，而這一特色被智顗周備的概括在所有隨宜的講說之中，因此，從義理進路予以深細探查，試圖將其綱目彰示出來，故在鑑明智顗思想學統的同時，從其對當時代諸師及其先達的抉擇上，進行同一範疇的思想合會與辨析，以便揭明智顗說「邊邪皆中正」之道的根據。

　　就「智顗對觀法的抉擇」而言，在內在於智顗的思想系絡中，理解智顗的思惟方法，並客觀的認識其論證系統。就義法來看，於「義」既是「該括周備」的，於「法」更是「意圓法巧」的，也就是說，智顗思想的內涵，內在於其思想論、觀行論、教相論，在思想的根源上，在思惟的辯證上，在論證的進路上，不但在路路互通，法法互攝，門門互具方面，展現爲義法整然的具足體系，而且在理解其思想內涵之於觀行的德用方面，更可體會其活化佛陀一代時教西來的豐沛力量，之於激揚東土學人的修學弘願，進而開展爲活潑的宗派佛教黃金時代的來臨，而這正是智顗與當時代諸師多方面的、深湛的抉擇，所必然要宏開的新局。

　　第三章〈天台圓教十乘觀法的架構〉，分爲三節，第一節「『法門改轉』與三種止觀」、第二節「所觀十境指要」、第三節「能觀十乘指要」。

　　就「『法門改轉』與三種止觀」而言，論述天台止觀思想在觀行實踐中的學理，並著重說明智顗的觀行論，不祇是片面的知識，而是已被建構完成的知識體系。因此，內在於此一體系的思惟的合理性的提出與檢證，便成爲被正確理解的憑藉，觀行者一旦掌握了此一憑藉，即能用於自行考覈實踐的有效性如何？或檢束自己對天台觀行論的義理，是否已依天台的止觀學理如實觀解？或已能言語道斷的當下直觀，並在觀行上掌握得宜，證知位次是否得所？而這一學理的應用與驗證，都需要學人審慎的自覺自己的觀行基礎，從而指出鑑別的

要件有三：一、自覺根鈍根利；二、隨利鈍與願行或爲藏，或爲通，或爲別，或爲圓；三、隨根應緣之便宜，自覺下手處或爲漸次、爲不定、爲圓頓。

就「所觀十境指要」而言，論析智顗融通佛陀教說的經典、律典與諸論師的論典所及的禪法概念的理論總結，而爲組織詳明的止觀思想體系，從而詮明學人修習觀行以能觀的一心觀所觀境的目的，就是爲了破除因境界所生發的諸種障礙，而其檢證的原理原則，就是以能觀境的十乘觀法，做爲自覺實踐的準據，因此，精要的點出智顗的止觀思想體系，不但是自己的實踐所證，更是對一切經論相應義理的有效建構，同時爲了確保正法義不爲當時代偏離佛陀教說的邪解所壞，而對之進行抉擇所體現的意義，具有一定的必要性與時代性。

就「能觀十乘指要」而言，申論智顗開悟的根據，詮明修持天台觀行法門的必要條件，指出證現勝相的圓教義，將能觀十乘與所觀十境的結構，做出百法成乘及其互具關係之指要，以爲彰顯理論與實踐在天台止觀思想中互爲圓具的特性。如說徒有完美的理論，而無具體可行的教案，顯見於理不成，而徒有素樸的淺層經驗，無深湛圓美的理論，於法亦不成，是不證自明的道理。因此，論明智顗並不是爲了理論的需要纔講說止觀，而是爲了學人能行持有方，如自己一般的證會諸法實相的真實義，纔以行塡願，廣開法筵，示教利喜。

第四章〈天台圓教十乘觀法的圓頓觀〉，分爲三節，第一節「『端身正坐』的圓頓觀」、第二節「『歷緣對境』的次第觀」、第三節「圓融的教觀體系」。

就「『端身正坐』的圓頓觀」而言，首先，確證十乘觀法在《法華玄義》與《摩訶止觀》中，皆總束於一心三觀之不可思議境。其次，就智顗止觀思想的發展，指出《法華玄義》十乘皆以「觀生死即涅槃」、「觀煩惱即菩提」爲綱領，而《摩訶止觀》則是此一綱領在理論上的全面完善，所以對當時代的禪法與諸師說多所參覈與抉擇。最後，證成智顗以《法華》經教所示，檢證一心三觀，以「觀念念心，無非法性實相」的摩訶衍義，以證立能觀十乘即爲「大乘觀」，證立一一即位之於六即，位位都是逕登「妙覺」的究竟即，都是「直至道場」具體可憑、可行的學理。

就「『歷緣對境』的次第觀」而言，論述十乘觀法是能觀之智，十境是所觀之境的主要義理，在以空詮辨五陰等有爲法，不該被心所執取，至於無所執取的空，也不應該被執取。也就是說，諸法與實相，不論在初學觀心時的止門，或隨心王而出生無量法的隨門，或已能體會心性常寂所以諸法亦寂的止門，或語言道斷的觀門，或「既不得所觀之心，亦不得能觀之智」的還門，乃至於「雖

不得心及諸法，而能了了分別一切諸法」的淨門，就其內在於天台觀行論而言，方便說次第，或不次第，都是圓頓旨之所以成立的要件，因此，不論是「直觀心性，即便具足」，抑或層層升進，十法一境，乃至於百法成乘，俱隨行人根性，或一超直入，或境境檢校，要非開決諸法之所以為諸法，不外諸法之於實相而當體證顯諸法實相，豁悟法華三昧，際此，行人之於解脫道，自能「乘一大車，遊於四方，直至道場，成得正覺」。

就「圓融的教觀體系」而言，綜成天台思想並非線性的理解，或平面的認識所能理喻的，而應該既立體而又圓具的看待，纔能體會十重觀法橫豎收束的要義。

結語：最後，結成天台觀行論的具體實踐方程，可由天台止觀思想與持修的對應關係，來做既多向而又總體的把握。就教而論，天台所取，以圓教為上；就觀而論，天台所觀，以止觀為門；就行而論，天台所行，以十乘為徑。因此，儘管天台教觀思想，體系深宏，且在文本結構上，肌理邃密，使初學者在乍看之下，多所為難，但祇要識取關鑰，不外「自觀己心」，並在能觀的一念心上，重重檢校所觀境，當體銷融諸法，證顯勝相，即能悟入三昧。而做為共法的止觀法要，單就內在於佛教的觀行法門而論，舉凡小大諸宗，三藏十二部典籍，靡所不賅，足見對佛教學理的實踐，天台特別強調不縱不橫的開展方式，如能掌握能觀的一念心，如何即假即空即中的觀達所觀，並在緣會照察的當際，體達能所不一不異的諸法與實相的相即義，即能在原理甚為深細的觀行體系中，消解無明與法性隔歷的界限，從而當體圓具三德。

透過上述章、節對智顗建立天台止觀思想的淵源與十乘觀法的架構的反覆論證與釐辨，學人當可綜成天台觀行法門的義蘊，進而把握其有效的實踐理則。因此，隨順根性而行，不論漸次、不定、圓頓止觀，就方便義而論歷緣對境，在人類的社會生活高度繁複的二十一世紀，其在僧俗兩序對四三昧的行持而言，就顯得特別具有行動性，因為天台止觀的學理，透過對經論的廣泛覆按，以及學人實踐的檢校，已被具體可行的合理性，體現為圓融的觀行方程，祇要對境當際，覺照一念無明即法性，自可豁悟諸法絕待的勝境，本來自在自為。

目　次

誌謝辭 —— 代自序
第一章　緒　論⋯⋯⋯⋯⋯⋯⋯⋯⋯⋯⋯⋯⋯⋯⋯⋯⋯⋯⋯⋯⋯⋯⋯⋯⋯⋯⋯⋯⋯⋯ 1
　　第一節　研究動機與目的⋯⋯⋯⋯⋯⋯⋯⋯⋯⋯⋯⋯⋯⋯⋯⋯⋯⋯⋯⋯⋯⋯⋯⋯ 1

第二節　研究之思想背景 6

第三節　研究方法與應用 12

　　第一目　佛典詮釋學 12

　　第二目　四意消文 14

　　第三目　四悉檀義 17

　　第四目　典據文本的義理考詮 19

第四節　主要文獻之探討 20

第二章　天台圓教十乘觀法的建立 25

第一節　智顗止觀思想的淵源 25

　　第一目　龍樹思想與智顗的關係 31

　　第二目　慧文思想與智顗的關係 34

　　第三目　慧思思想與智顗的關係 39

　　第四目　結語 41

第二節　十乘觀法主要典據晷析 42

　　第一目　觀心是不可思議境 43

　　第二目　發眞正菩提心 45

　　第三目　善巧安心 46

　　第四目　明破法遍 47

　　第五目　識通塞 49

　　第六目　明修道品 51

　　第七目　助道對治 53

　　第八目　明次位 55

　　第九目　能安忍 57

　　第十目　無法愛 58

　　第十一目　結語 60

第三節　智顗對觀法的抉擇 61

　　第一目　智顗對法義的抉擇 61

　　第二目　智顗對觀行思想的抉擇方式 64

　　第三目　智顗對諸師觀法的抉擇 67

　　第四目　結語 73

第三章　天台圓教十乘觀法的架構 75

第一節　「法門改轉」與三種止觀 75
　第一目　漸次止觀 79
　第二目　不定止觀 82
　第三目　圓頓止觀 97
　第四目　智顗的止觀思想 103
　第五目　結語 108
第二節　所觀十境指要 109
　第一目　具足開解立行的條件 111
　第二目　修習止觀的普遍前提 117
　第三目　所觀境中的循環論證 119
　第四目　自我照察的觀行進路 121
　第五目　觀行境界的可實徵性 123
　第六目　以正法諦察微細惑 125
　第七目　對情執定境的否除 128
　第八目　對失據禪觀的抉擇 131
　第九目　結語 132
第三節　能觀十乘指要 133
　第一目　智顗開悟的根據 135
　第二目　實踐開悟的必要條件 143
　第三目　證現勝相的圓教義 146
　第四目　所觀十境與能觀十乘的關係 155
　第五目　結語 158
第四章　天台圓教十乘觀法的圓頓觀 159
第一節　「端身正坐」的圓頓觀 166
　第一目　十乘的圓教義 167
　第二目　《法華玄義》與《摩訶止觀》所觀境的對顯 173
　第三目　結語 176
第二節　「歷緣對境」的次第觀 176
　第一目　能觀十乘與所觀陰、入、界境 178
　第二目　能觀十乘與所觀煩惱境 187
　第三目　能觀十乘與所觀病患境 191

第四目　能觀十乘與所觀業相境 ⋯⋯⋯⋯⋯⋯⋯⋯⋯⋯ 194

第五目　能觀十乘與所觀魔事境 ⋯⋯⋯⋯⋯⋯⋯⋯⋯⋯ 198

第六目　能觀十乘與所觀禪定境 ⋯⋯⋯⋯⋯⋯⋯⋯⋯⋯ 201

第七目　能觀十乘與所觀諸見境 ⋯⋯⋯⋯⋯⋯⋯⋯⋯⋯ 217

第八目　一念心具 ⋯⋯⋯⋯⋯⋯⋯⋯⋯⋯⋯⋯⋯⋯⋯⋯ 221

第九目　不說即是說 ⋯⋯⋯⋯⋯⋯⋯⋯⋯⋯⋯⋯⋯⋯⋯ 223

第十目　十法成乘 ⋯⋯⋯⋯⋯⋯⋯⋯⋯⋯⋯⋯⋯⋯⋯⋯ 225

第十一目　結語 ⋯⋯⋯⋯⋯⋯⋯⋯⋯⋯⋯⋯⋯⋯⋯⋯⋯ 231

第三節　圓融的教觀體系 ⋯⋯⋯⋯⋯⋯⋯⋯⋯⋯⋯⋯⋯ 231

第一目　佛化導眾生教法的四個範疇 ⋯⋯⋯⋯⋯⋯⋯⋯ 233

第二目　有因緣故亦可得說 ⋯⋯⋯⋯⋯⋯⋯⋯⋯⋯⋯⋯ 239

第三目　結語 ⋯⋯⋯⋯⋯⋯⋯⋯⋯⋯⋯⋯⋯⋯⋯⋯⋯⋯ 242

第五章　結　論 ⋯⋯⋯⋯⋯⋯⋯⋯⋯⋯⋯⋯⋯⋯⋯⋯⋯⋯ 245

第一目　對圓教勝義的最終肯認 ⋯⋯⋯⋯⋯⋯⋯⋯⋯⋯ 245

第二目　目的與過程的同格 ⋯⋯⋯⋯⋯⋯⋯⋯⋯⋯⋯⋯ 246

第三目　最終的覺醒 ⋯⋯⋯⋯⋯⋯⋯⋯⋯⋯⋯⋯⋯⋯⋯ 247

第四目　結束語 ⋯⋯⋯⋯⋯⋯⋯⋯⋯⋯⋯⋯⋯⋯⋯⋯⋯ 249

參考文獻 ⋯⋯⋯⋯⋯⋯⋯⋯⋯⋯⋯⋯⋯⋯⋯⋯⋯⋯⋯⋯⋯ 251

表格目次

表一：智顗親自撰述，含智顗親自講說，後由灌頂整理的部分 ⋯⋯ 26

表二：智顗親自講說，後由灌頂大幅修治整理的部分 ⋯⋯⋯⋯⋯ 27

表三：基本內容由智顗講說，經由後人整理的部分 ⋯⋯⋯⋯⋯⋯ 27

表四：灌頂撰述，但署名智顗的部分 ⋯⋯⋯⋯⋯⋯⋯⋯⋯⋯⋯ 28

表五：中國人偽託智顗撰述的作品 ⋯⋯⋯⋯⋯⋯⋯⋯⋯⋯⋯⋯ 28

表六：日本人偽託智顗撰述的作品 ⋯⋯⋯⋯⋯⋯⋯⋯⋯⋯⋯⋯ 29

表七：龍樹主要漢譯論典一覽表 ⋯⋯⋯⋯⋯⋯⋯⋯⋯⋯⋯⋯⋯ 31

表八：慧思現存的著作一覽表 ⋯⋯⋯⋯⋯⋯⋯⋯⋯⋯⋯⋯⋯⋯ 41

表九：「十乘觀法」的結構及文獻位置一覽表 ⋯⋯⋯⋯⋯⋯⋯⋯ 43

表十：思議境 ⋯⋯⋯⋯⋯⋯⋯⋯⋯⋯⋯⋯⋯⋯⋯⋯⋯⋯⋯⋯ 44

表十一：不可思議境 ⋯⋯⋯⋯⋯⋯⋯⋯⋯⋯⋯⋯⋯⋯⋯⋯⋯ 44

表十二：初發心的契機 ⋯⋯⋯⋯⋯⋯⋯⋯⋯⋯⋯⋯⋯⋯⋯⋯ 45

表十三：一、當體體達無明即法性 …………………………… 46

表十三：二、當體體達無明即法性 …………………………… 47

表十四：實相觀 …………………………………………………… 48

表十五：破塞、存通 …………………………………………… 49

表十六：如實得道 ……………………………………………… 51

表十七：尋求合適的修持法門 ………………………………… 53

表十八：色界四禪一覽表 ……………………………………… 54

表十九：世間禪修習方法簡表 ………………………………… 55

表二十：四教次位對照總表 …………………………………… 56

表二十一：能忍成道事 ………………………………………… 57

表二十二：邪行頂退 …………………………………………… 59

表二十三：智顗思想方法所依語彙舉隅表 …………………… 62

表二十四：智顗觀行思想抉擇對顯舉隅表 …………………… 64

表二十五：智顗對諸師的稱呼方式例表 ……………………… 68

表二十六：智顗對諸師觀法抉擇舉隅表 ……………………… 68

表二十七：次第止觀之大要表 ………………………………… 80

表二十八：釋禪波羅蜜修證次第表 …………………………… 81

表二十九：不定止觀之大要表 ………………………………… 84

表三　十：歷別對諸禪六妙門觀行內涵解析表 ……………… 85

表三十一：「證頓」的經教與論說內涵一覽表 ……………… 101

表三十二：相待止觀各三義一覽表 …………………………… 104

表三十三：絕待止觀的內涵一覽表 …………………………… 105

表三十四：止觀四悉曇義一覽表 ……………………………… 106

表三十五：止觀通三德關係表 ………………………………… 107

表三十六：止觀各通三德關係表 ……………………………… 107

表三十七：「所觀十境」的結構及文獻位置一覽表 ………… 110

表三十八：二十五前方便內涵解析一覽表 …………………… 112

表三十九：觀煩惱境對治法解析一覽表 ……………………… 121

表四　十：有疾菩薩調伏實病解析表 ………………………… 123

表四十一：六度與六蔽業相境精簡表 ………………………… 124

表四十二：所觀境中「觸惱於我」的過患簡表 ……………… 127

表四十三：智顗「對諸師觀法的抉擇」精簡表 ……………………… 129

表四十四：「邪解稱見」一覽表 ……………………………………… 131

表四十五：智顗開悟的根據之一「法華三昧」釋義表 ……………… 137

表四十六：智顗開悟的根據之二「前方便」釋義表 ………………… 139

表四十七：智顗開悟的根據之三「初旋陀羅尼」義解析表 ………… 142

表四十八：天台觀行實踐論四三昧行法精簡表 ……………………… 144

表四十九：能觀十乘與所觀十境百法成乘關係表 …………………… 154

表五　十：諸境互發解析表 …………………………………………… 156

表五十一：能觀十乘與所觀十境在觀行上的具體關係實例表 ……… 157

表五十二：灌頂「十通論」十境互具關係表 ………………………… 161

表五十三：灌頂「十通論」十境互具關係表解之一 ………………… 162

表五十四：灌頂「十通論」十境互具關係表解之二 ………………… 162

表五十五：灌頂「十境」別義對應表 ………………………………… 164

表五十六：灌頂圓頓止觀別義與《次第禪門》可得互有其義對應表 … 164

表五十七：十境別義內在於《次第禪門》的攝屬關係表 …………… 164

表五十八：《法華玄義》圓門入實觀與《摩訶止觀》觀心具十法門文本
　　　　　對開表 ……………………………………………………… 168

表五十九：觀陰、入、界境初所觀境十乘觀法內涵表 ……………… 178

表六　十：觀陰、入、界境中對境所觀境十乘觀法內涵表 ………… 186

表六十一：觀煩惱境中十乘觀法內涵表 ……………………………… 189

表六十二：觀煩惱境中十乘觀法「巧安止觀」內涵表 ……………… 191

表六十三：觀病患境中十乘觀法內涵表 ……………………………… 193

表六十四：觀業相境中十乘觀法內涵表 ……………………………… 195

表六十五：觀魔事境中十乘觀法內涵表 ……………………………… 199

表六十六：次第止觀五內方便內涵解析一覽表 ……………………… 201

表六十七：觀禪定境十二因緣觀中十乘觀法內涵表 ………………… 212

表六十八：觀禪定境一心三觀中十乘觀法內涵表 …………………… 215

表六十九：觀諸見境中十乘觀法內涵表 ……………………………… 219

表七　十：智顗釋龍樹四悉檀爲可說義一覽表 ……………………… 234

表七十一：智顗釋龍樹第一義悉檀爲不可說義表 …………………… 235

表七十二：《法華玄義》中四悉檀五相義一覽表 …………………… 236

表七十三：從假入空觀四悉檀義一覽表 ⋯⋯⋯⋯⋯⋯⋯⋯ 237

表七十四：如來感眾生根性以隨樂欲說四教一覽表 ⋯⋯⋯ 237

表七十五：如來聖說四悉檀一覽表 ⋯⋯⋯⋯⋯⋯⋯⋯⋯⋯ 238

表七十六：《法華》跡本二門四悉檀義表解 ⋯⋯⋯⋯⋯⋯ 238

第二十冊　圓悟克勤禪學思想研究

作者簡介

魏建中，男，1978 年生，湖南邵陽隆回人。於九十年代末中師畢業，在農村工作七年。後通過考研進入廣西師範大學文學院，2007 年畢業，獲文學碩士學位。讀研期間，對禪學產生濃厚興趣，遂萌發報考宗教學博士的想法。天遂人願，2007 年考入武漢大學哲學學院攻讀博士學位，師從呂有祥先生，2010 年畢業，獲宗教學博士學位。現任教於湖南省懷化市懷化學院政法系，同時係湖南省民間非物質文化研究基地兼職研究人員。主要研究方向：宗教學、中國哲學、地方文化。曾參與一項國家級科研課題研究，獲省教育廳、省社科課題各一項。在《理論月刊》、《學習月刊》等期刊及國際性學術會議上發表論文多篇。

提　要

圓悟克勤是宋代中期的一位禪門宗師，在中國禪宗史上具有很大貢獻。他給後人留下了很多寶貴的資料，尤其是他的《碧岩錄》、《圓悟心要》和《圓悟克勤禪師語錄》三部著作，把中國的禪文化推向了輝煌的頂峰。可以說，圓悟不僅是一位證悟自性、心靈自由的禪僧，也是一位通達經論和各家宗旨、善於闡釋的大家。本書全面搜集資料，充分利用今人的研究成果，試圖對圓悟禪學進行首次全面系統的研究，探明其禪學的主旨精神與博大內涵，並重新審視對圓悟的歷史評價，從而深化對宋代禪宗史的研究。

圓悟克勤提出的「人人腳跟下本有此段大光明」心性論命題，在禪宗史上具有重要的理論意義和實踐意義。這種思想進一步將禪法生活化，對於廣接群機，大弘禪法，有重要作用。針對禪宗史上對圓悟克勤「文字禪」的批評，本書全面考察圓悟克勤的「文字禪」思想與詮釋實踐。本書認為，作為一代禪學大師的圓悟克勤在詮釋公案、頌古及拈古時，在準確把握其思想脈絡的同時，還使得其內在精神在新的視域裏以解決新問題促使禪宗弟子解悟的方式獲得

了重生。基於對圓悟禪學思想的研究，本書得出結論：圓悟克勤既是前人禪學思想的總結者，又是新禪法的開創者，更是善於說禪的詮釋者，他的禪學特色正是體現了禪學範式變化的過渡性特徵，爲後面出現的「看話禪」和「默照禪」奠定了基礎。

目　次

引　言…………………………………………………………………………1

　　一、研究緣起…………………………………………………………1

　　二、研究方法…………………………………………………………3

　　三、研究思路和研究難點……………………………………………5

　　四、論文邏輯結構……………………………………………………6

第一章　宋代社會政治文化與宋代禪宗………………………………9

　　第一節　宋代社會的政治文化………………………………………9

　　　一、宋代的政治特色及佛教政策…………………………………10

　　　二、宋代的文化與經濟及其對佛教的影響………………………11

　　第二節　文化融合背景下宋代禪宗的特色…………………………13

　　　一、宋代禪宗的儒學化……………………………………………13

　　　二、宋代禪宗的社會化……………………………………………16

第二章　生平與活動……………………………………………………21

　　第一節　修道歷程與悟道因緣………………………………………21

　　　一、修道歷程………………………………………………………21

　　　二、悟道因緣………………………………………………………23

　　第二節　住持交遊與學識人品………………………………………25

　　　一、住持交遊………………………………………………………25

　　　二、學識著作………………………………………………………27

第三章　「人人腳跟下本有此段大光明」的心性論…………………29

　　第一節　對傳統「心性論」的繼承與發揮…………………………30

　　　一、「心性論」的界定……………………………………………30

　　　二、對傳統「心性論」的繼承與發揮……………………………32

　　第二節　「人人跟腳下本有此段大光明」的核心命題……………36

　　　一、「人人跟腳下本有此段大光明」命題的內涵………………36

　　　二、世界宗教文化背景下的「光明」問題………………………42

第四章 「轉迷為悟」的工夫論 ································ 47

　第一節 迷與悟 ····································· 48

　　一、「妄想翳障」的自性遮蔽 ······················ 48

　　二、「如暗得燈，如貧得寶」的覺悟狀態 ············· 50

　第二節 「念茲在茲，真參實究」的公案禪 ············ 54

　　一、關於「公案禪」 ····························· 55

　　二、「念茲在茲，真參實究」的參禪要求 ············· 57

　第三節 「無事禪」批判與漸修履踐 ·················· 60

　　一、「無事禪」批判 ····························· 61

　　二、在批判的基礎上強調漸修與履踐 ················ 63

　第四節 「迴光返照」思想 ························· 67

　　一、「迴光返照」思想的經典背景 ·················· 67

　　二、「迴光返照」的內涵 ························· 71

　　三、「迴光返照」思想所蘊含的哲學意義及生命智慧 ··· 77

第五章 「文字禪」思想與詮釋實踐 ···················· 83

　第一節 「文字禪」的語言世界 ····················· 84

　　一、關於「文字禪」的定義 ······················ 84

　　二、「文字禪」源流考 ·························· 86

　　三、「文字禪」背後的禪宗語言哲學思想透視 ········ 90

　第二節 「文字禪」思想與詮釋方式 ················· 94

　　一、圓悟的「文字禪」思想 ······················ 94

　　二、圓悟的「文字禪」詮釋方式 ·················· 104

　第三節 「文字禪」詮釋內容之分析 ················· 115

　　一、藉教說禪 ································· 116

　　二、歷史考證 ································· 123

　　三、引詩論禪 ································· 127

第六章 圓悟禪學思想的歷史影響 ···················· 131

　第一節 圓悟禪學與大慧「看話禪」和宏智「默照禪」 ·· 131

　　一、圓悟禪學與大慧宗杲「看話禪」 ··············· 131

　　二、圓悟禪學與宏智「默照禪」 ·················· 134

　第二節 圓悟禪學對後世「文字禪」的影響 ··········· 138

　　　一、對國內「文字禪」的影響⋯⋯⋯⋯⋯⋯⋯⋯⋯⋯⋯⋯⋯⋯⋯138

　　　二、對日本禪文化及茶道的影響⋯⋯⋯⋯⋯⋯⋯⋯⋯⋯⋯⋯⋯140

　　第三節　圓悟的法脈傳承及其影響⋯⋯⋯⋯⋯⋯⋯⋯⋯⋯⋯⋯⋯141

結　語⋯⋯⋯⋯⋯⋯⋯⋯⋯⋯⋯⋯⋯⋯⋯⋯⋯⋯⋯⋯⋯⋯⋯⋯⋯⋯145

主要參考文獻⋯⋯⋯⋯⋯⋯⋯⋯⋯⋯⋯⋯⋯⋯⋯⋯⋯⋯⋯⋯⋯⋯⋯149

　　一、經典、原著⋯⋯⋯⋯⋯⋯⋯⋯⋯⋯⋯⋯⋯⋯⋯⋯⋯⋯⋯⋯⋯149

　　二、學術專著⋯⋯⋯⋯⋯⋯⋯⋯⋯⋯⋯⋯⋯⋯⋯⋯⋯⋯⋯⋯⋯149

　　三、學術論文⋯⋯⋯⋯⋯⋯⋯⋯⋯⋯⋯⋯⋯⋯⋯⋯⋯⋯⋯⋯⋯152

　　四、碩博論文⋯⋯⋯⋯⋯⋯⋯⋯⋯⋯⋯⋯⋯⋯⋯⋯⋯⋯⋯⋯⋯154

第二一冊　惠洪、張商英《妙法蓮華經合論》研究

作者簡介

　　陳穎蓁，台南市人，國立高雄師範大學國文系博士班畢業。現爲國立台南高商國文科專任教師。研究領域爲佛學。著有《蓮池大師淨土思想研究》、〈《四十二章經》探析〉、〈齊桓公霸業析論〉、〈談〈詠荆軻〉的悲劇史詩——兼論陶淵明與柳宗元的內心世界〉、〈濂溪先生方外之交研究〉、〈《劍花室詩集》的民族意識探析〉等論文。

提　要

　　本論文主要以惠洪、張商英《妙法蓮華經合論》爲研究對象，探討北宋佛教學術文化的背景，惠洪、張商英詮釋《法華經》的方法與特色，以及惠洪、張商英的法華思想，並對惠洪、張商英《法華經合論》作一比較與評價。本論文共分六章，各章分述如下。

　　第一章緒論，說明本論文的研究動機與目的，並介紹《法華經合論》的名義、版本與內容架構，以及研究方法，由此呈顯各章節的架構。

　　第二章探討北宋佛教的學術環境與惠洪、張商英的學思歷程。北宋佛教的學術環境，包括帝王的佛教政策、北宋佛教宗派的流變、文字禪在北宋的發展，儒、釋、道三教的融通，禪、教的融通，以及《法華經》在北宋的流傳。關於惠洪的學思歷程，包括惠洪的姓氏與法名的考察、儒學思想的養成、佛教思想的奠定、惠洪與張商英的交遊，以及惠洪的著作等。張商英的學思歷程，包括張商英的生平、張商英的佛學因緣，以及三教思想的養成與發皇等，作全面性

的探討。

　　第三章惠洪、張商英的釋經方法與特色。惠洪詮釋經典，採用繞路說禪、設喻取譬的方式，張商英解經，則以概述全品經旨為主。惠洪、張商英的解經特色，兼具有簡明直截的釋經風格，以及展現與時代相應的融通精神，惠洪則更突出他橫說豎說的解經特色。此外，特別探討惠洪與前代《法華經》釋經說法的辯證。

　　第四章惠洪、張商英的法華思想。本章分論惠洪的法華思想，探討惠洪的眾生成佛思想、一佛乘思想、心性思想以及惠洪的佛身觀。張商英的法華思想，首先介紹張商英《法華經合論》各品要旨之詮釋，其次，探討張商英的眾生成佛思想，及其一佛乘思想。

　　第五章惠洪、張商英《法華經合論》的比較與評價。關於惠洪、張商英《法華經合論》的比較，由形式架構的差異，與論述內容的差異兩個單元作討論，其中論述內容的差異部份，舉家喻戶曉的〈妙法蓮華經觀世音菩薩普門品〉為例做比較。關於評價，則考察當代以及後代教界學者或義學僧，探討其對於《法華經合論》的評價。

　　第六章結論。根據三、四、五章的心得，作一統合性的結論。

目　次

第一章　緒　論⋯⋯⋯⋯⋯⋯⋯⋯⋯⋯⋯⋯⋯⋯⋯⋯⋯⋯⋯⋯⋯⋯⋯⋯1
　第一節　研究動機與目的⋯⋯⋯⋯⋯⋯⋯⋯⋯⋯⋯⋯⋯⋯⋯⋯⋯⋯1
　第二節　《法華經合論》的名義、版本與內容架構⋯⋯⋯⋯⋯⋯⋯4
　　一、《法華經合論》的名義與版本⋯⋯⋯⋯⋯⋯⋯⋯⋯⋯⋯⋯⋯4
　　二、《法華經合論》的內容架構⋯⋯⋯⋯⋯⋯⋯⋯⋯⋯⋯⋯⋯⋯8
　第三節　研究方法與全文架構⋯⋯⋯⋯⋯⋯⋯⋯⋯⋯⋯⋯⋯⋯⋯10
　　一、研究方法⋯⋯⋯⋯⋯⋯⋯⋯⋯⋯⋯⋯⋯⋯⋯⋯⋯⋯⋯⋯⋯10
　　二、全文架構⋯⋯⋯⋯⋯⋯⋯⋯⋯⋯⋯⋯⋯⋯⋯⋯⋯⋯⋯⋯⋯11
第二章　北宋佛教的學術環境與惠洪、張商英的學思歷程⋯⋯⋯⋯13
　第一節　北宋佛教的學術環境⋯⋯⋯⋯⋯⋯⋯⋯⋯⋯⋯⋯⋯⋯⋯13
　　一、帝王的佛教政策⋯⋯⋯⋯⋯⋯⋯⋯⋯⋯⋯⋯⋯⋯⋯⋯⋯⋯15
　　二、北宋佛教宗派的流變⋯⋯⋯⋯⋯⋯⋯⋯⋯⋯⋯⋯⋯⋯⋯⋯19
　　三、文字禪在北宋的發展⋯⋯⋯⋯⋯⋯⋯⋯⋯⋯⋯⋯⋯⋯⋯⋯23
　　四、儒、釋、道三教的融通⋯⋯⋯⋯⋯⋯⋯⋯⋯⋯⋯⋯⋯⋯⋯27

　　五、禪、教的融通 29

　　六、《法華經》在北宋的流傳 32

　第二節　惠洪的學思歷程 37

　　一、惠洪的姓氏與法名 42

　　二、儒學思想的養成 44

　　三、佛教思想的奠定 45

　　四、惠洪與張商英的交遊 60

　　五、惠洪的著作 65

　第三節　張商英的學思歷程 70

　　一、張商英的生平 72

　　二、張商英的學佛因緣 74

　　三、三教思想的養成與發皇 82

第三章　惠洪、張商英的釋經方法與特色 87

　第一節　文義的訓釋方法 89

　　一、解釋詞義 89

　　二、串講文意 97

　　三、闡釋品旨 98

　　四、說解譬喻之義 102

　　五、以佛教經論解經 111

　　六、以中國古代典籍解經 124

　第二節　釋經特色 126

　　一、簡明直截的釋經風格 126

　　二、橫說豎說的釋經技巧 132

　　三、融通精神的展現 138

　第三節　與前代《法華經》釋經說法的辯證 ... 150

第四章　惠洪、張商英的法華思想 169

　第一節　惠洪的眾生成佛思想 169

　　一、眾生成佛的成佛思想 169

　　二、緣起無性的成佛思想 175

　第二節　惠洪的一佛乘思想 183

　　一、《法華經》一乘義之詮釋 184

　　　二、《法華經合論》一乘義之詮釋 ⋯⋯⋯⋯⋯⋯⋯⋯⋯ 188

　　　三、會三歸一 ⋯⋯⋯⋯⋯⋯⋯⋯⋯⋯⋯⋯⋯⋯⋯⋯⋯ 193

　　　四、一佛乘之實踐 ⋯⋯⋯⋯⋯⋯⋯⋯⋯⋯⋯⋯⋯⋯⋯⋯ 196

　　第三節　惠洪的心性思想 ⋯⋯⋯⋯⋯⋯⋯⋯⋯⋯⋯⋯⋯⋯ 199

　　　一、會通一念 ⋯⋯⋯⋯⋯⋯⋯⋯⋯⋯⋯⋯⋯⋯⋯⋯⋯ 200

　　　二、會通時空 ⋯⋯⋯⋯⋯⋯⋯⋯⋯⋯⋯⋯⋯⋯⋯⋯⋯ 208

　　　三、會通空性 ⋯⋯⋯⋯⋯⋯⋯⋯⋯⋯⋯⋯⋯⋯⋯⋯⋯ 211

　　　四、迷與悟 ⋯⋯⋯⋯⋯⋯⋯⋯⋯⋯⋯⋯⋯⋯⋯⋯⋯⋯ 215

　　第四節　惠洪的佛身觀 ⋯⋯⋯⋯⋯⋯⋯⋯⋯⋯⋯⋯⋯⋯⋯ 220

　　　一、《法華經》的佛陀觀 ⋯⋯⋯⋯⋯⋯⋯⋯⋯⋯⋯⋯⋯ 220

　　　二、《法華經合論》的佛身觀 ⋯⋯⋯⋯⋯⋯⋯⋯⋯⋯⋯ 221

　　第五節　張商英的法華思想 ⋯⋯⋯⋯⋯⋯⋯⋯⋯⋯⋯⋯⋯ 226

　　　一、張商英《法華經合論》各品要旨之詮釋 ⋯⋯⋯⋯⋯ 226

　　　二、張商英的眾生成佛思想 ⋯⋯⋯⋯⋯⋯⋯⋯⋯⋯⋯⋯ 231

　　　三、張商英的一乘思想 ⋯⋯⋯⋯⋯⋯⋯⋯⋯⋯⋯⋯⋯⋯ 232

　第五章　惠洪、張商英《法華經合論》的比較與評價 ⋯⋯⋯ 235

　　第一節　惠洪、張商英《法華經合論》之比較 ⋯⋯⋯⋯⋯ 235

　　　一、形式架構的差異 ⋯⋯⋯⋯⋯⋯⋯⋯⋯⋯⋯⋯⋯⋯⋯ 236

　　　二、論述內容的差異 ⋯⋯⋯⋯⋯⋯⋯⋯⋯⋯⋯⋯⋯⋯⋯ 238

　　第二節　惠洪、張商英《法華經合論》之評價 ⋯⋯⋯⋯⋯ 247

　第六章　結　論 ⋯⋯⋯⋯⋯⋯⋯⋯⋯⋯⋯⋯⋯⋯⋯⋯⋯⋯⋯ 251

參考文獻 ⋯⋯⋯⋯⋯⋯⋯⋯⋯⋯⋯⋯⋯⋯⋯⋯⋯⋯⋯⋯⋯⋯ 259

附錄：《法華經合論》中需要修正的一些問題 ⋯⋯⋯⋯⋯⋯⋯ 271

表　次

《法華經合論》的版本 ⋯⋯⋯⋯⋯⋯⋯⋯⋯⋯⋯⋯⋯⋯⋯⋯⋯ 6

《法華經合論》的內容架構 ⋯⋯⋯⋯⋯⋯⋯⋯⋯⋯⋯⋯⋯⋯⋯ 8

惠洪的學思歷程 ⋯⋯⋯⋯⋯⋯⋯⋯⋯⋯⋯⋯⋯⋯⋯⋯⋯⋯⋯ 40

惠洪「博觀群書，一生行腳」 ⋯⋯⋯⋯⋯⋯⋯⋯⋯⋯⋯⋯⋯ 54

關於《法華合論》與《楞伽經》、《瑜伽論》 ⋯⋯⋯⋯⋯⋯ 182

惠洪所援引之內外典經論 ⋯⋯⋯⋯⋯⋯⋯⋯⋯⋯⋯⋯⋯⋯⋯ 239

張商英對於思想的探討，以〈〈妙法蓮華經觀世音菩薩普門品〉〉為例 ⋯ 241

第二二、二三冊　禪宗非言語行爲之語言研究

作者簡介

　　康莊，男，西北大學文學博士，北京師範大學訪問學者。畢業於西北大學文學院古代文學專業，研究方向爲佛教文學。現供職於廣東省肇慶學院文學院，該成果爲廣東省哲學社會科學「十一五」規劃專案，立項編號：GD10XZW10。

提　要

　　人類不斷創造詞語概念，建構起了豐富的經驗世界。但當人們「尊重傳統的權威」，通過詞語概念對語言觀念進行考察，並試圖發現事物未被闡釋之前就已有所暗示但指向性不明確的東西時，卻發現通常的語言觀念中所謂的本質，是無法釐清的。而詞語與概念僅僅是一種現象，其能指與所指之間的關係本身並不牢固。因此，在人們探尋本眞存在家園的途中，語言不一定能提供幫助，反而會對返歸思想原始性與質樸性的超越性追求形成障礙。如何實現對不可說的言說，成爲長期困擾中西方宗教與哲學表述的重要難題。自唐以來，中國化了的禪宗提出「不立文字」、「言語道斷」，並以種種非言語的行爲接引學人，一反傳統佛教注重經籍傳承的習俗，在中國佛教思想發展史上迎來了一次巨大的「語言的轉向」，也正是對這一難題表述的嘗試。

　　禪宗自惠能之後，在禪法修行方法上由傳統的單一禪坐發展爲生活行爲皆可修證。從禪宗歷代語錄中可見，唐五代時期的禪師在「不立文字」的宗門意旨下傾向於不依經論、言說，直接面授弟子，傳佛心印。他們創造性地使用棒打、大喝、沉默、圓相、手勢、足勢、體勢等多種非言語行爲，甚至將之發展成爲個人或宗門的禪法特徵。本文立足於禪宗文獻，從禪法啓悟過程中禪師所使用的副語言、身體姿勢、身體接觸、圖示呈示四大維度，綜合考察禪林宗門教化過程中的非言語行爲的類型與發生機制，進而歸納出禪宗非言語行爲所蘊含的宗門思維方式，爲中國古典文化研究提供一種新的思路。

目　次

上　冊

前　言 1

　　一、研究對象的預設 3

　　二、研究的現狀 5

三、研究的意義 ·· 10

第一章　禪宗非言語行為的語言意義與語用分析 ············ 13

第一節　禪宗第一義的非言語特徵 ······························· 13

一、禪傳過程中的言語困局 ······································ 16

二、禪傳過程中的語言立場 ······································ 20

三、禪傳過程中的交際手段 ······································ 24

第二節　禪宗非言語行為的語言意義 ···························· 26

一、禪宗非言語行為：宗門「第一義」特殊化的、直觀的、浪漫的

呈現 ··· 26

二、禪宗非言語交際過程中的認知維度──以「吹布毛」公案為中

心的討論 ··· 31

三、禪宗非言語行為的類型 ······································ 36

第三節　禪宗非言語行為的語用分析 ···························· 42

一、禪宗非言語交際的出現時機 ······························ 42

二、禪宗非言語交際的認知關聯 ······························ 45

三、禪宗非言語行為的語用特徵 ······························ 49

第四節　禪宗非言語交際中的核心命題 ······················· 55

一、觸境皆如，即事而真 ··· 55

二、中觀不二，不執兩邊 ··· 59

三、言語道斷，擬議即乖 ··· 61

第二章　禪宗副語言 ··· 63

第一節　禪宗副語言的類型 ··· 63

一、音質 ··· 64

二、發音 ··· 67

三、語頓 ··· 76

第二節　禪宗副語言交際功能 ······································ 80

一、禪宗副語言認知關聯分析 ··································· 81

二、禪宗副語言語用功能分析 ··································· 82

第三節　禪門「喝」──以「臨濟喝」為討論中心 ········ 86

一、「臨濟喝」的前證與同時代禪風考察 ··················· 87

二、臨濟四喝 ·· 90

第三章　禪宗身勢語言 ……………………………………… 95
　第一節　禪宗身勢──兼論禪宗非言語教法的發展趨勢 …… 95
　　一、創造性的非言語行爲漸少，程序性非言語行爲漸多 … 97
　　二、個人間的非言語交流漸少，集體的禪法宣示漸多 …… 100
　　三、隨處隨時施教的情況減少，固定場所施教增多 ……… 101
　第二節　手禪 ………………………………………………… 103
　　一、彈指示禪 ……………………………………………… 103
　　二、豎指示禪 ……………………………………………… 112
　　三、叉手示禪 ……………………………………………… 117
　　四、展手示禪 ……………………………………………… 121
　　五、豎拳示禪 ……………………………………………… 124
　　六、應景作勢 ……………………………………………… 127
　　七、藉物禪 ………………………………………………… 133
　第三節　足禪──論「翹足」與「垂足」 ………………… 139
　　一、翹足 …………………………………………………… 140
　　二、垂足 …………………………………………………… 144
　第四節　體勢 ………………………………………………… 148
　　一、非言以詮──以普化「翻筋斗」爲討論中心 ……… 149
　　二、一機一境──論洪州禪系禪師非言語接機手段的風格化 … 153
　　三、死亡行爲 ……………………………………………… 156
第四章　禪宗身觸語言 ……………………………………… 159
　第一節　身觸示禪 …………………………………………… 159
　　一、手觸 …………………………………………………… 161
　　二、腳觸──論「踏」 …………………………………… 163
　第二節　物觸示禪 …………………………………………… 165
　　一、禪門棒打 ……………………………………………… 166
　　二、棒、喝、沉默──禪宗最具流佈性的三種接機手段 … 176
下　冊
第五章　禪宗圖示語言 ……………………………………… 181
　第一節　圓相始末 …………………………………………… 181
　　一、圓相釋義 ……………………………………………… 182

二、圓相之始 ································· 184

三、圓相之相 ································· 186

四、文字圓相 ································· 191

五、圓相文字 ································· 193

第二節　圓相集成──以海東樸順之的圓相系統爲研究中心 ···· 195

一、海東樸順之的圓相符號系統 ··············· 195

二、圓相實證 ································· 203

結　語 ·· 207

參考文獻 ······································· 209

附錄一：禪宗手勢啟悟 ··························· 219

附錄二：禪宗足勢啟悟 ··························· 287

附錄三：禪宗體勢啟悟 ··························· 291

附錄四：禪宗非言語思維觀照下的《滄浪詩話》──以「第一義」為
　　　　討論中心 ····························· 321

第二四、二五冊　「敦煌舞」的佛教藝術思想研究

作者簡介

陳宜青

臺灣高雄人，國立高雄師範大學國文所博士。屏東教育大學、屏東大學通識中心兼任助理教授、高雄市國教輔導團語文領域本土語組專任輔導員。著有《敦煌舞的佛教藝術思想研究》（博論）、《《歌仔戲劇本《天河配》詞彙研究》》（碩論）、期刊論文〈「趑圓籠」佇元稹、白居易〈胡旋女〉的摹寫〉、〈論本土語之閱讀教學──以《臺灣古詩詞》和歌仔冊之孕產系列爲例〉、〈論「敦煌舞」〈六供養〉呈演圓教之美──以 2011/3/27 佛光山南區「禪淨密」法會之演出爲例〉、〈再論韓愈〈平淮西碑〉〉、〈《莊子》「養生」之「安時處順」說〉、〈再論《論語》中的「君子」──從「德」到「得」〉、〈從〈論佛骨表〉再論韓愈闢佛〉、〈論詩經中的舞〉、〈夫惟病病，是以不病－試探閩南語《病子歌》〉、〈嘆為觀止敦煌舞(Dunhuang Dance) ──以佛光山南屏敦煌舞團為觀察對象〉。

提　要

「敦煌舞」源於敦煌寶藏，自清末京劇大師梅蘭芳起，數代舞者臨摹「敦

煌石窟經變圖」、造像，提煉為單一定格的舞蹈語彙，配合流傳至今的古樂或當代新編的仿古樂，使諸佛菩薩、天人等靜態形象，連綴成包羅萬有的動態舞碼。

「敦煌舞」的招牌舞姿諸如：「S型三道彎」、「反彈琵琶」；馳名遐邇的舞碼諸如：「飛天」、「千手觀音」、「天女散花」、「絲路花雨」。甘肅高金榮編寫《敦煌舞教程》，始料未及影響到臺灣敦煌舞的發展，居然成為佛教弘法的重要方式；以美學的發展而言，大陸偏重「藝術美」，臺灣還兼顧「社會美」中的「宗教美」——以舞說法，藉「敦煌舞」弘揚佛教思想。

《六祖壇經》云：「佛法在世間，不離世間覺」。臺灣「敦煌舞」的發皇是實踐「人間佛教」的妙善法門，因為在年度大型法會的流程中常藉「敦煌舞」宣說佛法，「敦煌舞」舞出石窟經變圖的一部分，以「部分借代全體」（見微知著）的方式，舞出所本的佛經，包括西方淨土、東方淨土等，使得來參加法會的信徒和眾生，在「敦煌舞」美姿美儀的視聽饗宴中，同時蒙受法益，福慧雙修。

目　次

上　冊

第一章　緒　論 ………………………………………………………… 1

　第一節　前人研究成果及問題的提出 …………………………… 1

　　一、文獻探討與前人作品 ……………………………………… 1

　　二、問題的提出 ………………………………………………… 5

　第二節　研究範圍的界定 ………………………………………… 7

　　一、零星舞譜 …………………………………………………… 7

　　二、敦煌石窟經變 ……………………………………………… 9

　　三、相關之中國古典詩文 ……………………………………… 18

　第三節　研究方法與進路 ………………………………………… 19

　　一、零星文獻再詮釋 …………………………………………… 19

　　二、以舞解舞 …………………………………………………… 22

　小結 ………………………………………………………………… 24

第二章　敦煌舞譜之說 …………………………………………………… 27

　第一節　舞譜簡介 ………………………………………………… 27

　第二節　中國歷代零星舞譜 ……………………………………… 31

第三節　現存敦煌抄寫本舞譜 ………………………………… 34

　一、「酒令舞譜」，有字天書 ………………………………… 34

　二、酒文化 ……………………………………………………… 41

　　（一）成也酒，敗也酒 …………………………………… 42

　　　1. 成也酒 ……………………………………………… 42

　　　2. 敗也酒 ……………………………………………… 45

　　（二）酒令 …………………………………………………… 46

　　　1. 從監酒到勸酒 …………………………………… 46

　　　2. 遊戲酒令：猜拳、投壺賦詩、擊鼓傳花等雅令 …… 49

　　（三）戒酒令 ………………………………………………… 55

第四節　佛光山南屏敦煌舞譜 ………………………………… 60

　一、南屏敦煌舞團簡史 ……………………………………… 60

　二、南屏敦煌舞譜舉隅 ……………………………………… 66

　小結 ……………………………………………………………… 79

第三章　敦煌舞姿取自佛教石窟藝術 ………………………… 81

　第一節　敦煌石窟經變圖 …………………………………… 82

　　一、經變壁畫 ………………………………………………… 88

　　二、敦煌壁畫式舞蹈 ………………………………………… 92

　第二節　從石窟經變圖中擷取的敦煌舞姿 ………………… 98

　　一、西方淨土變中的「反彈琵琶」 …………………… 103

　　二、東方淨土變中的「旋轉」 ………………………… 116

　　三、維摩詰經變中的「天女散花」 …………………… 128

　　四、「飛天」舞袖 ………………………………………… 129

　第三節　從石窟造像中擷取的敦煌舞姿 ………………… 141

　　一、石窟造像與舞姿 ……………………………………… 141

　　二、手印的種類與意義 …………………………………… 146

　　三、思惟菩薩 ……………………………………………… 153

　小結 …………………………………………………………… 153

下　冊

第四章　以舞說法──敦煌舞姿中的佛教思想 …………… 155

　第一節　西方淨土變 ……………………………………… 156

一、淨土宗思想 ································· 156

二、阿彌陀佛的四十八願 ······················· 157

三、念佛法門 ································· 161

第二節　東方淨土變 ···························· 179

一、《藥師經》與藥師佛的十二大願 ··············· 179

二、藥師法門 ································· 184

三、「旋轉」的意義 ··························· 191

第三節　維摩詰經變 ···························· 198

一、《維摩詰經》藉病說法 ····················· 198

二、天女散花 ································· 204

小結 ······································ 207

第五章　敦煌舞的人間佛教藝術思惟 ················ 209

第一節　人間佛教的思維 ························ 209

一、人間佛教 ································· 209

二、「思惟」的意涵 ··························· 211

第二節　以舞祭神 ····························· 215

一、巫祝卜史 ································· 216

二、「詩樂舞」三位一體 ······················· 228

第三節　「以舞供養」的佛教藝術思惟 ·············· 232

一、從「神女」到「飛天」的形象 ················ 232

二、佛菩薩的思維 ····························· 245

三、信徒的思維 ······························ 257

小結 ······································ 277

第六章　敦煌舞的美學思惟 ······················ 279

第一節　佛教的相對思惟 ························ 280

一、一本萬殊 ································· 280

二、呼吸止觀 ································· 281

第二節　敦煌舞的美學相對思惟 ··················· 285

一、模糊美學的相對意涵 ······················· 286

二、敦煌舞的相對思惟 ························· 294

小結 ······································ 305

第七章 結 論 ································· 307

　第一節 本文研究重點回顧 ················ 307

　　一、「敦煌舞」是中西佛教藝術思想交流的活化石 ····· 307

　　二、在臺灣「敦煌舞」是弘揚「人間佛教」的重要法門 ···· 310

　第二節 研究觀點的後設思考 ·············· 313

參考書目 ·································· 317

附 錄 ···································· 335

《易緯》占術研究

劉　彬　著

作者簡介

劉彬，字於易，男，1965年生，山東滕州人，哲學博士，清華大學博士後，曲阜師範大學孔子文化研究院教授，碩士生導師，山東大學易學與中國古代哲學研究中心兼職教授，山東周易研究會常務理事，山東孔子學會理事，孔子研究院特聘研究員。長期學習和研究易學，在象數易學、出土易學文獻研究等方面有較深造詣。在《中國哲學史》、《周易研究》、《孔子研究》等期刊發表學術論文30餘篇，出版《帛書〈要〉篇校釋》等專著，主持國家社會科學基金項目「帛書《衷》篇新校新釋」，主持教育部社會科學基金項目「帛書《易傳》新釋暨孔子易學思想研究」等課題。

提　要

　　《易緯》爲古讖緯文獻之一，包括《乾鑿度》、《乾坤鑿度》、《稽覽圖》、《辨終備》、《通卦驗》、《乾元序制記》、《是類謀》、《坤靈圖》等八種。歷代學者對《易緯》進行大量研究，取得豐富成果。但有兩個問題還需要深入探索：一是《易緯》文本內容性質還含糊不明。二是歷代學者對《易緯》占術一些內容的探討有誤，還有不少內容沒有被推求出來。因此必須對《易緯》占術進行系統、全面的研究，以糾誤補缺。本書針對上述兩個問題，在前賢研究的基礎上，對《易緯》占術作了較系統的探討。

　　本書首先對先秦至西漢易學史作簡要考察，認爲在先秦至西漢的易學發展中，存在著數術易系統。這一系統源於古代史官，具有推數、觀象等特點，含有星象、陰陽、五行、卦氣、干支等內容。《易緯》占術乃數術易的內容，屬於先秦西漢的數術易系統。《易緯》占術的主體部分，應是春秋末和戰國時的史官和方士，爲解決當時帝王受命的宗教政治問題，承襲以前的一些數術易占術，並採用當時成熟的「時令」思想和古四分曆的《殷曆》，進一步發展而成的，因此《易緯》占術的主體部分形成於戰國。其後由方士或增益出新的占術，或將原有占術添枝加葉整齊化，最後在西漢中期整體定型。

　　《易緯》占術內容豐富，可分爲王命占術和卦氣占術兩大部分。王命占術旨在推算帝王受命、歷年以及世數等，包括五德終始術、六十四卦主歲術和策軌術以及一軌享國數和推厄數等。五德終始術是戰國鄒衍師徒的學說，用來推算帝王受命的五行之德。六十四卦主歲術和策軌術用來推算一個朝代的歷年，可能形成於戰國時代。一軌享國術用來推算一軌中享國帝王的世數、品性和異表，推厄術用來推算一軌中發生的水旱等災厄。

　　《易緯》卦氣占術，可分爲四正卦占候、八卦氣占候、十二消息卦占候、六日七分術和一爻直一日術。其中八卦氣占候又有《乾鑿度》卷上八卦氣說和《通卦驗》卷下八卦氣占候的不同，十二消息卦占候（廣義）又有十二消息卦占候（狹義）和七十二候占術的不同，六日七分術有《稽覽圖》卷下、《乾元序制記》六日七分術和《稽覽圖》卷上六日七分術的不同。這些卦氣占術的不同形式，分屬於不同的易學派別，其形成的時間亦各不相同。

　　西漢孟、焦、京等人卦氣說當源於《易緯》卦氣占術。孟喜的六日七分說源於《稽覽圖》卷下、《乾元序制記》的六日七分術，以及《乾鑿度》的九宮易數思想。焦贛的卦氣說可能源於《稽覽圖》卷下的一爻直一日術。京房的六日七分說可能源於《稽覽圖》卷上的六日七分術。

目

次

緒　論 ……………………………………………………………… 1

第一章　《易緯》占術形成考察 ………………………………… 11

　第一節　《易緯》占術形成的動機 …………………………… 11

　第二節　《易緯》占術形成所利用的兩種思想資源 12

　　一、先秦「時令」思想 ……………………………………… 13

　　二、先秦四分曆《殷曆》 …………………………………… 19

　第三節　《易緯》占術形成的內在考察 ……………………… 23

　　一、先秦西漢易學史中的數術易 …………………………… 23

　　二、《易緯》占術屬於數術易系統 ………………………… 31

　　三、《易緯》卦氣占術與西漢孟、焦、京易

　　　　學的關係 …………………………………………………… 37

第二章　《易緯》王命占術 ……………………………………… 43

　第一節　五德終始術 …………………………………………… 43

　第二節　六十四卦主歲術和策軌術 …………………………… 50

　　一、六十四卦主歲術的演算法 ……………………………… 50

　　二、六十四卦策軌術的演算法 ……………………………… 57

　　三、卦主歲術和策軌術占王命功用 ………………………… 61

　　四、卦主歲術和策軌術形成時間初考 ……………………… 62

　第三節　一軌享國術和推厄術 ………………………………… 63

　　一、一軌享國術 ……………………………………………… 63

二、推厄術 ……………………………………… 69

第三章 《易緯》卦氣占術（上） ……………… 71

第一節 四正卦占候 ……………………………… 71

第二節 八卦氣占候 ……………………………… 85

一、《乾鑿度》卷上八卦氣說 …………………… 85

二、《通卦驗》卷下八卦氣占候 ………………… 90

第三節 十二消息卦占候 ………………………… 95

一、《通卦驗》十二消息卦占候 ………………… 95

二、《通卦驗》七十二候占術 …………………… 96

第四章 《易緯》卦氣占術（下） ……………… 103

第四節 六日七分術 ……………………………… 103

一、《稽覽圖》卷下六日七分術 ………………… 103

二、《稽覽圖》卷上六日七分術 ………………… 109

第五節 爻直一日術 ……………………………… 116

結 語 ………………………………………… 125

附 錄

一、中國歷代學者《易緯》研究論著 …………… 127

二、日本學者《易緯》研究論著 ………………… 129

參考文獻 …………………………………… 131

後 記 ………………………………………… 137

緒　論

一、《易緯》文獻簡介

　　《易緯》爲古代讖緯文獻之一。讖緯文獻包括《河圖》、《洛書》和「七經緯」，其中《河圖》、《洛書》是出現於秦漢之間的早期讖緯形式，「七經緯」則晚於《河》、《洛》，產生於西漢五經被確立爲官學之後，是以經學附庸的面貌出現的讖緯文獻形式。〔註1〕東漢以降，讖緯盛行一時，被稱爲「內學」、「孔丘秘經」。帝王也極爲重視，中元元年（公元56年）光武帝「宣佈圖讖於天下」（《後漢書‧光武帝紀》），頒佈圖讖八十一篇，確立了東漢讖緯文獻的主體。這八十一篇讖緯文獻中，有《河圖》、《洛書》四十五篇，「七經緯」三十六篇。據《後漢書‧樊英傳》李賢注，「七經緯」三十六篇中包括《易緯》六種，它們是：《稽覽圖》、《乾鑿度》、《坤靈圖》、《通卦驗》、《是類謀》、《辨終備》。至宋，《通志‧藝文略》又出「《乾坤鑿度》二卷」，《郡齋讀書志》出「《乾元序制記》一卷」，故宋人記載《易緯》爲八種。明《永樂大典》錄《易緯》八種，它們是：《乾坤鑿度》二卷，《周易‧乾鑿度》二卷，《易緯‧稽覽圖》二卷，《易緯‧辨終備》一卷，《易緯‧通卦驗》二卷，《易緯‧乾元序制記》一卷，《易緯‧是類謀》一卷，《易緯‧坤靈圖》一卷。這八種後來又收入清代《四庫全書》中，也是我們通常所稱的《易緯》。

　　《易緯》八種之中，《乾坤鑿度》和《乾元序制記》晚出，宋《郡齋讀書志》、《直齋書錄解題》及明《四部正訛》皆認爲《乾坤鑿度》爲宋人僞撰，今人連劭名先生認爲：「《乾坤鑿度》內容確屬於《易緯》體系，知其必有所

〔註1〕徐興無《讖緯文獻與漢代文化構建》，中華書局，2003年，20頁。

本，雖成書年代無法考知，其內容同樣是研究《易緯》的重要資料。」〔註2〕
《四庫全書總目提要》、孫詒讓《札迻》卷一都以《乾元序制記》爲宋人抄撮
《是類謀》及《坤靈圖》的殘本並加以增益而成。今人李學勤先生認爲，《乾
元序制記》首尾具備，前後通貫，全書有謹嚴的組織結構，並不是拼湊的書，
其成書應該較早。〔註3〕四庫館臣認爲，《易緯辨終備》中的「辨終備」一作
「辨中備」，〔註4〕陳槃先生經考證，認爲這種說法是錯誤的。他指出：《中備》
是指《隋書・經籍志》五行類所記「《易三備》一卷」（《通志・藝文》五行類
作：《周易三備》三卷。《上備》言天文，《中備》卜筮，《下備》地理）中的
《中備》，與《辨終備》沒有關係。〔註5〕

　　《易緯》現存版本主要有四庫全書本、武英殿聚珍本、古經解匯函本、
黃奭《黃氏逸書考》本、趙在翰《七緯》本、安居香山和中村璋八的《緯書
集成》本等。由這些文字殘而不全的版本，我們可瞭解《易緯》八種的內容
大致如下：《乾鑿度》卷上敘述《易》之三易、八卦氣說、太易說等，並以卦
氣解《周易》古經；卷下主要有太易說、九宮說、六十四卦主歲術、求世軌
術、推厄術以及五德終始術等內容。《乾坤鑿度》卷上主要論述古代傳《易》
譜系、太古文目、古文八卦、四門卦、易象、易數等內容；卷下主要論述坤
之性、體、色、象等。《稽覽圖》卷上主要記載六日七分術；卷下主要有六日
七分術、六十四卦策軌術、世軌術、推厄術、一爻直一日術等。《辨終備》記
載了星占、雲氣占以及星象與八卦相配等內容。《通卦驗》卷上主要有徵王亡
術、迎二至（冬至、夏至）古禮、暑占等內容；卷下主要記錄了八卦氣占候、
十二消息卦占候和四正卦占候。《乾元序制記》主要有六日七分術、四正卦占
候、十二辟卦天子姓名、異表及享國世數、八卦候天子姓名、異表及享國年
數等。《是類謀》主要記載了易卦與星象相配以及徵王亡術。《坤靈圖》闕佚
最嚴重，僅存論《乾》、《无妄》、《大畜》卦爻辭等的少量文字。

二、《易緯》研究狀況和存在問題

　　歷代學者對《易緯》的研究主要在兩個方面：

〔註2〕連劭名《考古發現與〈易緯〉》，《周易研究》1991年第3期，4頁。
〔註3〕李學勤《論〈易緯・乾元序制記〉》，《清華大學思想文化研究所集刊》第一輯，
　　　清華大學出版社，1995年，86，88頁。
〔註4〕《四庫全書總目》卷六《附錄》。
〔註5〕陳槃《敦煌唐咸通鈔本〈三備〉殘卷解題》，《歷史語言研究所集刊》第十本。

（一）《易緯》文獻，包括《易緯》輯佚和《易緯》文獻形成的考察

東漢以後，歷代帝王出於政治上的擔憂，禁絕讖緯在民間流傳，致使包括《易緯》在內的大量讖緯文獻散亡嚴重。至宋代，又由於經學自身對讖緯揚棄的原因，讖緯文獻幾乎消亡殆盡。但值得慶幸的是，獨有《易緯》得到宋儒認可，而大致保留下來。〔註6〕但保留下來的《易緯》各書，皆有佚失、錯亂而非完本，故自明代始，學者們開始了對《易緯》的輯佚。在明代，主要有孫瑴輯《古微書》，其中《易緯》包括《通卦驗》、《坤靈圖》、《稽覽圖》等九種，皆裒集舊文而成。清人在《四庫全書》的編撰中，從《永樂大典》中輯出《易緯》八種。黃奭在《黃氏逸書考》中，輯有《易緯》九種。殷元正輯《緯書》十二卷，其中《易緯》有九種。趙在翰輯《七緯》三十八卷，其中《易緯》全錄《永樂大典》輯本。喬松年輯《緯捃》十四卷，其中《易緯》凡十五種，凡見於聚珍本《易緯》八種者皆不錄原文，僅錄其佚文。又有不知所出的清河郡本《緯書》，黃奭將其中《易緯》收入《逸書考》中。今人有日本人安居香山、中村璋八輯《緯書集成》，其中《易緯》輯佚以《緯捃》為底本，除參校以前十種輯本外，又輯入中國以及日本資料中以前未被收入的《易緯》資料，是當今最為完備的輯本。

總之，以現存文獻，《易緯》輯佚工作可以說基本完成。

由於《易緯》屬於讖緯文獻，清代以前歷代學者對讖緯文獻形成的看法，也可以說是對《易緯》文獻形成的看法。這些看法主要可歸納為下面五種：

（1）緯書形成於古太史，俞正燮持此看法。俞氏《癸巳類稿》卷十四《緯書論》曰：「緯者古史書也，通記天地人，蓋靈臺所候簿。」又《書〈開元占經·目錄〉後》云：「嘗論古緯書為馮相、保章從太史所記靈臺候簿，故曰緯候、讖候。」以俞氏這種看法，則《易緯》成於古史官手中。

（2）讖緯之書成於春秋末世，孫瑴、全祖望等持此觀點。孫瑴《古微書》卷三十五曰：「緯書若出漢世者，便應演《洪範》之文。而語不及《範》，固知出春秋季世矣。」全祖望曰：「緯書萌芽於春秋戰國之間……故《隋志》云

〔註6〕徐興無先生指出：讖緯文獻中僅《易緯》有完本存在的原因，是儒學自身，特別是宋代儒學的選擇。至宋仁宗時所編《崇文書目》，他緯名目盡失，僅僅著錄宋均注《易緯》九卷以及《乾鑿度》二卷。此際正是宋儒不滿漢唐經師的章句舊說，漸興辨偽新注的時代，讖緯之學因其詭異駁雜，無助經義，而遭到揚棄。見徐興無《讖緯文獻與漢代文化構建》，中華書局，2003年，20頁。

漢儒習於緯書，惟孔安國、毛公、王璜諸人以為妖妄。然則奚至哀、平之際始出乎？張衡謂劉向校《七略》尚無讖緯，不知此係秘學，不在群書之列。」〔註7〕以孫、全二氏觀點，則《易緯》之書成於春秋末期。

（3）讖緯之書定於孔子，持此觀點者以漢代學者居多。如王充《論衡‧效力篇》曰：「孔子，周世多力之人也，作《春秋》，刪五經，秘書微文，無所不定。」「秘書微文」即讖緯之書。荀悅《申鑒‧俗嫌篇》曰：「世稱緯書仲尼之作。」《後漢書‧蘇竟傳》曰：「孔丘秘經，為漢赤制。」「秘經」即讖緯之書。鄭玄《釋廢疾》曰：「孔子雖有聖德，不敢顯然改先王之法，以教授於世。若其所欲改，則陰書於《緯》，藏之以傳後王。」〔註8〕以這種觀點，則《易緯》成於孔子之手。

（4）讖緯之書成於戰國，持此觀點者有汪繼培、姚振宗等人。汪繼培《緯候不起哀、平辨》以五證斷定：「緯候之書，周季蓋已有之。」〔註9〕姚振宗《〈漢書藝文志〉拾補‧例言》曰：「讖緯之書，起於周秦六國，漢時所有，而《七略》所無。」以此觀點，則《易緯》之書成於戰國。

（5）讖緯之書成於西漢後期，持此觀點者有桓譚、張衡、閻若璩諸人。《後漢書‧桓譚傳》記桓譚之言曰：「今諸巧慧小才之人，增益《圖》《書》，矯稱讖記。」《後漢書‧張衡傳》記張衡上《疏》云：「讖緯始出，蓋知之者寡。自漢取秦，……莫或稱讖。……劉向父子，領校秘書，閱定九流，亦無讖錄。成、哀之後，乃始聞之。……則知圖讖成於哀、平之際也。」閻若璩《尚書古文疏證》卷七曰：「嘗思緯書萌於成帝，成於哀、平，逮東京尤熾。……讀班書《李尋傳》成帝元延中，尋說王根曰：『五經六緯，尊術顯士。』則知成帝朝已有緯名，衡言不妄。」以此觀點，則《易緯》之書成於西漢後期。

這五種觀點，前四種把讖緯（《易緯》）成書定於先秦，考之現存文獻缺乏證據，從情理推測也時間太早，因此難以為後人信服。第五種看法，證據充分，合乎情理，得到了今人的普遍贊同，如陳槃、鍾肇鵬、林忠軍、徐興無諸人皆信奉此說。〔註10〕可以說，讖緯（《易緯》）之書編定於西漢後期，

〔註7〕《困學紀聞》卷一《伏義十言之教》條全祖望注。
〔註8〕《禮記‧王制正義》引。
〔註9〕《詁經精舍文集》卷十二。
〔註10〕陳槃《古讖緯研討及其書錄解題》，臺北國立編譯館，1991年，80～85頁。鍾肇鵬《讖緯論略》，遼寧教育出版社，1991年，20～26頁。林忠軍《象數易學發展史》第一卷，齊魯書社，1994年，121頁。徐興無《讖緯文獻與漢

基本上成為定論。

（二）《易緯》文本內容的研究，可主要歸納為下面三點

第一，《易緯》思想來源

上面關於《易緯》文獻形成的五種觀點中，前四種觀點作為文獻學的意義是不成立的，但是若作為《易緯》思想來源的觀點則各有一定道理，並具有重要的啟發意義。另外，歷代學者明確探討讖緯（《易緯》）思想來源的，還有下列觀點：

（1）讖緯源於太古，劉師培持此說。劉氏《讖緯論》曰：「吾謂讖緯之言，起源太古。」以此觀點，則《易緯》思想可遠溯至太古。

（2）讖緯原於「河圖」、「洛書」，劉勰、胡應麟、蔣清翊等人持此說。劉勰《文心雕龍・正緯》曰：「榮河溫洛，是孕圖緯。」胡應麟《經籍會通》云：「讖緯之說，蓋起於河圖、洛書。」蔣清翊《緯學源流興廢考》卷上曰：「圖、書實群緯之先河，故首河、洛。」以此觀點，則《易緯》思想原於「河圖」、「洛書」。

（3）讖緯（《易緯》）思想源於孔子七十子之徒，張惠言、錢大昕、李富孫等人持此說。張惠言《易緯略義・序》曰：「緯者，其原出於七十子之徒，相與傳夫子之微言。因以識陰陽五行之序，災異之本也。」錢大昕《潛研堂文集》卷九「七經緯不載於《漢書・藝文志》」條曰：「緯候多孔氏七十子之遺言，後來方士採取，又以誕妄之說附益之。」李富孫《緯候不起哀、平辨》云：「七緯儷經而行，多孔氏七十子之遺言。」

（4）讖緯思想原於鄒衍或燕齊方士，劉師培、陳槃等人持此說。劉師培《左庵集》卷三《西漢今文學多采鄒衍說考》曰：「又漢代緯書，雖與六經相比傅，疑所採亦衍書。」陳槃先生作《論早期讖緯及其與鄒衍書說之關係》，詳細考證了鄒衍思想對讖緯的影響，指出：「所謂讖緯，槃以為當溯原於鄒衍及其燕齊海上之方士。」〔註11〕以此說，則《易緯》原於鄒衍或燕齊方士。

包括《易緯》在內的讖緯，其思想的形成、成熟經歷了一個長期的過程，其思想的來源也十分複雜。從傳世文獻和出土資料，可看到《易緯》思想萌芽於春秋甚至春秋之前，其占術思想的主體部分戰國時已經形成，《易緯》思

代文化構建》，中華書局，2003 年，13～17 頁。
〔註11〕《歷史語言研究所集刊》第十一本。

想與古太史、孔子師徒、鄒衍等齊方士等都有關係（詳見第一章）。因此，上述前賢的關於《易緯》思想來源的觀點，雖然多零碎考證，少見從宏觀的、發展的易學史的視野系統闡述，但以紮實的考證，提出的一些洞見，為我們的繼續研究奠定了良好的基礎。

第二，《易緯》哲學思想

學者們主要關注《易緯》的宇宙論思想。丁培仁先生在其《〈易乾鑿度〉思想初探》中，主要探討《乾鑿度》「太易說」的宇宙論和「三易」的方法論。鍾肇鵬先生在其《易緯》中，探討《易緯》天人感應說、卦氣說中的哲學思想。高懷民先生在其《西漢形上學的奇葩——〈易緯〉氣化宇宙思想體系的形成和義蘊》中，把《乾鑿度》的宇宙論思想看作是西漢形上思想的成就。馮友蘭先生於《中國哲學史新編》中卷，專列《緯書中的世界圖式》一章，論及《易緯》宇宙形成論。林忠軍先生於《〈易緯〉導讀》中，論述《易緯》道家宇宙觀。

《易緯》中《乾鑿度》和《乾坤鑿度》卷上有「太易說」和「《易》之三易」諸說，確實包含古代宇宙論的思想，各家所論，也至為詳盡。但這些思想是本之於象數或數術的背景而發的，如「變易」中「五行迭終，四時更廢」是本之於卦氣占術，「不易」中「大任順季，享國七百」是本之於六十四卦主歲術和策軌術，而三易之結語「一元以為元紀」則本之於五德終始術和古代四分曆的《殷曆》。這些方面，鮮見有人論及。實際上，易學中象數為本根，義理為枝葉。易學獨特的理路是本於象數，發乎義理。故各家所論，大多直接闡發哲學思想，雖給人以重要啟發，但總有不甚精透處。

第三，《易緯》象數和占術

這方面的研究以清人和今人居多。清人中主要有黃宗羲、惠棟、張惠言、俞樾、胡渭、方申諸人。黃宗羲《易學象數論》卷二論卦氣，卷四推求《乾鑿度》五術：求所直部歲、求主歲之卦、求世軌、求厄數軌意、求五德終始，並列圖表，甚為詳盡。雖有一些錯誤，但確為研究《易緯》象數（更準確地說是占術）的一部重要著作。惠棟於其《易漢學》卷一，評及卦氣一爻直一日說。張惠言著《易緯略義》三卷，將《易緯》文本內容「條而次之，以類相說」。卷一專列八卦用事、六日七分、七十二候、六十四卦主歲；卷二專列卦軌、入厄；卷三專列《通卦驗》八卦候、六十卦候、二十四氣候（即四正卦候）等，也是一部重要的《易緯》研究著作。俞樾的《卦氣值日考》，考證

四正卦、十二辟卦、六日七分術等，皆涉及《易緯》內容。方申《方氏易學五書》之《諸家易象別錄》，搜集諸家易象，以《易緯》和鄭玄《易緯注》為大宗，整理出《易緯》逸象三百一十二則，雖有非逸象而強名為象的現象，但亦為研究《易緯》之象的重要專著。

今人論及《易緯》象數和占術者，有朱伯崑、鍾肇鵬、連劭名、巫俊勳、林忠軍、徐興無、李學勤以及日本人武田時昌、久野昇一諸人。朱伯崑先生於其《易學哲學史》上冊，專列《〈易緯〉和象數之學》一章，論述《易緯》九宮說、爻辰說、卦氣說等。鍾肇鵬先生的《易緯》論及卦氣說。連劭名先生的《考古發現與〈易緯〉》，考述了《乾坤鑿度》的四門卦數術思想。巫俊勳先生的《〈易緯·乾鑿度〉術數理論——爻辰說試探》，探討了《易緯》的爻辰說。林忠軍先生在其《象數易學發展史》第一卷和《易緯導讀》中，詳論了《易緯》爻辰說、卦氣說和易數說。徐興無先生的《〈易緯〉文本和源流研究》，認為《易緯》的思想體系，基本上是孟、京易學的繼續；並較詳細地分析了《易緯》的占術體系，包括四正四維說、太一九宮說、八卦候、徵王亡術、六十四卦氣占、天子卦姓名、異表及享國世數、爻辰說、求卦主歲術、求卦軌術、推厄所遭法等。李學勤的《黃帝與河圖洛書》和《〈九宮八風〉及九宮式盤》，皆論及《易緯》九宮之說。日人久野昇一作《〈易緯〉所見之「軌」》，武田時昌作《〈易緯·坤靈圖〉象數考》，分別論及《易緯》卦軌說和《坤靈圖》象數。

《易緯》作為古代易學之書，其主體內容是占術，因此，對其占術的研究應該是《易緯》研究的基礎和重點。由於《易緯》文獻殘缺，內容晦澀、艱深、雜亂，《易緯》占術也是《易緯》研究中的難點。歷代學者經過艱苦的條理、推求、歸納，弄清和整理出了大部分占術，取得了很大成績，為後人繼續研究奠定了較好的基礎。但前賢的研究也存在著一些問題，主要有兩點：

（1）《易緯》主體內容性質還含糊不明。

學者大多把《易緯》的卦軌說、卦氣說等內容作為象數進行研究，沒有對《易緯》主體內容的易學派別的屬性作深入研究，給出定性。實際上，能否弄清《易緯》文本內容的易學性質，乃是決定《易緯》文本內容研究能否真切、深入的前提性、全域性大問題。這必須把《易緯》文本放到先秦至西漢易學嬗變的長時段中，從易學自身的傳習、流變以及派別的分化等動態發展中，來釐清《易緯》思想的來源和形成、《易緯》文本內容所屬派別，從而

給《易緯》文本內容以較準確的定位，為其具體內容的研究設定較準確的前提。由於傳統思想中經學尊貴優先、緯以解經觀念的影響，很多學者自覺或不自覺地把《易緯》文本內容的來源和形成，設定於西漢孟、焦、京官學易學確立至西漢末這一段時間，得出《易緯》文本內容承襲於孟、焦、京易學的結論，這實際上是把《易緯》歸屬於經學的流派或附庸，〔註12〕這是大有問題的。實際上，從《易緯》文本內容看，所謂「解經」的內容只占極少部分，而大部分都是一些「術」，是一些占王命和災異的占術。這些占術屬於何種易學派別，其來源和形成如何，都需要深入研究。

（2）學者們對《易緯》占術的一些認識有誤，還有一些占術沒有被推求出來。

如不少學者稱《易緯》中有「爻辰」說，實際上「爻辰」說是鄭玄依據《易緯》六十四卦主歲術而創作的象數體例，《易緯》中並沒有「爻辰說」。又如黃宗羲所推求出的五德終始術，以甲子為曆元，是錯誤的。因為五德終始術採用的曆法為《殷曆》，其曆元為甲寅。再如學者都以為《易緯》六日七分術的卦氣起於《中孚》，實際上《易緯》有兩種六日七分術，其中的一種起於坎，而不起於《中孚》。再如一爻直一日術，明明為《易緯》占術，並為焦延壽所本，卻沒有人整理出來。等等。這需要我們在前賢研究的基礎上，對《易緯》占術作系統的、深入的、全面的研究，以糾錯補遺。

三、本書的目的和思路

通過以上對歷代學者《易緯》研究狀況的分析，我們看到，前賢的研究取得了許多寶貴的成果，但也存在著很多問題，其中尤以《易緯》占術的研究中存在的問題為大，其問題的解決也至為迫切。因為《易緯》占術的研究乃《易緯》研究的基礎和前提，沒有《易緯》占術的研究，奢談《易緯》的思想義理，恐怕即使談論的再高妙，也終有隔靴搔癢之嫌。因此筆者不揣淺陋，擬針對《易緯》占術研究中存在的兩個問題，在前賢研究的基礎上，對《易緯》占術作一系統、深入的探討，本書的思路如下：

（1）把《易緯》文本放在先秦西漢易學史的流變中，來探討《易緯》文本主體內容即占術的性質和所屬派別；並從內、外兩個方面，考察《易緯》

〔註12〕《四庫全書》中把《易緯》放在經部易類的「附錄」中，即為顯例。見《四庫全書總目‧經部六‧易類六》之「附錄」。

占術的來源和形成，此即爲本書第一章的內容。

（2）《易緯》占術可分爲兩大部分，即王命占術和卦氣占術。王命占術包括五德終始術、六十四卦主歲術和策軌術以及一軌享國術和推厄術等。對這部分占術的內容、功用、形成時間等，作具體的考察，此即構成第二章的內容。

（3）《易緯》占術的另一大部分爲卦氣占術，包括四正卦占候、八卦氣占候、十二消息卦占候、六日七分術、一爻直一日術等。對這部分占術的內容、形成時間、功用、特點等作具體的考察，此即構成第三、四章的內容。

第一章 《易緯》占術形成考察

關於《易緯》占術的形成，本書首先從《易緯》占術形成的動機、《易緯》占術形成所利用的思想資源亦即思想背景方面來考察，這可謂外在的考察；然後從先秦至西漢的易學史中來直接考察《易緯》占術的形成，這可謂內在的考察。

第一節 《易緯》占術形成的動機

通讀《易緯》全書，可發現《易緯》文本內容的主體是一些占術。這些占術包括兩大部分，或曰兩大體系，一爲王命占術，一爲卦氣占術。王命占術推算朝代更替天命轉移，解決的是帝王受命的問題；卦氣占術通過占測災異來預知帝王統治是否正常，解決的是帝王天命能否正常維持的問題。合兩大體系，即《易緯》致力於解決的是帝王受命的宗教政治問題。

帝王接受並保有天命以統治，在一段時間後不能保有這種天命，以致天命轉移至另一人，這人則接受天命而作王統治，這種觀念在先秦頗爲流行，並在人心中甚爲牢固。《尚書》的一些記載說明了古人的這種觀念。據《湯誓》記載，夏末商湯滅桀數其理由曰：「有夏多罪，天命殛之。……夏氏有罪，予畏上帝，不敢不正。」說明桀已不能保有天命，天命已轉移至湯身上。據《西伯戡黎》記載，商末西伯姬昌戡黎，商朝大臣祖伊恐懼，奔告紂王曰：「天子，天既訖我殷命，格人元龜，罔敢知吉。」通過龜卜，知道我殷人統治的天命就要終結了，但紂王曰：「嗚呼！我生不有命在天？」紂堅定地認爲他仍保有天命。《康誥》記載的西周初周公告誡康叔之言曰：「惟乃丕顯考文王克明德慎罰，……用肇造我區夏，越我一二邦，以修我西土。惟時怙冒，聞於上帝，

帝休。天乃大命文王，殪戎殷，誕受厥命，越厥邦厥民。」文王修德，勤勉治理，爲上帝聞知，上帝很高興。於是降大命於文王，滅殷國，接管殷王統治的天命，及其邦其民。這說明天命轉移至文王身上。《召誥》記載的召公奭告誡成王的話，集中表現了古人的天命思想，其曰：

> 嗚呼！皇天上帝，改厥元子茲大國殷之命。惟王受命，無疆惟休，
> 亦無疆惟恤。嗚呼！曷其奈何弗敬！
> 相古先民有夏，天迪從子保，面稽天若，今時既墜厥命。今相有殷，
> 天迪格保，面稽天若，今時既墜厥命。
> 我不可不監于有夏，亦不可不監于有殷。我不敢知曰有夏服天命，
> 惟有歷年；我不敢知曰，不其延。惟不敬厥德，乃早墜厥命。我不
> 敢知曰，有殷受天命，惟有歷年；我不敢知曰，不其延。惟不敬厥
> 德，乃早墜厥命。今王嗣受厥命，我亦惟茲二國命，嗣若功。

從召公的深切、諄諄告誡之言中，我們看到，在古人觀念中，一個朝代的興亡即爲一代帝王受命、墜命的歷史。這裡有兩個關鍵字：「受命」和「歷年」。「受命」即從上帝那裡接受統治天下的天命，這當然是一種宗教信仰。在古人那裡，這種信仰眞誠而深切。「歷年」指帝王保有這種天命而統治的時間，這主要是長短（「延」）的問題。天命降到誰的身上，這種天命又能延續多長，這是政治人物最爲關注的問題。換言之，「受命」和「歷年」乃是古代政治的重大問題，也是必須解決的重大問題。

從先秦的歷史上看，西周末這一問題已凸顯出來，至戰國時已需迫切解決。《論語‧季氏》記孔子之言曰：「天下有道，則禮樂征伐自天子出。天下无道，則禮樂征伐自諸侯出。」禮樂征伐乃受命天子的特權和專利，只能自天子出。禮樂征伐自諸侯出，說明春秋時天子的天命已下墜。《過秦論》述戰國時情景曰：「近古之無王者久矣。周室衰微，五霸既沒，令不行於天子。」說明戰國時天子實際上已失去天命。因此，下一代天子的受命和歷年問題乃是戰國時急迫解決的問題。

第二節　《易緯》占術形成所利用的兩種思想資源

《易緯》所利用的兩種思想資源爲先秦「時令」思想和古四分曆《殷曆》的曆法思想，下面分別考察。

一、先秦「時令」思想

中國先秦，有一種重視、講究「天時」（包括歲、月、四時），強調順天時以行政令的觀念，我們可稱之為「時令」思想。這種思想源遠流長，對古代學術影響甚巨。從文獻來看，這種思想集中記載於《尚書‧堯典》、《夏小正》、殷墟卜辭〔註1〕、《逸周書》的《周月》和《時訓》、《管子》的《幼官》《四時》和《五行》、《禮記‧月令》、《呂氏春秋‧十二紀‧紀首》以及《淮南子‧時則》等。《堯典》載：「（堯帝）乃命羲和，欽若昊天，曆象日月星辰，敬授人時。分命羲仲，宅嵎夷，曰暘谷。寅賓出日，平秩東作。日中，星鳥，以殷仲春，（孔傳：日中謂春分之日。鳥，南方朱鳥七宿。殷，正也。春分之昏，鳥星畢現，以正仲春之氣節。）厥民析，鳥獸孳尾。申命羲叔，宅南交，平秩南訛，敬致。日永，星火，以正仲夏，（孔傳：永，長也，謂夏至之日。火，蒼龍之中星，舉中則七星見可知，以正仲夏之氣節。）厥民因，鳥獸希革。分命和仲，宅西，曰昧谷。寅餞納日，平秩西成。宵中，星虛，以殷仲秋，（孔傳：虛，玄武之中星，亦言七星皆以秋分日見。）厥民夷，鳥獸毛毨。申命和叔，宅朔方，曰幽都，平在朔易。日短，星昴，以正仲冬，（孔傳：日短，冬至之日。亦以七星並見，以正冬之三節。）厥民隩，鳥獸氄毛。帝曰：『咨，汝羲暨和，朞三百有六旬有六日，以閏月定四時成歲。』」由此可知，似乎早在堯時就有了二至二分、春夏秋冬四時以及歲的觀念。《夏小正》記載了夏人的十二月觀念，以及以物候判斷天時以順時安排農事的思想。商代殷墟卜辭中有四方風名，根據學者的釋讀，其內容為：「東方曰析風曰協，南方曰因風曰凱，西方曰彝風曰韋，北方曰伏風曰役。」〔註2〕李學勤先生指出：「四方風刻辭的存在，正是商代有四時的最好證據。析、因、夷、伏四名本身，便蘊涵著四時的觀念。」〔註3〕《逸周書‧周月》曰：「凡四時成歲，有春夏秋冬，各有孟仲季，以名十有二月。春三月中氣：雨水，春分，穀雨。夏三月中氣：小滿，夏至，大暑。秋三月中氣：處暑，秋分，霜降。冬三月中氣：小雪，冬至，大寒。」《逸周書‧時訓》記載了周人的七十二候觀念。可見周代已有明確的歲、四時、十二月，以及十二中氣（推想也當有十二節

〔註1〕 《京津》520 甲骨刻辭，《殷墟文字綴合》261。
〔註2〕 《京津》520 甲骨刻辭，《殷墟文字綴合》261。楊樹達《甲骨文中之四方神名與風名》，收入《積微居甲文說》。裘錫圭《說「東韓白大師武」》，《考古》1978年第5期。曹錦炎《釋甲骨文北方名》，《中華文史論叢》1982年第3期。
〔註3〕 李學勤《商代的四風與四時》，《中州學刊》1985年第5期。

氣）以及七十二候的觀念。

《逸周書・周月》曰：「惟一月，既南至。昏昴畢見。日短極。基踐長。微陽動於黃泉，陰慘於萬物。」這說明，周時人們已由對日月運行而形成時的分節的外在觀察（如以日南至、日短極來確定冬至），提升到以陰陽之氣來理解天時的理論高度（以微陽動來說明冬至之始）。上面所引《逸周書・周月》的十二中氣，也說明了這一點。《逸周書・周月》又曰：「萬物春生、夏長、秋收、冬藏，天地之正，四時之極，不易之道。」這表明，周人已揭示出四時有「道」。春、夏、秋、冬，這不僅是一年中四個時間段的依次轉換，更重要的是，它是天道的呈現，或者說它直接就是天道。天道呈現出來就是個運行，這春夏秋冬就是天道運行之路。生、長、收、藏，這是天道之理，也是萬物存在的形式，這也是在四時中呈現出的。因此，四時乃天道之象，乃天道之理，是人們理解天道的一個最簡易的模型。這說明，周人已將四時上昇到理性的高度，已形成四時的或曰時的哲學思想。

最遲至戰國時代，四時的或曰時的思想發展為完善成熟的「時令」思想，並且形成了時令模式。《管子・四時篇》曰：

> 令有時，無時則必視，順天之所以來。……唯聖人知四時。四時曰正。是故陰陽者，天地之大理也。四時者，陰陽之大經也。……故聖王務時而寄政焉。〔註4〕

《呂氏春秋・應同篇》云：

> 黃帝曰：「芒芒昧昧，因天之威，與元同氣。」故曰同氣賢於同義，同義賢於同力，同力賢於同居，同居賢於同名。帝者同氣，王者同義，霸者同力，勤者同居則薄矣，亡者同名則角（高注：粗，惡也）矣。其智彌角者，其所同彌角。其智彌精者，其所同彌精。〔註5〕

這兩處明確而精練地表達了「時令」思想。這種思想，其要點有三：（1）政治人物有帝、王、霸等幾個層次，最高的帝知道行政令必須順天時，即「務時而寄政」。這不是一般人能知道的，是只有作為聖人的帝才能了悟的最高政治智慧。（2）時令思想的實質是施政與天「同氣」。氣屬於天道範疇，與天同氣即同於天道。（3）順天時行政令，主要形式是順四時行政。帝者與天「同氣」，而天之氣為陰陽，陰陽消息於四時之中，因此，「帝者同氣」即聖人的

〔註4〕戴望《管子校正》，《諸子集成》（下），浙江古籍出版社，1999年，859頁。
〔註5〕陳奇猷《呂氏春秋新校釋》上冊，上海古籍出版社，2002年，683頁。

施政要與四時相符應，要隨四時的不同而施行不同的政令。

戰國時代的思想家將時令思想又具體建構為時令模式。這些模式是關於天子順天時行政令的一些具體理想方案。這些方案將四時、五行、節氣、物候、干支等配合起來，再將天子所行政令與相應的天時配合起來，認為天子順時行政則吉，逆時行政則發生災異。當時主要有兩種時令模式，一種是《管子·五行篇》的時令模式，一種是《禮記·月令》的時令模式。《管子·五行篇》的時令模式，把一年三百六十天，以五行木、火、土、金、水依次用事七十二日，雖然也與四時相配，但實際形成「五時」，天子則應順「五時」而行政令。可列表如下〔註6〕：

《管子·五行》時令模式

五行	四時	值日	始日干支（五子）	天子政令	
				順時當行政令	逆時行政則災
木	約當春	1～72日	甲子（冬至）	命左右士師內御，總別列爵，論賢不肖士吏，賦秘賜賞於四境之內。出國衡，順山林，禁民斬木。春辟勿時，苗足本。不癘雛鷇，不夭麑麛，毋傅速，亡傷襁褓。	天子不賦不賜賞，而大斬伐傷，君危。不殺，太子危，家人夫人死。不然，則長子死。
火	約當夏	73～144日	丙子	命行人內御，令掘溝澮津舊塗。發臧任君賜賞君子。修游馳（戴望校正：馳乃馺之誤）以發地氣。出皮幣，命行人修春秋之禮於天下諸侯，通天下遇者兼和。	天子敬行急政，旱札苗死民屬。
土	春夏之間	145～216日	戊子	命左右司徒內御，不誅不貞（戴望校正：貞當為賁），農事為敬（戴望校正：敬當為亟），大揚惠言，寬刑死，緩罪人。出國司徒令，命順民之功力以養五穀。君子之靜居，而農夫修其功力極。	天子修宮室，築臺榭，君危。外築城郭，臣死。
金	約當秋	217～288日	庚子	命祝宗選禽獸之禁、五穀之先熟者，而薦之祖廟與五祀。命左右司馬衍組甲屬兵，合什為伍，以修於四境之內，誒然告民有事。	天子攻山擊石，有兵作戰而敗。士死，喪執政。

〔註6〕據戴望《管子校正》，《諸子集成》（下），浙江古籍出版社，1999年，859～860頁。

| 水 | 約當冬 | 289～360日 | 壬子 | 命左右使人內御其氣，足則發而止。其氣不足，則發攔讀盜賊。數剝竹箭，伐檀柘。令民出獵禽獸，不釋巨少而殺之，所以貴天地之所閉藏也。羽卵者不段，毛胎者不膚，麗婦者不銷棄。 | 天子決塞動大水，王后夫人薨。不然，則羽卵者段，毛胎者膚，麗婦銷棄，草木根本不美。 |

《管子》中又有《四時》和《幼官》，其記載的時令模式，與《禮記·月令》《呂氏春秋·十二紀·紀首》的時令模式爲同一系統，都屬於四時時令模式，可以《禮記·月令》所記載爲代表。現將《月令》的四時時令模式列表如下〔註7〕：

《月令》時令模式

十二月	五行	二十四節氣	物候	數	天道與氣	天子居明堂	天子順時當行政令	天子逆時行政災異
孟春	木	立春雨水	東風解凍，蟄蟲始振，魚上冰，獺祭魚，鴻雁來，草木萌動。	八	生。天氣下降，地氣上騰，天地和同。	居青陽左个。	先立春三日，大史謁之天子日：某日立春，盛德在木。立春之日，天子親帥三公、九卿、大夫，以迎春於東郊。命相布德和令，行慶施惠，下及兆民。乃命大史守典奉法，司天日月星辰之行，宿離不貸。天子親載耒耜，躬耕帝藉。王命布農事。禁止伐木。毋殺孩蟲胎夭飛鳥。	不可以稱兵，稱兵必天殃。孟春行夏令，則雨水不時，草木蚤落，國時有恐。行秋令，則民大疫，猋風暴雨總至。行冬令，則水潦爲敗，雪霜大摯，首種不入。
仲春	木	驚蟄春分	始雨水，桃始華，倉庚鳴，鷹化爲鳩，玄鳥至，日夜分，雷乃發聲，始電。	八	生。	居青陽大廟。	安萌牙，養幼少，存諸孤。命有司省囹圄，去桎梏，毋肆掠，止獄訟。祀高禖。毋作大事。毋竭川澤，無焚山林。命樂正習樂舞。祀不用犧牲，用圭壁，更皮幣。	仲春行秋令，則其國大水，寒氣總至，寇戎來征。行冬令，則陽氣不勝，麥乃不熟，民多相掠。行夏令，則國乃大旱，煖氣早來，蟲螟爲害。

〔註 7〕 依朱彬《禮記訓纂》（上），十三經清人注疏本，中華書局，1996 年，213～287 頁。

季春	木	清明穀雨	桐始華，田鼠化爲鴽，虹始見，萍始生，鳴鳩拂其羽，戴勝降於桑。	八	生。生氣方盛，陽氣發洩，句者畢出，萌者盡達，不可以內。	居青陽右个。	天子布德行惠，命有司發倉廩，賜貧窮，振乏絕，開府庫，出幣帛，周天下，勉諸侯，聘名士，禮賢者。	季春行冬令，則寒氣時發，草木皆肅，國有大恐。行夏令，則民多疾疫，時雨不降，山陵不收。行秋令，則天多沈陰，淫雨蚤降，兵革並起。
孟夏	火	立夏小滿	螻蟈鳴，蚯蚓出，王瓜生，苦菜秀。靡草死，麥秋至。	七	長。繼長增高，毋有壞墮。	居明堂左个。	先立夏之日，大史謁之天子曰：某日立夏，盛德在火。立夏之日，天子親帥三公、九卿、大夫，以迎夏於南郊。行賞，封侯慶賜。命大尉，贊桀俊，遂賢良，舉長大。勞農勸民，毋或失時。斷薄刑，決小罪，出輕繫。飲酎用禮樂。	孟夏行秋令，則苦雨數來，五穀不滋，四鄙入保。行冬令，則草木蚤枯，後乃大水，敗其城郭。行春令，則蝗蟲爲災，暴風來格，秀草不實。
仲夏	火	芒種夏至	小暑至，螳螂生，鵙始鳴，反舌無聲，鹿角解，蟬始鳴，半夏生，木堇榮。	七	長。是月，日長至，陰陽爭，死生分。	居明堂大廟。	命樂師，用盛樂。門閭毋閉，關市毋索。挺重囚，益其食。君子齊戒，處必掩身，毋躁，止聲色，毋或進，薄滋味，毋致和，節耆欲，定心氣。百官靜，事毋刑，以定晏陰之所成。毋用火南方。	仲夏行冬令，則雹凍傷穀，道路不通，暴兵來至。行春令，則五穀晚孰，百螣時起，其國乃饑。行秋令，則草木零落，果實早成，民殃於疫。
季夏	火	小暑大暑	溫風始至，蟋蟀居壁，鷹乃學習，腐草爲螢，土潤辱暑，大雨時行。	七	長。	居明堂右个。	命虞人入山行木，毋或斬伐。不可以興土功，不可以合諸侯，不可以起兵動眾。毋舉大事以搖養氣。毋發令而待，以妨神農之事也。	季夏行春令，則穀實解落，國多風欬，民乃遷徙。行秋令，則丘隰水潦，禾稼不熟，乃多女災。行冬令，則風寒不時，鷹隼蚤鷙，四鄙入保。

孟秋	金	立秋處暑	涼風至，白露降，寒蟬鳴，鷹乃祭鳥，天地始肅，農乃登穀。	九	收。	居總章左个。	先立秋三日，大史謁之天子曰：某日立秋，盛德在金。立秋之日，天子親帥三公、九卿、大夫，以迎秋於西郊。用始刑戮。賞軍帥武人。命將帥選士厲兵，以征不義。命有司修法制，繕囹圄，具桎梏，禁止奸，慎罪邪，務搏執，命理瞻傷，察創、視折、審斷決獄，訟必端平。命百官始收斂。毋以封侯，立大官。	孟秋行冬令，則陰氣大盛，介蟲敗穀，戎兵乃來。行春令，則其國乃旱，陽氣復還，五穀無實。行夏令，則國多火災，寒熱不節，民多瘧疾。
仲秋	金	白露秋分	鴻雁來，玄鳥歸，群鳥養羞，雷始收聲，蟄蟲坯戶，水始涸。	九	收。殺氣浸盛，陽氣日衰。	居總章大廟。	命有司申嚴百刑，斬殺必當，毋或枉橈，枉橈不當，反受其殃。天子乃難，以達秋氣。命有司趣民收斂。易關市，來商旅，入貨賄。	仲秋行春令，則秋雨不降，草木生榮，國乃有恐。行夏令，則其國乃旱，蟄蟲不藏，五穀復生。行冬令，則風災數起，收雷先行，草木蚤死。
季秋	金	寒露霜降	候雁來賓，爵入大水為蛤，鞠有黃華，豺祭獸戮禽，草木黃落，蟄蟲俯在戶。	九	收。	居總章右个。	申嚴號令，命百官無不務內，以會天地之藏，無有宣出。命冢宰農事備收，舉五穀之要，藏帝藉之收於神倉。乃命有司曰：寒氣總至，民力不堪，其皆入室。教於田獵，以習五戎。乃趣獄刑，毋留有罪。收祿秩之不當，供養之不宜者。	季秋行夏令，則其國大水，冬藏殃敗，民多鼽嚏。行冬令，則國多盜賊，邊竟不寧，土地分裂。行春令，則煖風來至，民氣解惰，師興不居。
孟冬	水	立冬小雪	水始冰，地始凍，雉入大水為蜃。虹藏不見。	六	藏。天氣上騰，地氣下降，天地不通，閉塞而成冬。	居玄堂左个。	先立冬三日，大史謁之天子曰：某日立冬，盛德在水。立冬之日，天子親帥三公、九卿、大夫，以迎冬於北郊。命大史釁龜筴占兆，審卦吉凶。令百官謹蓋藏。戒門閭，修鍵閉，慎管籥，固封疆，備邊竟，完要塞，謹關梁，塞徯徑。	孟冬行春令，則凍閉不密，地氣上泄，民多流亡。行夏令，則國多暴風，方冬不寒，蟄蟲復出。行秋令，則雪霜不時，小兵時起，土地侵削。

| 仲冬 | 水 | 大雪冬至 | 地始坼，鶡旦不鳴，虎始交，芸始生，荔挺出，蚯蚓結，麋角解，水泉動。 | 六 | 藏。　陰陽爭。 | 居玄堂大廟。 | 命有司，土事毋作，慎毋發蓋，毋起大眾，以固而閉。命閹尹申宮令，謹房室，必重閉。命有司，祈祀四海大川名原淵澤井泉。日短至，君子齋戒，處必掩身。身欲寧，去聲色，禁耆欲，安形性。事欲靜，以待陰陽之所定。 | 仲冬行夏令，則其國乃旱，氛霧冥冥，雷乃發聲。行秋令，則天時雨汁，瓜瓠不成，國有大兵。行春令，則蝗蟲為敗，水泉咸竭，民多疥癘。 |
| 季冬 | 水 | 小寒大寒 | 雁北鄉，鵲始巢，雉雊，雞乳，征鳥厲疾，冰方盛，水澤腹堅。 | 六 | 藏。 | 居玄堂右个。 | 專而農民，毋有所使。天子乃與公、卿、大夫，共飭國典，論時令，以待來歲之宜。 | 季冬行秋令，則白露蚤降，介蟲為妖，四鄙入保。行春令，則胎夭多傷，國多固疾，命之曰逆。行夏令，則水潦敗國，時雪不降，冰凍消釋。 |

　　觀此《月令》時令模式，其中太史的作用特別引人注意：每當四時之初的四立（立春、立夏、立秋、立冬）前三天，太史都要向天子報告四時的來臨，這是因為史官在古代掌四時時令。又，孟冬，天子命大史釁龜筴占兆，審卦吉凶，也說明了史官在古代主筮占的職責。

　　馬王堆帛書《易傳》中的《二三子》曰：

　　　　聖人之立正也，必尊天而敬眾，理順五行，天地無菑。

案「立正」即「立政」，《二三子》所言，正是古代的「時令」思想。從這裡看出，古代易學中採用了「時令」思想。在以下的研究中，我們將看到，它對《易緯》占術的形成產生了重要的影響。

二、先秦四分曆《殷曆》

　　《易緯》中有關於曆法的內容。《乾鑿度》卷上曰：「至哉《易》，一元以為元紀。《曆》以三百六十五日四分度之一為一歲，《易》以三百六十析當期之日，此律曆數也。五歲再閏，故再扐而後卦，以應律曆之數。」又曰：「元曆無名，推先紀曰甲寅。」《乾鑿度》卷下曰：「常以太歲紀歲，七十六為一紀，二十紀為一部首。」唐一行指出：「《緯》（筆者按：除《易緯》外，還包括其它緯書）所據者，《殷曆》也。」〔註8〕這表明《易緯》所用曆法為先秦

─────────────────────

〔註8〕《新唐書·志第十七上·曆三上》引一行《中氣議》。案：緯書所記曆法皆為

─19─

的古四分曆《殷曆》。

班固根據《尚書》《春秋》等古文獻，於《漢書・律曆志》敘述古代曆法的發展曰：「曆數之起上矣。傳述顓頊命南正重司天，火正黎司地。其後三苗亂德，二官咸廢，而閏餘乖次，孟陬殄滅，攝提失方。堯復育重、黎之後，使纂其業，故《書》曰：『乃命羲、和，欽若昊天，曆象日月星辰，敬授民時。』『歲三百有六旬有六日，以閏月定四時成歲。允釐百官，眾功皆美。』其後以授舜曰：『諮爾舜，天之曆數在爾躬。』舜亦以命禹。至周武王訪箕子，箕子言大法九章，而五紀明曆法。故自殷周，皆創業改制，咸正曆紀，服色從之，順其時氣，以應天道。三代既沒，五伯之末，史官喪紀，疇人子弟分散，或在夷狄，故其所記，有《黃帝》、《顓頊》、《夏》、《殷》、《周》及《魯曆》。戰國擾攘，秦兼天下，未皇暇也。」可知，至春秋末期，有史官所記的《黃帝曆》、《顓頊曆》、《夏曆》、《殷曆》、《周曆》和《魯曆》等古六曆。

據《宋書》祖沖之《曆議》稱：「古之六術，並同四分。」今人也指出，《殷曆》等古六曆採用的是四分曆。〔註9〕四分曆以 76 年為安排頻大月和置閏的共同周期，用 19 年 7 閏的閏周和 365 又 1/4 日的歲實，以冬至為一歲之始，朔旦為一月之始，夜半為一日之始。六曆因各自採用的曆元不同，而區分開來。據《後漢書・律曆志》的「論」曰：「黃帝造曆，元起辛卯，而顓頊用乙卯，禹用戊午，夏用丙寅，殷用甲寅，周用丁巳，魯用庚子。」可見，《殷曆》是以甲寅為曆元的古四分曆。《淮南子》的《天文》記載了這種先秦的《殷曆》。

《淮南子・天文》述曆法曰：

> 日行一度，以周於天，日冬至峻狼之山。日移一度，凡行百八十二度八分度之五，而夏至牛首之山。反覆三百六十五度四分度之一而成一歲。天一元始，正月建寅，日月俱入營室五度。天一以始建七十六歲，日月復以正月入營室五度無餘分，名曰一紀。凡二十紀，一千五百二十歲大終，日月星辰復始甲寅元（王引之云：「大終」下當有「三終」二字。下文曰：「一終而建甲戌，二終而建甲午，三終而復得甲寅之元。」）。日行一度，而歲有奇四分度之一，故四歲而

甲寅元的《殷曆》，《春秋命曆序》曰：「有甲寅曆。」《尚書考靈曜》云：「甲寅元。」

〔註9〕陳遵媯《中國天文學史》第三冊，上海人民出版社，1984 年，1386，1421 頁。

積千四百六十一日而復合，故舍八十歲而復故日（錢塘《淮南天文
訓補注》：「日」一作「曰」，誤）。……月，日行十三度七十六分度
之二十六（高注：「六」或作「八」。錢補曰：一紀日周七十六，月
周千一十六，以日周除月周，得十三度七十六分度之二十八。「六」
當作「八」，傳寫之誤），二十九日九百四十分日之四百九十九而爲
月，而以十二月爲歲。歲有餘十日九百四十分日之八百二十七，故
十九歲而七閏。……太陰元始，建於甲寅，一終而建甲戌，二終而
建甲午，三終而復得甲寅之元。〔註10〕

關於這種曆法的性質，學界一般認爲是《顓頊曆》。清儒錢塘〔註11〕和王
引之〔註12〕認爲《顓頊曆》起於營室五度，而《殷曆》以多至日躔起度，度
起牽牛。《天文》言：「天一元始，正月建寅，日月俱入營室五度。天一以始
建七十六歲，日月復以正月入營室五度無餘分。」是《天文》以日月起於營
室五度，故爲《顓頊曆》。今人陳久金、陳美東認爲，《天文》爲《淮南子》
之一篇，《淮南子》成書於漢初，漢初行《顓頊曆》，《天文》自然述《顓頊曆》。
由《天文》述《顓頊曆》出發，又可反證漢初《顓頊曆》是甲寅元《顓頊曆》，
這又和《洪範傳》所述「曆記於顓頊上元泰始閼蒙攝提格之歲畢陬之月朔旦
己巳立春，七曜俱在營室五度」相參證。〔註13〕對於學界關於《淮南子・天
文》曆法爲《顓頊曆》的這兩條主要理由，今人陶磊先生認爲都不成立。對
於第一條理由，他通過《天文》所記十二月日所建之星，與汝陰侯墓出土的
六壬式盤的天盤所記載的《顓頊曆》太陽十二月所在星位的比較，發現二者
只有五個月份相同，而大部分不同。得出結論：「僅憑『日月俱入營室五度』
就斷定《天文》所述曆法爲《顓頊曆》，理由是很不充分的。」對於第二條理
由，他從《天文》曆法資料與出土漢初《顓頊曆》資料的比較，發現二者在
五星宿度、二十八距度、二十四節氣的劃分以及一年中太陽在二十八宿的位
置四個方面都有不同，得出結論：「《天文》所保留的天文曆法資料，除『四

〔註10〕據劉文典《淮南鴻烈集解》卷三《天文訓》，以及附錄（錢塘）《淮南天文訓
補注》，安徽大學出版社，雲南大學出版社，1998年，93，94，102，113，768，
782，818，812頁。

〔註11〕錢塘《淮南天文訓補注》，見劉文典《淮南鴻烈集解》附錄，安徽大學出版社，
雲南大學出版社，1998年，766頁。

〔註12〕見王念孫《讀書雜志》卷九《淮南內篇雜誌》，江蘇古籍出版社，2000年。

〔註13〕陳久金、陳美東《從元光曆譜及馬王堆天文資料試探顓頊曆問題》，見《中國
天文學史文集》，科學出版社，1978年。

分曆』資料外，和漢初行用的《顓頊曆》幾乎全不相同，《天文》所述曆法顯然不是《顓頊曆》。」至於顓頊曆元另有一說爲甲寅，最早是由唐一行提出的，是一行援引《淮南子・天文》《殷曆》甲寅元而創造出來的，其目的可能是想給《洪範傳》「顓頊上元泰始閼蒙攝提格之歲」作解釋，實際上是不成立的。〔註14〕

在反駁了《淮南子・天文》曆法爲《顓頊曆》的觀點後，陶磊先生提出自己的觀點，認爲《淮南子・天文》所述曆法應爲《殷曆》。他的證據有兩點：（1）《顓頊曆》、《殷曆》均爲古六曆之一，古六曆之朔策日法並同四分，區分古六曆之標誌爲曆元。後漢人皆以乙卯爲顓頊曆元，甲寅爲殷曆元，這是無疑問的。《淮南子・天文》以甲寅爲曆元，因此應爲《殷曆》。（2）《淮南子・天文》所記七曜十一月當直牽牛初，與《後漢書・律曆志》「甲寅之元，天正正月甲子朔旦冬至，七曜之起始於牛初」正合，則《淮南子・天文》所記曆法爲《殷曆》無疑。〔註15〕

筆者認爲，陶磊先生的論證是成立的，《淮南子・天文》所述曆法當爲《殷曆》無疑。將上引《乾鑿度》所記曆法與《淮南子・天文》曆法相比較，可發現二者內容一致，從一行的斷言「《緯》所據者，《殷曆》也」，這也反證《淮南子・天文》曆法當爲《殷曆》。

由此，從《淮南子・天文》所記載的《殷曆》，參考《後漢書・律曆志》，我們可知《殷曆》以太陰紀歲，以甲寅年冬至朔旦甲子日夜半起始，其歲實爲 365 又 1/4 日，故爲四分曆。它的推算是這樣的：

1 歲＝365 又 1/4 日＝12 又 7/19 朔望月；

1 朔望月＝29 又 499/940 日；

1 紀＝76 年，在這周期，朔旦冬至復在同一天的夜半；

1 終＝20 紀＝1520 歲，在這周期，又復在甲戌年甲子那天夜半冬至；

2 終＝3040 年，在這周期，又復在甲午年甲子那天夜半冬至；

1 元＝3 終＝4560 年，在這周期，又復在甲寅年甲子那天夜半冬至

以下的研究中，我們將看到，《易緯》就直接利用了《殷曆》的測算和這些資

〔註14〕陶磊《〈淮南子・天文〉研究——從數術史的角度》，齊魯書社，2003 年，98～106 頁。

〔註15〕陶磊《〈淮南子・天文〉研究——從數術史的角度》，齊魯書社，2003 年，106～110 頁。

料，以建立卦軌和卦氣等占術。

第三節 《易緯》占術形成的內在考察

從以上考察，可以說，解決帝王王命的宗教政治動機，和曆法、時令思想資源的具備，這些爲《易緯》占術的形成準備了必要的歷史的、外部的條件。但《易緯》占術到底如何形成的，需要我們從先秦兩漢易學史上，作具體的、內在的考察。

一、先秦西漢易學史中的數術易

關於先秦易學史，按《漢書‧藝文志》的說法，是「人更三聖，世曆三古」，即經過了伏羲的上古、文王的中古和孔子的下古三個大的階段。這種漢代人正統的經學觀點，只給人一種大而化之的籠統印象。借助於近些年出土的易學文獻和數字卦等資料，和傳世文獻相比照，我們對中國古代易學史有了較清楚一些的認識。在帛書《易傳》的《要》篇中，有一段孔子與子贛（即子貢）的對話，引起我們特別注意：

> 子贛曰：夫子亦信亓筮乎？
>
> 子曰：吾百占而七十當，唯周梁山之占也，亦必從亓多者而已矣。
>
> 子曰：《易》，我後亓祝卜矣！我觀亓德義耳也。幽贊而達乎數，明數而達乎德，又〔仁〕者而義行之耳。贊而不達於數，則亓爲之巫；數而不達於德，則亓爲之史。史巫之筮，鄉之而未也，好之而非也。後世之世疑丘者，或以《易》乎？吾求亓德而已，吾與史巫同塗而殊歸者也。君子德行焉求福，故祭祀而寡也；仁義焉求吉，故卜筮而希也。祝巫卜筮亓後乎？〔註16〕

從孔子之言中，可知他對筮占作過深入的研究，基於此，他對此前的易占作出了精闢的評價，實際上提出了一種易學史觀。他認爲，有巫之筮，有史之筮，二者有不同特點。巫之筮的特點是「幽贊」或「贊」，史之筮的特點是「明數」或「數」。案《說文》：「贊，見也。」《書‧咸有一德》「伊陟贊於巫咸」，孔傳：「贊，告也。」《史記‧魏公子列傳》「公子引侯生坐上坐，徧贊賓客」，

〔註16〕 廖名春《馬王堆帛書周易經傳釋文》，見《易學集成》第三卷，四川大學出版社，1998 年，3044 頁。

《索隱》：「贊，告也。」《說卦》「幽贊於神明而生蓍」，荀爽注：「幽，隱也。贊，見也。」干寶注：「幽，昧，人所未見也。贊，求也。」〔註17〕可見，「贊」為見、告、求等義。「幽贊」即隱見而告求之意。巫的能力是貫通天地，通過上天見神或使神降地的方式，見神視鬼，告求鬼神，以獲取福吉。〔註18〕因此，巫之筮的「幽贊」，似指巫憑藉蓍草之靈〔註19〕，隱見鬼神，以獲取神意，求福求吉。史之筮的「明數」，一方面指通過蓍策的數學操作，以數定卦；另一方面指在占斷中，以數推求結果。整個筮占過程，有明晰的推算和邏輯形式，是一種數學推演的數占。「贊而不達於數，則亓為之巫；數而不達於德，則亓為之史」，說明巫之筮和史之筮，是易學發展的兩個階段。前者是易學的初始階段，由巫職掌，其筮占方法可能還處於草創，《世本·作篇》曰：「巫咸作筮」，〔註20〕可見古人認為巫發明了筮。發展到史的階段，由史官主掌，已經形成了成熟的數占。孔子對他以前的巫之筮和史之筮，持否定的態度，而採取「觀亓德義」的新思路。這種新思路和研《易》新方法，持德行優先的易學價值取向，實際上是要開啟一種新的人文易的路向。而後來的事實證明，孔子的易學確實開創出了這種新質的人文易。因此，易學發展至孔子前後，實有一重大轉折，而有《易》之新、舊的不同。劉大鈞先生指出：孔子易學確立了《易》之「新義」或曰「今義」，同時孔門弟子將傳統的史之筮的易學稱為「古義」。《漢書·儒林傳》所說周王孫傳給丁寬的「古義」，正是這種《易》之「古義」。〔註21〕

〔註17〕 李鼎祚《周易集解》卷十七，姑蘇喜墨齋刻本。

〔註18〕 參見張光直《中國青銅時代》之《商代的巫與巫術》，三聯書店，1999年，261〜267頁。

〔註19〕 巫筮「幽贊」的特點，可能與古人對蓍草之靈的崇拜有關。在古人觀念中，筮占所用蓍草，有神靈的效應，借其可問鬼神。《易緯·乾坤鑿度》卷上曰：「《萬形經》曰：蓍生地於殷（注：中土也），凋殞一千歲。一百歲方生四十九莖，足承天地數。五百歲形漸幹實，七百歲無枝葉也，九百歲色紫如鐵色。一千歲上有紫氣，下有靈龍神龜伏於下。《軒轅本經》曰：紫蓍之下，五龍十朋伏隱，天生靈蓍，聖人採之而用四十九。」《太平御覽》卷九三一和九九七引《洪範五行傳》曰：「蓍之為言蓍（耆）也，百年一本，生百莖，此草木之壽（儔）知吉凶者也，聖人以問鬼神焉。」於此可見古人對蓍草這種「植物之靈」的崇拜。

〔註20〕 《周禮·春官·龜人》鄭玄注、《初學記》卷二十等書引，《呂氏春秋·勿躬》同其說。

〔註21〕 劉大鈞《〈周易〉古義考》，《中國社會科學》2002年第5期，142〜150頁。

　　考其它文獻，可知孔子所說的「史之筮」或曰「古義」，實際上也即古代
的數術易。對於古代數術易，只有極少數的學者作過研究，〔註 22〕還沒有引
起大部分學者的注意。因此，我們需要對它的特點、內容、流傳等，作出一
番詳細的考辨。

　　中國古代春秋末以前的學術，掌握在王官手中，可稱爲王官時代。〔註 23〕
王官時代，數術爲學術的主要內容。〔註 24〕簡單地說，數術有這樣幾個特點：
其一，它主要用於解決帝王受命、統治災祥等宗教政治問題，即《漢書・藝
文志・數術略》所說的「聖王所以參政也」、「此聖人知命之術也」、「聖人之
所用也」。其二，它是一種實用文化，是一些「術」，必須具有可操作性。這
與後來的諸子之學的重哲理性、形上性有鮮明的區別。其三，它是一些實用
的術，但這並不表示它粗糙、感性，缺乏思想性。實際上，數術在古代被認
爲是極精微的學問，《漢書・藝文志・數術略》稱「非湛密者弗能由也」、「非
天下之至才，其孰與焉！」因此，掌數術者爲王官中最有學問的人，實行的
是世世相傳的「疇人」制度。〔註 25〕這些人長期潛心於數術研究，並不斷驗
證於實際，形成了許多複雜的占術。其四，推數以占。數術所追求的最高境
界是明瞭「天數」，由此占卜不斷數字化，形成推數的特色，此爲數術之爲「數」
術之所在。

　　由《漢書・藝文志》的「數術略」，可知古代數術有天文、曆譜、五行、
蓍龜、雜占、形法等六類，「蓍龜」即卜筮，筮即指易占。這種易占屬於數術

〔註 22〕 如劉大鈞先生對《易》之「古義」的研究，實際上涉及的是數術易問題。見
　　　　 劉大鈞《〈周易〉古義考》，《中國社會科學》2002 年第 5 期，142～150 頁。
　　　　 李零先生對古代數術中筮占、實即數術易的研究，見李零《中國方術考》，東
　　　　 方出版社，2000 年，1～27，251～271 頁。李零《中國方術續考》，東方出版
　　　　 社，2000 年，306～320 頁。

〔註 23〕 顧頡剛認爲，有史以來中國學術思想分爲四個時期：（1）戰國以前的王官時
　　　　 代。（2）戰國諸子時代。（3）漢以後經學時代。（4）清以後史學時代。見顧
　　　　 頡剛講、李得賢記錄《中國古代史研究序論》，《文史》2000 年第四輯，中華
　　　　 書局。

〔註 24〕 李零先生指出：「過去，學界對中國古代文化的認識往往注意的只是從百家爭
　　　　 鳴到儒家定於一尊這一過程，而很少考慮在先秦諸子『之前』和『之下』還
　　　　 有以數術方技之學爲核心的各種實用文化。……在我們看來，中國文化還存
　　　　 在著另外一條線索，即以數術方技爲代表，上承原始思維，下啓陰陽家和道
　　　　 家，以及道教文化的線索。」見李零《中國方術考》，東方出版社，2000 年，
　　　　 14～15 頁。

〔註 25〕 《漢書・律曆志》：「疇人子弟分散」，如淳曰：「家業世世相傳爲疇。」

類，我們可稱之為數術易。這種數術易當有下述特點：

（1）職掌者主要是王官中的史官

孔子指出「史之筮」，是以史官作為筮占的代表。考《左傳》、《國語》中的筮例，可推知事實當如此。《左傳‧莊公二十二年》：「陳厲公……生敬仲。其少也，周史有以《周易》見陳侯者，陳侯使筮之，遇《觀》之《否》……」《左傳‧僖公十五年》記晉獻公筮嫁伯姬於秦，「遇《歸妹》之《睽》，史蘇占之，曰：不吉。」《左傳‧成公十六年》記晉楚鄢陵之戰，「（晉）公筮之。史曰：吉。其卦遇《復》……」《左傳‧襄公九年》：「穆姜薨於東宮。始往而筮之，遇《艮》之八，史曰：是謂《艮》之《隨》。」《左傳‧襄公二十五年》記崔武子筮娶姜棠，「遇《困》之《大過》。史皆曰：不吉。」《左傳‧昭公七年》：「孔成子以《周易》筮之，……遇《屯》之《比》，以示史朝。史朝曰：……」《國語‧晉語》記重耳筮得晉國，「公子親筮之，曰：尚有晉國。得貞《屯》悔《豫》，皆八也。筮史占之，皆曰：不吉。」《國語‧晉語》：「董因（晉史官）迎公於河，……對曰：臣筮之，得《泰》之八。」這些皆證明史官主筮占。雖然這些材料是春秋時的，但推想殷商至西周的情況當也大致如此。

（2）講求推數

《莊子‧天下篇》曰：「古之人其備乎！……明於本數，係於末度，六通四辟，小大精粗，其運无乎不在。其明而在數度者，舊法世傳之史，尚多有之。」可見，史官其學其術的特點正在於「數度」。史官主筮，正是以數的推算為特徵。學者指出：從考古發現看，筮占可以追到商代，最初是用「十位數字卦」，後來發展出「兩位數字卦」。〔註26〕筮占從根本上講是一種數占，它是以數定卦，以數推算結果。《繫辭》所記錄的「大衍筮法」，其「分二」、「掛一」、「揲四」、「歸奇」的步驟，完全是數的推演，生動地說明了數術易的「數」的特點。《左傳‧僖公十五年》記韓簡之言曰：「龜，象也。筮，數也。」可見，以「數」為筮的特點，早在孔子之前就被指出，孔子只是承襲成說而已。

（3）注重觀象

「象」本來是龜卜的特點，即韓簡所謂「龜，象也」。從目前的考古發現

〔註26〕李零《中國方術續考》，東方出版社，2000年，88～89頁。

看，筮占的出現與龜卜約略同時，都是從商代就已存在。〔註27〕從商周卜骨、卜甲上刻數字卦，〔註28〕可見商周常卜筮並用。因此，在古代占術中，卜筮關係最爲密切，文獻中常以「卜」「筮」連言，「蓍」「龜」並稱。《左傳》和《周禮》都提到卜者也筮占。《左傳·閔公二年》「成季之將生也，桓公使卜楚丘之父筮之，遇《大有》之《乾》，曰：同復於父，敬如君所」，《左傳·僖公十五年》「秦伯伐晉，卜徒父筮之，吉」，《左傳·僖公二十五年》「晉侯使卜偃卜之，曰：吉……公曰：筮之。筮之遇《大有》之《睽》，曰：吉」，《左傳·昭公五年》記魯莊公筮穆子之生，「遇《明夷》之《謙》，以示卜楚丘」，《周禮·春官·大卜》「大卜掌三《易》之法」，皆其證。卜者筮占，自然要採用他們擅長的觀象，因此，史官可能借鑒、吸納了卜者的做法，而將觀象也作爲自己的特色了。觀《左傳》《國語》史官的筮占，皆爲觀卦象而斷吉凶，正爲明證。

（4）其易學中當有星象、卦氣、干支、陰陽、五行等內容

上引帛書《要》篇孔子下面又說：「故易又天道焉，而不可以日月生（星）辰盡稱也，故爲之以陰陽；又地道焉，不可以水火金土木盡稱也，故律之柔剛；又人道焉，不可以父子君臣夫婦先後盡稱也，故爲之以上下；又四時之變焉，不可以萬勿（物）盡稱也，故爲之以八卦。故易之爲書也，一類不足以亟之，變以備亓請者也。故胃之易又君道焉，五官六府不足盡稱之，五正之事不足以至之。」劉大鈞先生指出：這段話中「又天道焉，不可以日月生辰盡稱也，故爲之以陰陽」，說明《易》之古義中已有以日月星辰解《易》的內容；「又地道焉，不可以水火金土木盡稱也，故律之柔剛」，說明古義中已有以五行解《易》的內容；「又四時之變焉，不可以萬勿盡稱也，故爲之以八卦」，這是古義中有卦氣說的確證；所謂「六府」，正爲《淮南子·天文》中的「六府」：「何謂六府？子午、丑未、寅申、卯酉、辰戌、巳亥是也。」這說明古義中已有地支的內容。〔註29〕考《國語·周語》：「古者太史順時覛土。陽癉憤盈，土氣震發。農祥（韋注：房星也）晨正，日月底於天廟（韋注：

〔註27〕李零《中國方術考》，東方出版社，2000 年，251～271 頁。

〔註28〕對近年來數字卦的研究，李零和季旭昇有詳細的總結。見李零《中國方術考》，東方出版社，2000 年，251～271 頁。季旭昇《古文字中的易卦材料》，劉大鈞主編《象數易學研究》第三輯，巴蜀書社，2003 年，10～39 頁。

〔註29〕劉大鈞《〈周易〉古義考》，《中國社會科學》2002 年第 5 期，142～150 頁。

營室也），土乃脈發。先時九日，太史告稷曰：『自今至於初吉，陽氣俱蒸，土膏其動。弗震弗渝，脈其滿眚，穀乃不殖。』」《周禮・春官》載太史之職曰：「正年歲以序事，頒之於官府及都鄙，頒告朔於邦國。」又載太史屬下馮相氏之職曰：「掌十有二歲、十有二月、十有二辰、十日、二十八星之位，辨其敘事（鄭注：辨其敘事，謂若仲春辨秩東作，仲夏辨秩南訛，仲秋辨秩西成，仲冬辨在朔易），以會天位。冬夏致日，春秋致月，以辨四時之敘。」這說明史官主天文星曆，掌歲時頒佈。因此，天文星象曆法，四時之變，定是史官之學的重要內容，也是其所長。史官把這些內容用於筮占而形成數術易中的以星象解《易》和卦氣說，是完全合乎情理的。關於此點，下面還要詳細論證。據郭沫若先生考證，古十二辰（即十二地支）實即黃天周天之十二恒星。〔註30〕因此，筮占中納入十二支也是合乎情理的。

《國語・周語》載周幽王二年周太史伯陽父以陰陽之氣論地震，這是史官明陰陽的一個顯例。《周禮・春官》又載太史屬下保章氏之職曰：「以五雲之物，辨吉凶、水旱降豐荒之祲象。」鄭注：「視日旁五雲之物，知水旱所下之國。鄭司農（眾）云：『以二至二分觀雲色，青為蟲，白為喪，赤為兵荒，黑為水，黃為豐。』」可見，史官也精於五行。因此，史官將陰陽、五行納入筮占中，也是合乎情理的。《莊子・天下》篇的「《易》以道陰陽」更是明指。另外，關於陰陽、五行的起源，李零先生提出了一種很有啟發性的說法。他從古代占卜方法的數字化（如一、二、三、四、五、六、七、八、九、十、十二、十六、二十四、二十八、三十、三十六、六十四、七十二等）發現，這些數位可以大別為兩個系統：一個系統以偶數為主，以「剖分」概念為主，「二」、「四」、「八」等數屬之；一個系統以奇數為主，以「軸心」概念為主，「三」、「五」、「九」等數屬之。前一個系統是以「陰陽」為特徵，後一個系統是以「五行」為特徵。這說明，陰陽、五行說更主要地產生於古代的數術之學，它基本上是沿古代數術的內在邏輯發展而來，並始終以這些數術門類為主要應用範圍。〔註31〕按這種說法，陰陽、五行乃為數術本有的、內在的內容，成熟的數字化的筮占中含有陰陽、五行的內容，實為必然。

總之，通過以上考證，我們對數術易這種《易》之古義可以有一些較清

〔註30〕郭沫若《釋干支》，見《郭沫若全集》之《考古編》（1），科學出版社，1982年，196～282頁。

〔註31〕李零《中國方術續考》，東方出版社，2000年，83～96頁。

楚的認識。在孔子創立新的人文易時，數術易的流傳發生了很大的分化，可能有兩種流傳路徑：

其一，在諸子中的陰陽家、道家、儒家之學中流傳。

《左傳·昭公十七年》記孔子之言曰：「吾聞之『天子失官，官學在四夷』，猶信。」《漢書·律曆志》曰：「三代既沒，五伯之末，史官喪紀，疇人子弟分散。」「史官喪紀」指史官脫離開王官這個系統，有些人成為私學的創始人。《漢書·藝文志》記陰陽家來源說：「陰陽家者流，蓋出於羲、和之官。」案羲、和為堯時掌天地、四時之官，「羲、和之官」即後來的史官，這說明陰陽家應源自史官。太史公司馬談《論六家要指》論陰陽家曰：「陰陽之術，大祥而眾忌諱，使人拘而多所畏（《正義》：言拘束於日時，令人有所忌畏也），然其序四時之大順，不可失也。夫陰陽、四時、八位（《集解》：張晏曰：八卦位也）、十二度（《集解》：張晏曰：十二次也）、二十四節（《集解》：張晏曰：就中氣也）各有教令，順之者昌，逆之者不死則亡，未必然也，故曰『使人拘而多畏』。夫春生夏長，秋收冬藏，此天道之大經也，弗順則無以為天下綱紀，故曰『四時之大順，不可失也』。」由陰陽家的陰陽之術中有八卦位，可知陰陽家也傳習易學。而由陰陽家「序四時之大順」，將八卦位與四時、二十四氣並列，推知其易學中當有卦氣的內容。陰陽家的這些易學內容當承自於史官的數術易。戰國時齊國陰陽家鄒衍的思想中就含有數術易的內容（見第二章）。關於道家的來源，《漢書·藝文志》曰：「道家者流，蓋出於史官。」老子即為史官出身，傳本《老子》十六章曰：「萬物並作，吾以觀《復》。夫物芸芸，各復歸其根。」「觀《復》」中的「《復》」當指《復》卦。這段話當是依託於《復》居子、北方，為元陽之氣生發的十二辟卦的卦氣說，闡發觀物當觀其生發之元、之根的道理。又，從老子尚水、守中的態度，可看出《坎》居北方子位、為水、為天之中的卦氣說背景。《莊子·天下篇》對易學有「《易》以道陰陽」的簡易總結。這些都說明道家者流也傳承數術易學，並對其內容十分精通。儒家致力於人文易「新義」的創立和完善，但由於它脫胎於數術易，因而在易學的傳承中也有一些數術易的內容作為「古義」而流傳下來。據劉大鈞先生考證，在西漢儒家易的十三家中，有八家尚傳「古義」，這八家是周王孫、楊何、蔡公、丁寬、傳《古五子》者、淮南九師、傳《古雜》《雜災異》《神輸》者、孟喜、京房。〔註32〕

〔註32〕劉大鈞《〈周易〉古義考》，《中國社會科學》2002 年第 5 期，142～150 頁。

　　由於陰陽家、道家和儒家等諸子之學側重於義理的發揮，作爲「術」的數術易在其中更多地是作爲其學術背景。因此，數術易在這三家中的流傳只能是少量的、零碎的，可以說，這是數術易流傳的一個較小的路徑。

　　其二，數術易更大的流傳和發展當是在方士這條路徑中。

　　「方士」也叫「方術之士」，指學在民間，擅長數術和方技的人。〔註33〕《漢書・藝文志》「數術略」曰：「數術者，皆明堂羲和史卜之職也。史官之廢久矣，其書既不能具，雖有其書而無其人。」由「史官之廢久矣」，可以推想，原來典守數術的王官之史，在被廢後，除少數成爲諸子創始人（如陰陽家、道家）外，大部分可能成爲民間方士。這些人原本擅長筮占，精通易學，成爲方士後繼續傳習數術易。估計在他們手中，數術易學有較大的發展和更廣泛的流傳。在戰國時齊國的方士對數術易的流傳可能有較大貢獻。這些方士與齊鄒衍有關。《史記・封禪書》曰：「自齊威、宣之時，鄒子之徒論著終始五德之運，及秦帝而齊人奏之，故始皇採用之。鄒衍以陰陽主運顯於諸侯，而燕齊海上之方士傳其術。」案鄒衍的五德終始，實涉及到數術易的內容，鄒子之徒中當有齊方士，他們傳習鄒說並發展出一套占王命的卦軌之術（見第二章）。至秦焚書，儒家人文易的流傳遭受挫折，而卜筮類的數術易則沒受影響，順利流傳到西漢。據《史記・秦始皇本紀》記載，秦始皇三十四年（前213年）焚書的情形是：「非博士官所職，天下敢有藏《詩》《書》、百家語者，悉詣守、尉雜燒之。有敢偶語《詩》《書》者棄市。所不去者，醫藥、卜筮、種樹之書。」在焚燒的書籍中，當有屬百家語的儒家人文易的書，而「醫藥、卜筮、種樹之書」則不燒、不去。案醫藥古代屬方技（《漢書・藝文志》「方技略」有醫經、醫方），卜筮、種樹皆屬數術（《漢書・藝文志》「數術略」有《種樹藏果相蠶》十三卷），可見在焚書之劫中，數術易毫髮無損，繼續傳習。至西漢，據《漢書・藝文志》的記載，數術易有十家：「《箸書》二十八卷。《周易》三十八卷。《周易明堂》二十六卷。《周易隨曲射匿》五十卷。《大筮衍易》二十八卷。《大次雜易》三十卷。《鼠序卜黃》二十五卷。《於陵欽易吉凶》二十三卷。《任良易旗》七十一卷。《易卦八具》。」西漢傳易者，民間有費、高

〔註33〕陳槃和李零對古代方士有較系統的研究。參看陳槃《戰國秦漢間方士考論》，見《古讖緯研討及其書錄解題》，臺北國立編譯館，1991年，179～256頁。李零《戰國秦漢方士流派考》，見《中國方術續考》，東方出版社，2000年，97～128頁。

—30—

兩家，皆爲傳習數術易。《漢書・儒林傳》記費氏易曰：「費直東萊人也，長於卦筮，亡章句。」記高氏易曰：「高相，沛人也。其學亦無章句，專說陰陽災異。」費、高二人易學皆「亡章句」，這顯然區別於「訓故舉大誼」、有《章句》的經學易，又他們「長於卦筮」「專說陰陽災異」，明顯屬於數術易系統。

二、《易緯》占術屬於數術易系統

通過以上對先秦西漢易學史的考察，特別是對其中數術易特點、內容、流變的詳細考證和梳理，我們對先秦西漢易學史有了較眞切的認識，建立了一種宏大的、發展的視野。在此視野下，結合先秦戰國時的歷史背景：急迫的帝王受命的宗教政治問題、成熟的《殷曆》和時令思想，我們來考察《易緯》占術，就可得出結論：《易緯》占術屬數術易系統，其主體部分在戰國時即已形成。試證之如下。

（一）我們將《易緯》占術的兩大部分：王命占術和卦氣占術，與數術易的特點和內容相比較，可明顯看出，它們屬於數術易系統。

《易緯》王命占術部分，包括五德終始術、六十四卦主歲術、六十四卦策軌數、一軌享國術和推厄術等。這些占術的最大特點是推數：通過推《殷曆》曆數測知帝王所受天命，通過推卦軌數測知一個朝代延續的歷年，通過推卦爻數測知帝王享國世代，通過推卦軌和入位年數測知帝王統治期間所遭災厄，等等，完全表現了數術易的「數」的特徵，其爲數術易不言而喻。《易緯》卦氣占術部分，包括四正卦占候、八卦氣占候、十二消息卦占候、六日七分術、一爻直一日術等。卦氣的實質是卦（包括爻）與歲時相配，從上面的考證中已知數術易中本含有卦氣的內容（詳細的考證見下），因此《易緯》卦氣占術也當屬數術易系統。

（二）數術易系統有一個流變發展的過程，《易緯》各占術的創立也絕非一人、一時所完成，而是隨著數術易的發展而經歷了一個逐漸形成的長期過程。但《易緯》占術的主體部分當在先秦戰國時已經形成，其後或增益出新的占術，或將原有占術添枝加葉整齊化，最後的整體定形當在西漢中期。

先看《易緯》王命占術部分。

這部分占術是鄒子師徒以及後來傳鄒子之術的方士，利用戰國時成熟的《殷曆》和時令思想，加以創立的。其中五德終始術爲戰國時鄒衍或鄒子之徒所創立，其目的就是解決當時關於未來帝王受命的重大而急迫的宗教政治

問題。六十四卦主歲術和六十四卦策軌術可能是鄒子後學和方士所創，其核心部分軌數的計算，是直接採用戰國時「大衍筮法」的策數算法而進一步的發展。而策軌術中的卦爻納入十二辰（即十二支），從上面的考證看，戰國時已經存在。又，軌數是用來計算未來受命帝王朝代歷年的，因此，六十四卦主歲術和六十四卦策軌術的形成當是在先秦戰國時。一軌享國術和推厄術，是對軌數推算的進一步發展，其形成可能晚一些。對王命各占術的形成時間，第二章有詳細、具體的考證。

再看《易緯》卦氣占術部分。

關於「卦氣」說形成的時間，歷來學者們有不同的看法，形成兩派意見。一派認為，卦氣說為漢人所創。〔註 34〕另一派認為，卦氣說當早至先秦，最遲在戰國時已存在。持後一說的，有清儒龔自珍、今人劉大鈞先生、連劭名先生等。龔自珍指出卦氣為古史官所創，他說：「卦氣法或出於古史氏，而緯家傳之。何以疑其出於古史氏？曰：古者頒時月日之曆與三《易》之法，皆出於王者，掌於史氏，故偽為時日月者有誅焉，偽為卜筮之書者有誅焉，其大原一也。春分之日與秋分之日同占一卦，爻又同，其吉凶必殊矣。冬至之日與夏至之日同占一卦，爻又同，其吉凶必殊矣。推而至於三百六十六日，設日日遇卦同，爻又同，其吉凶必日日殊矣。是故《震》《兌》《坎》《離》之主二十四氣，餘六十卦之各主六日八十分日之七，此必古法，必古憲令也。」〔註 35〕龔氏此言甚有洞見，可惜無詳細考證。連劭名先生認為：「卦氣說究竟起源於何時，現無法考證，但絕對早於西漢。長沙出土楚國帛書沿周圈分佈十二段文辭，每段記敘一個月的月名及該月主要宜忌，內容完全源於卦氣。證明至少在戰國時代，卦氣說的體系即已基本完全了。」〔註 36〕劉大鈞先生

〔註34〕這種說法可能源自唐一行。《新唐書·志第十七上·曆三上》載一行《卦議》曰：「十二月卦出於《孟氏章句》，其說《易》本於氣，而後以人事明之。京氏又以卦爻配期之日……餘皆六日七分。……當據孟氏，自冬至初，《中孚》用事」云云，以十二辟卦卦氣始於孟喜，以六日七分卦氣始於孟喜和京房。此觀點對後世影響甚大，許多學者信奉之。如今人余敦康先生說：「孟喜、京房在宣元之際把陰陽術數引入易學，建立了一種具有漢代歷史特色的以卦氣說為核心的象數之學，在易學史上引起了一場革命性的變革。」（見余敦康《內聖外王的貫通》之《附錄一　漢代易學》，學林出版社，1997 年，455 頁）即為顯例。

〔註35〕龔自珍《最錄〈易緯是類謀〉遺文》，《定盦文集補編》卷三，《定盦全集》，光緒壬寅浙省文匯書局。

〔註36〕連劭名《考古發現與〈易緯〉》，《周易研究》1991 年第 3 期，6 頁。

主要以十二條證據詳細論證了卦氣說在先秦戰國已經存在。這十二條證據，在《子夏易傳》中有三條，在「十翼」中有五條，在帛書《易傳》中有四條。〔註37〕現依其意，撮錄如下，並加案語：

卦氣存在於《子夏易傳》中的三條證據：

（1）朱震《漢上易傳》釋《復》卦「七日來復」引：「子夏曰：極六位而反於《坤》之《復》，其數七日，其物陽也。」這顯然是以「十二消息卦」解說「七日來復」之旨，亦只有用「十二消息卦」才能作如是之解。這是《子夏易傳》中有卦氣說的一條確證。

筆者案：子夏即孔子弟子卜商。雖然《史記‧仲尼弟子列傳》、《漢書‧儒林傳》皆不載子夏傳《易》之事，但唐人司馬貞《史記索隱》案曰：「子夏文學著於四科，序《詩》，傳《易》。又孔子以《春秋》屬商。又傳《禮》，著在《禮志》。而此史並不論，空記《論語》小事，亦其疏也。」《釋文‧序錄》載有「《子夏易傳》三卷」，並注云：「卜商，字子夏，衛人，孔子弟人，魏文侯師。《七略》云：漢興，韓嬰傳。」《隋書‧經籍志》云：「《周易》二卷，魏文侯師卜子夏傳。」因此，子夏傳《易》當為事實。此條證據說明先秦十二消息卦已存在。

（2）孔穎達《周易正義》釋《象‧益》引：「《子夏傳》云：雷已動之，風已散之，萬物皆益。其意言必須雷動於前，風散於後，然後萬物皆益。如二月啟蟄以後，風以長物；八月收聲以後，風以殘物。風之為益，其在雷後，故曰風雷《益》也。」這是子夏用卦氣解《易》。

筆者案：此條說明六日七分說在先秦當已存在。

（3）《孔子家語‧執轡》子夏所言中，有卦氣說背景。《執轡》：「子夏曰：羽蟲三百有六十，而鳳為之長；毛蟲三百有六十，而麟為之長；甲蟲三百有六十，而龜為之長；鱗蟲三百有六十，而龍為之長；裸蟲三百有六十，而人為之長。此《乾》《坤》之美也。」子夏反覆強調「三百有六十」之數，方可展現「《乾》《坤》之美」，此顯係卦氣中以《乾》《坤》兩卦生十二消息卦，而當三百有六十之說。

〔註37〕 見劉大鈞先生的一系列文章：《「卦氣」說與〈易傳〉》，《大易集述》，巴蜀書社，1998 年，64～68 頁。《「卦氣」溯源》，《中國社會科學》2000 年第 5 期，122～129 頁。《帛書〈易傳〉中的象數易學思想》，《哲學研究》2001 年第 11 期，47～53 頁。

筆者案：此條證明十二消息卦在先秦當已存在。

帛書《易傳》中卦氣存在的證據主要有四條：

（1）《要》篇：「又四時之變焉，不可以萬勿（物）盡稱也，故爲之以八卦。」此可以作卦氣說在先秦已有的一條確證。

筆者案：此條證明八卦配四時的卦氣說在先秦當已存在。

（2）帛易釋《乾》卦九三爻，是用卦氣。《二三子》：「卦曰：君子終日鍵鍵，夕沂若厲，无咎。孔子曰：此言務時，時至而動，□□□□□屈力以成功，亦日中而不止，時年至而不淹。君子之務時，猷馳驅也，故曰『君子終日鍵鍵』。時盡而止之以置身，置身而靜，故曰『夕沂若厲，无咎』。」《衷》：「『君子終日鍵鍵』，用也。『夕沂若厲，无咎』，息也。」又曰：「『君子多日鍵鍵，夕沂若厲，无咎』，子曰：知息也，何咎之有？」

筆者案：此條說明十二消息卦的存在。

（3）《要》篇論《損》《益》文字，是以卦氣說《易》的鐵證。《要》：「《益》之爲卦也，春以授夏之時也，萬勿（物）之所出也，長日之所至也，產之室也，故曰益。《損》者，秋以授冬之時也，萬勿之所老衰也，長〔夕〕之所至也，故曰〔《損》〕，產道窮焉。」

筆者案：此條證明六日七分說在先秦當已存在。

（4）《二三子》和《衷》篇釋《坤》卦初爻文字，是卦氣說先秦已有的重要證據。《二三子》：「卦曰：履霜，堅冰至。孔子曰：此言天時諵戒葆常也，歲□□□□□□□西南溫□，始於□□□□□□□□□□□之□□□□□□□□德與天道始，必順五行，亓孫貴而宗不偭。」《衷》：「天氣作□□□□□□□，亓寒不凍，亓暑不曷。《易》曰：履霜，堅冰至。子曰：孫（遜）從之胃（謂）也。歲之義，始於東北，成於西南，君子見始弗逆，順而保穀。」

筆者案：此條證明八卦卦氣在先秦當已存在。

「十翼」中存在卦氣的證據主要有五條：

（1）《大象》中有卦氣背景。將《禮記・月令》中所載天子於不同節氣所行之事，與依卦氣之相同節氣排列的有關各卦《大象》進行對比，會發現它們在文字內容上極爲一致。可列表對照：

月份	《月令》內容	六日七分卦氣各月所主卦	《象》
正月	孟春之月，命相布德和令，行慶施惠，下及兆民，慶賜遂行，毋有不當。乃命太史守典奉法，司天日月星辰之行，宿離不貸。天子親載耒耜，躬耕帝籍。	《小過》《蒙》《益》《漸》《泰》	《蒙》：君子以果行育德。 《漸》：君子以居賢德善俗。 《益》：君子以見善則遷，有過則改。（《繫辭》：包犧氏沒，神農氏作，斲木爲耜，揉木爲耒，耒耨之利以教天下，蓋取諸《益》。）
二月	仲春之月，命有司，省囹圄，去桎梏，毋肆掠，止獄訟。是月也，日夜分，雷乃發聲，始電。	《需》《隨》《晉》《解》《大壯》	《解》：雷雨作，解，君子以赦過宥罪。（《彖》：《解》：天地解而雷雨作，雷雨作，而百果草木皆甲坼。）
三月	季春之月，天子布德行惠，命有司發倉廩，賜貧窮，振乏絕，開府庫，出幣帛，周天下，勉諸侯，聘名士，禮賢者。	《豫》《訟》《蠱》《革》《夬》	《蠱》：君子以振民育德。
四月	孟夏之月，爲天子勞農勸民，毋或失時。斷薄刑，決小罪，出輕繫。	《旅》《師》《比》《小畜》《乾》	《師》：君子以容民畜眾。 《旅》：君子以明慎用刑，而不留獄。
五月	仲夏之月，君子齋戒，處必掩身，毋躁，止聲色，毋或進，薄滋味，定心氣。	《大有》《家人》《井》《咸》《姤》	《大有》：君子以遏惡揚善，順天休命。
六月	季夏之月，不可以興土功，不可以合諸侯，不可以起兵動眾，毋舉大事以搖養氣。	《鼎》《豐》《渙》《履》《遯》	《鼎》：君子以正位凝命。
七月	孟秋之月，命有司修法制，繕囹圄，具桎梏，禁止奸，慎罪邪，務搏執，命理瞻傷，察創、視折、審斷決獄，訟必端平。	《恒》《節》《同人》《損》《否》	《恒》：君子以立不易方。 《節》：君子以制數度，議德行。 《同人》：君子以類族辨物。 《損》：君子以懲忿窒欲。
八月	仲秋之月，乃命有司申嚴百刑，斬殺必當，毋或枉橈，枉橈不當，反受其殃。	《巽》《萃》《大畜》《賁》《觀》	《巽》：君子以申命行事。 《賁》：君子以明庶政，無敢折獄。 《觀》：先王以省方觀民設教。
九月	季秋之月，農事備收，舉五穀之要，藏帝藉之收於神倉。天子乃命有司曰：寒氣總至，民力不堪，其皆入室。乃趣獄刑，毋留有罪，收祿秩之不當，供養之不宜者。	《歸妹》《无妄》《明夷》《困》《剝》	《明夷》：君子以莅眾，用晦而明。 《剝》：君子以厚下安宅。

十月	孟冬之月，戒門閭，修鍵閉，慎管籥，固封疆，備邊境，完要塞，謹關梁，塞徯徑。	《艮》《既濟》《噬嗑》《大過》《坤》	《既濟》：君子以思患而豫防之。
十一月	仲冬之月，審門閭，謹房室，必重閉。君子齋戒，處必掩身。身欲寧，去聲色，禁耆欲，安形性。事欲靜，以待陰陽之所定。	《未濟》《蹇》《頤》《中孚》《復》	《未濟》：君子以慎辨物居方。《蹇》：君子以反身修德。《頤》：君子以慎言語，節飲食。
十二月	季冬之月，天子乃與公卿大夫共飭國典，論時令，以待來歲之宜。	《屯》《謙》《睽》《升》《臨》	《屯》：君子以經綸。《升》：君子以順德，積小以高大。

筆者案：準確地說，這不是一條證據，而是同類多條證據。這些證據最為確鑿地證明了六日七分說在先秦的存在。過去人們總不明白，為什麼《大象》釋《旅》說「君子以明慎用刑，而不留獄」？現在可知，定是古代掌四時、主筮占的史官已將《旅》卦配納入四月，而依時令思想，該月天子應「斷薄刑，決小罪，出輕繫」，因此戰國時作《大象》的作者才說出「《旅》：君子以明慎用刑，而不留獄」的話。又如《賁》卦，定是古代史官已將《賁》卦配納到八月，而依時令思想，八月天子應「命有司申嚴百刑，斬殺必當，毋或枉橈，枉橈不當，反受其殃」，因此《大象》作者才說出「《賁》：君子以明庶政，無敢折獄」的話。又如《剝》卦，定是古代史官已將《剝》卦配納到九月，而依時令思想，九月天子應「命有司曰：寒氣總至，民力不堪，其皆入室」，故《大象》的作者才說出「《剝》：君子以厚下安宅」的話。等等。由這些證據，我們可以說，正是古代史官（應在戰國時《大象》作成之前）採用《月令》所代表的古代時令思想和四分曆的曆數，將六十卦配置到一年十二月 365 又 1/4 日中，而形成了六日七分說。

（2）《大象》釋《復》：「雷在地中，《復》。先王以至日閉關，商旅不行，后不省方。」按照卦氣說，《復》卦在冬至，西漢時，每逢冬至、夏至，官吏休息不辦公，據說其習相沿已經很久了。可證作《大象》之際，已有《復》卦當至日之說無疑，此可作為作《大象》之際已有卦氣說的一條確證。

筆者案：此條證明六日七分說在先秦已存在。

（3）《說卦》「帝出於震……故曰成言乎艮」一章，與八卦卦氣之說一致，故實際上乃是記錄了古人卦氣之說。其中「兌，正秋也，萬物之所說也」，說明早在《說卦》成篇時，已有以兌主秋之說，這成為《說卦》作者應用卦氣的另一條確證。

筆者案：此條說明八卦氣和四正卦氣在先秦已存在。

（4）《繫辭》：「《乾》之策二百一十有六，《坤》之策百四十有四，凡三百有六十，當期之日。」「子曰：《乾》《坤》，其《易》之門邪？《乾》，陽物也；《坤》，陰物也。陰陽合德，而剛柔有體，以體天地之撰，以通神明之德。」前者與以《乾》《坤》兩卦之爻主一歲的說法相一致。後者與卦氣說的《乾》《坤》生十二辟卦說相一致。

筆者案：此條說明十二消息卦在先秦已存在。

（5）《繫辭》作者在其上下兩篇中詮解了《周易》十六卦中的十八條爻辭，上篇由釋《中孚》卦九二爻開始，下篇由釋《咸》卦九四爻開始，正與卦氣七十二候中冬至初候第一卦和夏至初候第一卦的順序相同。結合《繫辭》「寒往則暑來，暑往則寒來，寒暑相推而歲成焉」的說法，說明《繫辭》作者正是採用了卦氣之序。

筆者案：此條證明六日七分說在先秦已存在。

筆者認為，劉大鈞先生所提出的以上證據及其論證，充分地證明卦氣說在先秦確實存在。這些卦氣說的內容當屬於先秦數術易的系統。只所以現在還能在儒家人文易以及陰陽家和道家（上面我們已論證）思想中發現數術易的一些卦氣蹤影，是數術易在儒家人文易以及陰陽家和道家思想中少量流傳的結果。從這些先秦數術易卦氣蹤影，可推想先秦古史官所創的卦氣術，內容和形式當較為簡單，但其主體部分應都已建立起來，如四正卦配春夏秋冬、十二消息卦配十二月、八卦配一歲等，特別是六日七分說的出現，說明史官已採用古四分曆《殷曆》的曆數，而將六十卦與一年十二月 365 又 1/4 日配納起來。史官所創的卦氣說，在以後由戰國而秦而西漢的流傳中，主要在方士手中或增創新形式，或增益新內容，而發展、完備起來，至西漢讖緯之書編定時，這些卦氣術就收入《易緯》，而成為《易緯》占術的重要部分。

三、《易緯》卦氣占術與西漢孟、焦、京易學的關係

研究《易緯》卦氣占術，有一個問題是繞不過去，必須探討的，即《易緯》卦氣占術與西漢孟、焦、京易學中卦氣說的關係。關於這個問題，歷來學者們有兩種看法。一種看法認為，孟、焦、京的卦氣說形成於前，《易緯》承緒或曰抄襲了孟、焦、京的思想。這種看法主要基於兩個證據：東漢張衡的讖書出於西漢末哀、平說，唐一行的卦氣出於孟、京說。《新唐書·志第十七上·曆三上》

載一行《卦議》曰:「十二月卦出於《孟氏章句》,其說《易》本於氣,而後以人事明之。京氏又以卦爻配期之日,坎、離、震、兌,其用事自分、至之首,皆得八十分日之七十三。《頤》、《晉》、《井》、《大畜》皆五日十四分,餘皆六日七分,止於占災眚與吉凶善敗之事。……當據孟氏,自多至初,《中孚》用事,一月之策,九六七八,是爲三十。而卦以地六,候以天五,五六相乘,消息一變,十有二變而歲復初。《坎》、《震》、《離》、《兌》,二十四氣,次主一爻,其初則二至、二分也……」後人依此認爲四正卦、十二消息卦、六日七分說出於孟喜、京房,卦氣說爲孟、京所創。張衡認爲讖書出於哀、平之際,〔註38〕孟、焦、京生活於宣、元之間,早於讖書成書時間,因此《易緯》卦氣定承自孟、焦、京之說。此說影響甚大,信奉者眾,如今人中有鍾肇鵬、朱伯崑、余敦康、許興無等先生。鍾肇鵬先生說:「孟喜講卦氣,京房講六日七分,用於占驗,更加細密繁瑣。《易緯》中如《乾鑿度》、《稽覽圖》、《通卦驗》等,占驗災祥,講風雨寒溫,天人感應,屬於孟、京易學一派。」〔註39〕朱伯崑先生說:「《易緯》則發展了孟、京的卦氣說。」〔註40〕許興無先生說:「《易緯》的思想體系,基本是孟、京易學的繼續。在占術方面,《易緯》中的卦氣說、大衍之數說、風雨寒溫之占等皆襲自孟、京易學。」〔註41〕

另一派不同意前者看法,認爲孟、焦、京卦氣說乃承自《易緯》。這派學者有清儒盧見曾、汪繼培、吳翊寅等人。盧見曾云:「一行言卦氣之說出《孟氏章句》,而不知《乾鑿度》已言之。」〔註42〕汪繼培證之曰:「讖緯之書,宣、元諸儒,並已傳習。」〔註43〕吳翊寅作《易漢學考》和《〈易緯〉考》,稱:「《易緯·乾鑿度》爲孟喜所述,《稽覽圖》《通卦驗》皆京房所述者也。」〔註44〕「卦氣之說,本於《易緯》。」〔註45〕「使天下後世知孟、京、鄭、荀

〔註38〕《後漢書·張衡傳》記張衡於順帝時上書斥讖書之妄云:「讖書始出,蓋知之者寡。……成、哀之後,乃始聞之。」

〔註39〕鍾肇鵬《易緯》,見《中國古代佚名哲學名著評述》第三卷,齊魯書社,1985年,49頁。

〔註40〕朱伯崑《易學哲學史》上冊,北京大學出版社,1986年,154頁。

〔註41〕許興無《〈易緯〉的文本和源流研究》,見《中國古籍研究》第一卷,上海古籍出版社,1996年,270頁。

〔註42〕盧見曾《周易乾鑿度序》。

〔註43〕汪繼培《緯候不始於哀平辨》,《詁經精舍文集》卷十二,揚州阮氏琅嬛仙館刊本。

〔註44〕吳翊寅《〈易緯〉考》上,見《易漢學考》,廣雅書局本。

〔註45〕吳翊寅《易漢學考》卷一,廣雅書局本。

之學皆原本於此。」〔註46〕吳承仕先生評吳翊寅此說曰：「唯其崇信緯書，謂孟、京、鄭、荀之學皆自《緯》出。」〔註47〕是盧、汪、吳諸氏皆認爲孟、京卦氣說出於《易緯》。

我們認爲，《易緯》所記錄的卦氣占術應早於孟、焦、京的卦氣思想，孟、焦、京的卦氣思想應基本上來自《易緯》的卦氣占術。試證之如下：

（一）由以上我們對先秦西漢易學史的考察，可知卦氣說本爲先秦數術易的內容，卦氣說最遲在戰國已存在，因此所謂孟、京創立卦氣說的說法是不成立的。

（二）孟、焦、京易學卦氣思想的來源有兩個，一個是儒家易學系統。儒家易學中，既有人文易內容，也有數術易「古義」。據《漢書·儒林傳》記載，儒家易學先秦至西漢的傳承是，孔子——商瞿——橋庇——馯臂——周醜——孫虞——田何，田何傳周王孫、丁寬等四人。丁寬從田何學人文易成，又從周王孫問「古義」。丁寬傳田王孫，田王孫授孟喜、施讎、梁丘賀三人。因此，孟喜所接受的儒家一系的易學思想，既有人文易內容，又有數術易的「古義」。〔註48〕後來焦延壽「從孟喜問《易》」〔註49〕，京房「受《易》梁人焦延壽」〔註50〕，因此，焦、京易學也當如孟喜一樣，在接受的儒家一系易學思想中，既有人文「新義」，也有數術「古義」。另外，從我們上面的考證，可知孔子弟子子夏也傳卦氣說等「古義」，估計也可能影響到孟、焦、京。

孟、焦、京接受儒家易學系統內所傳「古義」，可能只是少量的、零碎的，這些內容可能更多地是作爲一個思想契機，而使他們能夠大量地接受、吸納方士所傳的數術易系統思想，因此，孟、焦、京卦氣思想的另一個更大的來源當爲數術易中的卦氣內容。這些卦氣內容後來被編進《易緯》，因此，孟、焦、京的卦氣思想來自《易緯》。據《漢書·儒林傳》記載，「喜從田王孫受《易》。喜好自稱譽，得易家候陰陽災變書，詐言師田生且死時枕喜膝，獨傳喜，諸儒以此耀之。同門梁丘賀疏通證明之，曰：『田生絕於施讎手中，時喜歸東海，安得此事？』又蜀人趙賓好小數書，後爲《易》飾《易》文，以爲

〔註46〕吳翊寅《〈易緯〉考》下，見《易漢學考》，廣雅書局本。
〔註47〕《續修四庫全書總目提要》上冊，中華書局，1993年，162頁。
〔註48〕劉大鈞先生對此有詳考，見劉大鈞《〈周易〉古義考》，《中國社會科學》2002年第5期，142～150頁。
〔註49〕《漢書·儒林傳》。
〔註50〕同上。

『箕子《明夷》，陰陽氣亡箕子；箕子者，萬物方荄茲也』。……云受孟喜，喜為名之。……博士缺，眾人薦喜。上聞喜改師法，遂不用喜。」案孟喜所得易家候陰陽災變書，應來自於傳數術易的方士。這基於以下推斷。第一，趙賓「好小數書」，這裡的「小數書」應引起我們的注意。何為「小數書」？《漢書·藝文志》的「數術略」曰：「五行之序亂，五星之變作，皆出於律曆之數而分為一者也。而小數家因此以為吉凶，而行於世。」可見「小數家」正為傳數術的方士，「小數書」為數術之書。之所以稱其為「小」，是由於兩漢官學尊榮，民間方士地位卑下的背景。趙賓好小數書，以陰陽講《易》，他所得的「小數書」定為數術易的書。第二，趙賓數術易的書來自何處？趙賓「云受孟喜，喜為名之」，而孟喜「得易家候陰陽災異書」，可見孟喜應確實從方士那裡得到了數術易的書。〔註51〕此書候陰陽災變，應包括卦氣術等內容。第三，孟喜得數術易的候陰陽災變書，為什麼要「詐言」是其師田王孫獨自密傳於他的呢？這要從當時的學術風氣來瞭解。西漢初儒家易學系統的傳習，重師法，「訓故講大誼」，重人文義理的發揮，這與傳數術易的方士講陰陽災變、重卜筮占驗的系統有鮮明的區別，二者可謂涇渭分明。因此，本來作為儒家易學系統的孟喜，得另一系統之書並接受其思想，這確實是「改師法」的離經叛道之舉，會帶來嚴重後果（「博士缺，眾人薦喜，上聞喜改師法，遂不用喜」，正說明這一點）。因此孟喜要竭力掩飾事實真相，編造候陰陽災異之書為其師獨密傳自己，一者表明其書其學為師傳、家法，二者又可光耀自己（案孟喜有好自稱譽的性格），這樣做正可謂是上上之策。但同門梁丘賀的疏通證明，說明孟喜此說確為詐言。而從孟喜改師說後來成為眾人皆知的事實，說明孟氏易確實偏離了儒家人文易的路向，有了很明顯的數術易的特徵。

孟喜從傳數術易的方士手中所得的候陰陽災變書，實際上就屬於後來編定命名為《易緯》一類的書，它沒有《易緯》之名而有《易緯》之實。它講候陰陽災變，就是卦氣的內容。將一行所記載的孟喜卦氣說與《易緯》有關卦氣說相對比，可發現孟氏卦氣說正是來自《易緯》（詳見第四章）。

焦延壽的易學一方面來源於孟喜，另一方面來源於數術易。《漢書·儒林

〔註51〕案鍾肇鵬先生說「孟喜的陰陽災異書出自海上方士，而託於田生」，可謂有得。但說「海上方士」不確，「海上方士」包括燕齊方士，孟喜的候陰陽災變書可能來自於齊方士。鍾說見《讖緯論略》，遼寧教育出版社，1991年，129頁。

傳》說「焦延壽獨得隱士之說」。東漢中平四年（公元 187 年）所造小黃門譙
敏碑文上說「其先故國師譙（即焦）贛，深明典奧讖錄圖緯，能精徹天意，
傳道於京君明」，〔註 52〕可知焦延壽得隱士之說並精通「讖錄圖緯」。案焦氏
深明的所謂「讖錄圖緯」，更準確的說法，應該是後來被編進《易緯》而當時
屬數術易的內容。授焦延壽數術易內容的隱士，應是當時傳數術易的民間方
士。據《漢書・睢兩夏侯京翼李傳》記載，焦延壽精於卦氣占術，「其說長於
災變，分六十四卦更值日用事，以風雨寒溫爲候，各有占驗」，從孟康之注，
可知這正是《易緯》所記載的一爻直一日的卦氣占術（詳見第四章），因此焦
氏卦氣術來自《易緯》無疑。

　　京房的易學源於孟喜、焦延壽，其部分內容也應來自《易緯》。京氏六日
七分說即來自《稽覽圖》卷上所載的六日七分術（詳見第四章）。

〔註 52〕嚴可均校輯《全後漢文》卷一百五。

第二章 《易緯》王命占術

　　《易緯》王命占術，旨在推算帝王受命、歷年以及世數等，包括五德終始術、六十四卦主歲術和策軌術、一軌享國術和推厄術等。下面分別作一辨析。

第一節 五德終始術

《乾鑿度》卷下有一種五德終始之術，其曰：

> 至德之數，先立木、金、水、火（筆者案：水、火順序倒置，應爲火、水）、土德，合三百四歲。五德備，凡一千五百二十歲大終，復初。其求金、木、水、火、土（筆者案：其順序應爲木、金、火、水、土）德日名之法，道一紀七十六歲，因而四之，爲三百四歲。以一歲三百六十五日四分乘之，凡爲十一萬一千三十六；以甲（張惠言曰：甲子也）爲法除之，餘三十六，甲子始數立。立算皆爲甲，旁算亦爲甲，以日次次之，母算者，乃木、金、火、水、土德之日也。德益三十六，五德而止。六日名：甲子，木德，主春，春生，三百四歲；庚子，金德，主秋成收，三百四歲；丙子，火德，主夏長，三百四歲；壬子，水德，主冬藏，三百四歲；戊子，土德，主季夏至養，三百四歲。六子德四正。四正：子、午、卯、酉也。而期四時，凡一千五百二十歲，終一紀（筆者案：此「紀」不是七十六歲一紀的「紀」，乃元紀之意）。

此術所稱「五德」，是指木、金、火、水、土的五行。五德是由「五子」決定

的：甲子爲木，爲木德；庚子爲金，爲金德；丙子爲火，爲火德；壬子爲水，爲水德；戊子爲土，爲土德。「五德終始」是指五德按五行相勝之序轉移一次，爲一終始。對此術，可作以下幾點考辨和分析：

其一，此術當爲鄒衍師徒的五德終始術。

鄒衍爲戰國時齊人，是陰陽家的重要代表人物。《史記·孟子荀卿列傳》曰：「鄒衍深觀陰陽消息而作怪迂之變，《終始》《大聖》之篇十餘萬言。……稱引天地剖判以來，五德轉移，治各有宜，而符應若茲。」《史記·封禪書》云「自齊威、宣之時，鄒子之徒論著終始五德之運」，《集解》引如淳曰：「今其書有《五德終始》，五德各以所勝爲行。」《〈文選·魏都賦〉注》引《七略》曰：「鄒子有《終始五德》，從所不勝；土德後木德繼之，金德次之，火德次之，水德次之。」可見，鄒衍有五德終始或曰五德轉移之說。由於文獻的缺失，我們只能從上面僅有的文獻得知此說的大體面貌。鄒衍的這種理論認爲，歷史的運行是按五行相克的原理進行的，每一行稱爲一德，故有五德。如土德後爲木德，木克土；木德後爲金德，金克木；金德後爲火德，火克金；火德後爲水德，水克火；水德後爲土德，土克水。依次轉移，終而又始，故稱五德轉移或終始之說。

《史記·孟子荀卿列傳》又記鄒衍事蹟曰：「是以鄒子重於齊。適梁，惠王郊迎，執賓主之禮。適趙，平原君側行撇席（《索隱》：張揖《三蒼訓詁》云『撇，拂也』。謂側而行，以衣撇席爲敬，不敢正坐，當賓主之禮也）。如燕，昭王擁彗先驅（《索隱》按：彗，帚也。謂爲之掃地，以衣袂擁帚而欲行，恐塵埃之及長者，所以爲敬也），請列弟子之坐而受業，築碣石宮，身親往師之。」鄒衍如此傾動當時王侯，受到君王們的至高禮遇，想來當是他的五德終始之術能解決當時他們最爲關心的問題：時當戰國中期，周天子天命已墜，天下實際上已無天子，誰能成爲下一位受命天子？鄒衍的五德終始，以五德轉移，來推知朝代更替，就是要解決這個問題。從上面僅存的五德終始的簡單內容看，還不足以真正解決這個問題，它應該還有一些更複雜的內容，有一套深奧的推算方法，也就是說，它應該是一種湛密精微的方術，用此術能推算出受命天子。如此，它才值得君王們對鄒衍郊迎撇席，擁彗先驅，親身師之。

從上面所引《乾鑿度》的五德終始之術看，講歷史運行中五行相勝的五德轉移，並引入曆數，通過曆數演算，來具體推算出未來朝代的德運，即五

德中的一德，此德運爲天意、天運。再結合機祥度制（見下），而得知未來天子落入誰家、誰人。對照我們考證的鄒衍其術、其事，應該說，《乾鑿度》的五德終始之術，很可能就是鄒衍的五德終始之術。即使不是鄒衍其說的全部內容，也當是鄒衍的弟子秉其師說進一步加工的結果。

《史記‧封禪書》說「自齊威、宣之時，鄒子之徒論著終始五德之運」，案齊威王在位時間爲公元前378～前343年，齊宣王在位時間爲公元前342～前324年，若以太史公司馬遷所界定的戰國時段公元前475～前221年，則時當爲戰國中期。從其時鄒子之徒已論著終始五德，說明鄒衍作《終始》（當有五德終始說的內容）的時間，應在戰國中期。因此，《乾鑿度》的五德終始之術，當形成於戰國中期。

其二，《乾鑿度》五德終始之術，採用了戰國時《殷曆》曆數和時令思想。

本書第一章我們已考證《易緯》所採用曆法爲《殷曆》，從《乾鑿度》五德終始術的曆數看，也確爲《殷曆》。由上引《乾鑿度》五德終始術所言「凡一千五百二十歲，大終復初」「道一紀七十六歲」等曆數，對照《淮南子‧天文》所載《殷曆》「天一以始建七十六歲，名日一紀。凡二十紀，一千五百二十歲大終」等內容，其同於《淮南子‧天文》的《殷曆》顯然可見。《乾鑿度》所言「五德備，凡一千五百二十歲大終，復初」，指木、金、火、水、土五德，各304歲，五德全部轉移一輪，爲1520歲，再回復到木德，進行再一輪的五德轉移。故1520歲可謂五德一終，終而復始，所以爲五德一終始。又，從《殷曆》以甲寅元爲曆元，即從甲寅年始，經一終建甲戌年，二終建甲午年，經4560年三終而復甲寅年來看，在一個甲寅元的4560年中，五德終始三次，可謂五德三終始。

《乾鑿度》五德終始之術言：「甲子木德，主春，春生；庚子金德，主秋成收；丙子火德，主夏長；壬子水德，主冬藏；戊子土德，主季夏至養。」春生、夏長、秋收、冬藏，乃爲時令思想的核心。這裡的「戊子土德，主季夏至養」，應是吸納了《管子‧五行》時令思想。《管子‧五行》模式在夏、秋之間安排土行：「睹戊子土行御，天子出令，命左右司徒內御，不誅不貞（戴望校正：貞當爲責），農事爲敬（戴望校正：敬當爲亟），大揚惠言，寬刑死，緩罪人。出國司徒令，命順民之功力以養五穀。君子之靜居，而農夫修其功力極。然天下粵宛（戴望校正：粵，古越字。越爲散。宛，古通作菀，苑，皆謂鬱結。言天散其鬱結之氣，草木得以養長），草木養長，五穀蕃實秀大，

六畜犧牲具，民足財，國富，上下親，諸侯和。」〔註1〕可見土德正爲至養之意。而「季夏」這個詞，依現存文獻看，最早出現在鄒衍的「五時改火」說中。鄭玄注《周禮・夏官・司爟》引鄭眾說引鄒子（鄒衍）之語曰：「春取榆柳之火，夏取棗杏之火，季夏取桑柘之火，秋取柞楢之火，冬取槐檀之火。」〔註2〕這也證明了《乾鑿度》五德終始術確實與鄒衍有密切的關係。又，《乾鑿度》五德終始術中的甲子、庚子、丙子、壬子、戊子的「五子」（也即五德），也可與《管子・五行》時令模式中甲子、丙子、戊子、庚子、壬子的「五子」比照而觀：雖然《乾鑿度》五德終始術的「五子」（五德）是相勝的關係，《管子・五行》時令模式的「五子」是相生的關係，二者有所區別，但前者對後者的借鑒之意仍昭然若揭。

其三，《乾鑿度》五德終始術的算法及內容。

《乾鑿度》五德終始術，以木、金、火、水、土的順序排列五德，每一德包括四紀（筆者案：《乾鑿度》有些地方「紀」又作「部」，即「蔀」，如《乾鑿度》卷下有「昌以西伯受命，入戊午部」，實即戊午紀。爲避免混亂，本書一律稱爲「紀」）。五德的始日分別爲甲子、庚子、丙子、壬子、戊子，其確立是通過如下計算：一紀76歲，一德四紀爲304歲，每歲365.25日，共記111036日。一甲子數爲60，以111036日除以60，其餘數爲36。從每一德的始日後數36位，爲下一德的始日。如從木德始日甲子日始，後順數36位，爲庚子日，即爲金德的始日。一德的四紀是：木德甲子紀、癸卯紀、壬午紀、辛酉紀，金德庚子紀、己卯紀、戊午紀、丁酉紀，火德丙子紀、乙卯紀、甲午紀、癸酉紀，水德壬子紀、辛卯紀、庚午紀、己酉紀，土德戊子紀、丁卯紀、丙午紀、乙酉紀。每一紀的確立是這樣計算出來的：一紀76歲，每歲365.25日，計27759日。以27759日除以一甲子數60，其餘數爲39。從每一紀的始日後順數39位，爲下一紀的始日。如甲子紀的始日爲甲子，後順數39位爲癸卯日，即爲下一紀的始日。至於每紀的始歲干支，由於一紀爲76歲，從前一紀後順數76位即可得到。如甲子紀的始歲爲甲寅年，後順數76位，爲庚午年，庚午即爲下一紀的始歲干支。由於五德終始術採用《殷曆》，其曆元爲甲寅，因此第一紀的始歲爲甲寅。經過五德一次終始（可稱爲一終），建五德第二次終始（可稱爲二終）第一紀甲子的始歲甲午。五德二終後，建第三次終始（可

〔註1〕 戴望《管子校正》，《諸子集成》（下），浙江古籍出版社，1999年，860頁。
〔註2〕 《十三經注疏》上，上海古籍出版社，1997年，843頁。

稱爲三終）第一紀甲子的始歲甲午。三終後復建甲子紀甲寅元，完成一次大的終始。爲明瞭，將《乾鑿度》五德終始術內容列表如下：

《乾鑿度》五德終始術表

五德	木德				金德				火德				水德				土德			
干支	甲子				庚子				丙子				壬子				戊子			
紀 紀名	甲子	癸卯	壬午	辛酉	庚子	己卯	戊午	丁酉	丙子	乙卯	甲午	癸酉	壬子	辛卯	庚午	己酉	戊子	丁卯	丙午	乙酉
紀 始歲	甲寅	庚午	丙戌	壬寅	戊午	甲戌	庚寅	丙午	壬戌	戊寅	甲午	庚戌	丙寅	壬午	戊戌	甲寅	庚午	丙戌	壬寅	戊午
紀 歲數	76	76	76	76	76	76	76	76	76	76	76	76	76	76	76	76	76	76	76	76
紀 始日	甲子	癸卯	壬午	壬午	庚子	己卯	戊午	丁	丙子	丙子	甲午	癸酉	壬子	辛卯	庚午	己酉	戊子	丁卯	丙午	乙酉
四紀 歲	304				304				304				304				304			
四紀 日	111036				111036				111036				111036				111036			
一終 歲	1520																			
一終 日	555180																			

五德	木德				金德				火德				水德				土德			
干支	甲子				庚子				丙子				壬子				戊子			
紀 紀名	甲子	癸卯	壬午	辛酉	庚子	己卯	戊午	丁酉	丙子	乙卯	甲午	癸酉	壬子	辛卯	庚午	己酉	戊子	丁卯	丙午	乙酉
紀 始歲	甲戌	庚寅	丙午	壬戌	戊寅	甲午	庚戌	丙寅	壬午	戊戌	甲寅	庚午	丙戌	壬寅	戊午	甲戌	庚寅	丙午	壬戌	戊寅
紀 歲數	76	76	76	76	76	76	76	76	76	76	76	76	76	76	76	76	76	76	76	76
紀 始日	甲子	癸卯	壬午	壬午	庚子	己卯	戊午	丁酉	丙子	丙子	甲午	癸酉	壬子	辛卯	庚午	己酉	戊子	丁卯	丙午	乙酉
四紀 歲	304				304				304				304				304			
四紀 日	111036				111036				111036				111036				111036			
二終 歲	1520																			
二終 日	555180																			

五德		木德				金德				火德				水德				土德			
干支		甲子				庚子				丙子				壬子				戊子			
紀	紀名	甲子	癸卯	壬午	辛酉	庚子	己卯	戊午	丁酉	丙子	乙卯	甲午	癸酉	壬子	辛卯	庚午	己酉	戊子	丁卯	丙午	乙酉
	始歲	甲午	庚戌	丙寅	壬午	戊戌	甲寅	庚午	丙戌	壬寅	戊午	甲戌	庚寅	丙午	壬戌	戊寅	甲午	庚戌	丙寅	壬午	戊戌
	歲數	76	76	76	76	76	76	76	76	76	76	76	76	76	76	76	76	76	76	76	76
	始日	甲子	癸卯	壬午	壬午	庚子	己卯	戊午	丁酉	丙子	丙子	甲午	癸酉	壬子	辛卯	庚午	己酉	戊子	丁卯	丙午	乙酉
四紀	歲	304				304				304				304				304			
	日	111036				111036				111036				111036				111036			
三終	歲	1520																			
	日	555180																			

其四，五德終始術對帝王受命的推算。

《乾鑿度》卷下曰：「今入天元二百七十五萬九千二百八十歲，昌以西伯受命，入戊午部二十九年，伐崇侯，作靈臺，改正朔，布王號於天下，受錄，應河圖。」案「天元」為古代四分曆術語，指從天地開闢始至當時的積年數。《乾鑿度》記載從天地開闢至周文王受命之年（即天元）為 2759280 歲。「昌」指周文王姬昌，「戊午部」即戊午紀。這段話講的是以五德終始術推算文王受命。它的推算是這樣的：五德終始術一元（即三終）為 4560 歲，以天元數 2759280 除以 4560，商為 605，餘數為 480，這說明從天地開闢始，已經過 605 元，入 606 元的第 480 歲。以 480 除以一紀 76 歲，商為 6，餘數為 24，這說明文王受命之年在第 7 紀的第 24 歲，即庚子金德的戊午紀（即戊午部）的第 24 歲。對於上引文所言「戊午部二十九年，伐崇侯，作靈臺，改正朔」等事，鄭玄注曰：「受命後五年而為此者。」可見文王受命確在戊午紀的第 24 歲。當時的五德之運為金德，因此文王的德運應為金德之所勝——火德。《乾鑿度》卷下曰：「亡殷者紂，黑期火代，蒼精受命，女正昌，效紀承餘，以著當。」鄭玄注曰：「火，戊午部也，午為火。」正說明文王姬昌以火德代殷。鄭玄認為所以為火德，因為戊午紀，午為火。

文王受火德的天運還需要有異常之兆來佐證，這涉及到機祥度制。《史

記・孟子荀卿列傳》記鄒衍有「機祥度制」〔註3〕，所謂「機祥」，指出於神意、天意而示於人世的異常兆象。鄒衍的機祥度制，是關乎帝王受命的異常兆象。《呂氏春秋・應同篇》有一段話記載文王受命的異兆，曰：「及文王之時，天先見火，赤鳥銜丹書集於周社，文王曰：『火氣勝』。」此語正爲鄒衍五德終始說的內容（下文有考證），可見機祥也爲五德終始說的內容之一。由五德推算以及機祥的佐證，最終確立了文王的受命。《乾元序制記》曰：「文王比靈斯興始霸，伐崇，作靈臺，受赤雀丹書，稱王制命，示王意。」即言此意。

以上是鄒子之徒以五德終始術對文王受命的推算和確立。由此推算和五德相勝的次序，可知繼周的下一帝王受命將爲水德，這是五德終始術最重要的功能和最終目的。它表明，未來的天運爲水德，誰有水德的兆象，誰就能配受天命，就能成爲未來的眞命天子。可以想像，懷有如此能測知未來帝王天命秘術之人，怎能不受到各國嚮往未來天子之位的王侯最高禮遇呢？

其五，五德終始術的歷史觀及其數術的本色。

鄒子之徒的五德終始術，由文王火德之運的推算，下知未來之水運，而上對周以前的歷史也得知了其德運。如此，容過去與未來，歷史呈一整體的有機面貌，按其客觀的天德（五德）而運行。可以說，鄒子之徒獲得了一種宏大的歷史觀。《史記・孟子荀卿列傳》所言「其（鄒衍）語閎大不經，必先驗小物，推而大之，至於無垠。先序今以上至黃帝，學者所共術，大並世盛衰（《索隱》：言其大體隨代盛衰），因載其機祥度制，推而遠之，至天地未生，窈冥不可考而原也。……稱引天地剖判以來，五德轉移，治各有宜，而符應若茲」，正表明了五德終始說的宏大歷史意識。這種歷史觀的具體內容，見於《史記・封禪書》和《呂氏春秋・應同篇》的記載中。

據《史記・封禪書》記載：「自齊威、宣之時，鄒子之徒論著終始五德之運。及秦帝而齊人奏之，故始皇採用之。」可見齊人曾將五德終始之術的一些內容奏於秦始皇。這見於同書的另一處記載：「秦始皇既并天下而帝，或（筆者案：『或』應指上文的『齊人』）曰：『黃帝得土德，黃龍地螾見。夏得木德，青龍止於郊，草木暢茂。殷得金德，銀自山溢。周得火德，有赤鳥之符。今秦變周，水德之時。昔秦文公出獵，獲黑龍，此其水德之瑞。』」將齊人所奏之言與《〈文選・魏都賦〉注》引《七略》所言「鄒子有《終始五德》，從所

〔註3〕《史記・孟子荀卿列傳》曰：「鄒衍……因載其機祥度制。」

不勝；土德後木德繼之，金德次之，火德次之，水德次之」相比較，可見這是秦始皇已稱帝時的齊人，採鄒衍的五德終始術，而將其術中本為未來之水德坐實為秦。《呂氏春秋·應同篇》有一段話，講帝王興亡五氣相勝，與齊人的奏語大體相同，但將未來水德虛懸，應屬五德終始術內容而更接近於原貌。這段話的內容是：「凡帝王者之將興也，天必先見祥乎下民。黃帝之時，天先見大螾大螻，黃帝曰：『土氣勝。』土氣勝，故其色尚黃，其事則土。及禹之時，天先見草木秋冬不殺，禹曰：『木氣勝。』木氣勝，故其色尚青，其事則木。及湯之時，天先見金刃生於水，湯曰：『金氣盛。』金氣勝，故其尚白，其事則金。及文王之時，天先見火，赤鳥銜丹書集於周社，文王曰：『火氣勝。』火氣勝，故其色尚赤，其事則火。代火者必將水，天且先見水氣勝。水氣勝，故其色尚黑，其事則水。水氣至而不知，數備，將徙於土。」

由此可見，五德終始術使上啟黃帝、下至未來的歷史呈現出這樣的天運：黃帝土德——夏木德——商金德——周火德——下一代水德——再下一代回復至土德。如此，歷史的運行呈現出一種必然。在鄒子之徒的觀念中，這種必然乃天意的或曰天命的，是必然的天命或曰天命的必然。從五德終始術的曆數推算看出，從根本上說，這種天命的必然乃是由曆數決定的，或者說是由數決定的。因此，五德終始的歷史觀是一種數的或曰天數的歷史觀，這正表現了五德終始術作為數術的本色。

第二節　六十四卦主歲術和策軌術

《易緯》載有六十四卦主歲術和六十四卦策軌術，其目的是推算一個朝代各帝王的總享國年數，即一個朝代的歷年。下面我們分別探討它們的算法、功用等。

一、六十四卦主歲術的算法

《乾鑿度》卷下記六十四卦主歲術曰：

> 卦當歲，爻當月。……六十四卦，三百八十四爻，戒各有所繫焉。故陽唱而陰和，男行而女隨，天道左旋，地道右遷，二卦十二爻，而期一歲。《乾》陽也，《坤》陰也，並治而交錯行。《乾》貞於十一月子，左行陽時六；《坤》貞於六月未，右行陰時六，以奉順成其歲。歲終次從於《屯》《蒙》，《屯》《蒙》主歲。《屯》為陽，貞於十二月

丑，其爻左行，以間時而治六辰。《蒙》爲陰，貞於正月寅，其爻右
行，亦間時而治六辰。歲終則從其次卦。陽卦以其辰爲貞，丑與（張
惠言《易緯略義》曰：「丑與」當爲「其爻」）左行，間辰而治六辰。
陰卦與陽卦同位者，退一辰以爲貞，其爻右行，間辰而治六辰。《泰》
《否》之卦，獨各貞其辰，共北（張惠言《易緯略義》曰：「北」當
爲「比」）辰左行相隨也。《中孚》爲陽，貞於十一月子；《小過》爲
陰，貞於六月未，法於《乾》《坤》。三十二歲期而周。

所謂六十四卦主歲術，是把六十四卦卦爻配納到歲月之中的一種易學占術。
它的內容包括兩個方面，一爲卦主歲，一爲爻主月。對於這兩個方面的配納
之法，清儒黃宗羲、張惠言、焦循、黃元炳都有很好的說明，但也有一些問
題。〔註4〕下面尊前賢之意而分別考辨之。

（一）卦主歲

《易緯》六十四卦主歲術，首先是把六十四卦，按今本《周易》卦序，
每兩卦主一歲，始《乾》《坤》，次《屯》《蒙》，次《需》《訟》等等，以終於
《既濟》《未濟》，三十二歲而周。三十二歲中的三十二對卦，有陰陽的不同。
其前面的爲陽卦，後面的爲陰卦。如《乾》、《屯》、《需》、《既濟》等爲陽卦，
《坤》、《蒙》、《訟》、《未濟》等爲陰卦。

（二）爻主月

六十四卦主歲術，每兩卦主一歲，兩卦十二爻，主這一歲的十二個月，
此其所謂爻主月。六十四卦的三百八十四爻，與三十二年三百八十四個月的
具體配納，是通過以下兩步得出的：

第一步，確定每卦初爻所主的辰月，此爲六十四卦的貞辰。

貞辰之法，是依據六日七分卦氣卦序（詳見第四章）並作以調整。鄭玄
釋卦主歲貞辰曰：「貞，正也。初爻以此爲正，次爻左右者各從次數之，一
歲終則從其次。」〔註5〕每卦初爻如何具體貞辰，鄭玄沒有明文（也可能佚

〔註4〕黃宗羲《易學象數論》卷四《乾坤鑿度二》，四庫全書本。張惠言《易緯略義》
卷一《六十四卦主歲》，廣雅書局本。焦循《易圖略》卷八《論爻辰第十》，
皇清經解本。黃元炳《卦氣集解》之《全圖重數概說》之四之第十、十一節，
民國三十二年排印本。

〔註5〕《易緯・乾鑿度》卷下，安居香山、中村璋八《緯書集成》上，河北人民出
版社，1994年，36頁。

失）。黃宗羲對此有清楚的說明：「爻之起貞，則以六日七分之法爲序。內卦爲貞，外卦爲悔，故從初爻起爲貞。其卦於六日七分在某月，即以某月起初爻。」〔註6〕焦循、黃元炳也皆指出，卦主歲術貞辰用六日七分卦氣卦序。〔註7〕六日七分卦氣，將六十四卦分配到一年十二月中，形成一種卦序。貞辰以這種卦序爲基本原則，某卦在某月，其初爻就在此月起貞。如《屯》卦於六日七分卦氣在十二月丑，其初爻即貞於丑，也即《屯》卦初爻主十二月。《蒙》卦於六日七分卦氣在正月寅，其初爻即貞於寅，也即《蒙》卦初爻主正月。其餘可類推。

但若完全依據六日七分卦氣卦序貞辰，就會產生兩個問題。一爲同位。所謂同位，指主同一歲的兩卦陰卦和陽卦於六日七分卦氣爲同一月，則二者的貞辰也在同一月。如主同一歲的兩卦《師》《比》，於六日七分卦氣同在四月巳，則兩卦初爻同貞巳，即《師》《比》兩卦初爻同主同一年的四月，這顯然產生矛盾。第二個問題，是主同歲的陰陽兩卦於六日七分卦氣卦序，皆在陽辰，或皆在陰辰。按照兩卦各爻間辰而治，陽卦左行、陰卦右行的原則（見下），就會產生重複直月的矛盾。如主同歲的《小畜》《履》兩卦，依六日七分卦氣卦序，前陽卦《小畜》在四月巳，後陰卦《履》在六月未，二者皆在陰辰。《小畜》的六爻分別主四月巳、六月未、八月酉、十月亥、十二月丑、二月卯，《履》的六爻分別主六月未、四月巳、二月卯、十二月丑、十月亥、八月酉，顯然發生了陰月主兩次，而陽月漏直的問題。

對於這兩個問題，卦主歲術主陽尊陰卑、陰以避陽的價值取向，採用了陰卦避陽卦、陰卦初爻退一辰貞辰的方法來解決。如對產生同位問題的《師》《比》卦，使陰卦《比》避陽卦《師》，其初爻退一位貞午。對陰陽兩卦皆直陰辰的《小畜》《履》卦，使陰卦《履》避陽卦《小畜》，其初爻退一位貞申。這樣就形成了十七陰卦避陽卦，其初爻退一辰貞辰的情況。這十七陰卦的貞辰是：《比》避《師》，退一辰貞午；《履》避《小畜》，退一辰貞申；《大有》避《同人》，退一辰貞未；《觀》避《臨》，退一辰貞戌；《賁》避《噬嗑》，退一辰貞戌；《復》避《剝》，退一辰貞丑；《離》避《坎》，退一辰貞未；《恒》避《咸》，退一辰貞酉；《大壯》避《遯》，退一辰貞辰；《益》避《損》，退一

〔註6〕黃宗羲《易學象數論》卷四《乾坤鑿度二》，四庫全書本。
〔註7〕焦循《易圖略》卷八《論爻辰第十》，皇清經解本。黃元炳《卦氣集解》之《全圖重數概說》之七《卦氣與貞辰之相關》，民國三十二年排印本。

辰貞卯；《姤》避《夬》，退一辰貞未；《升》避《萃》，退一辰貞寅；《井》避《困》，退一辰貞未；《艮》避《震》，退一辰貞子；《歸妹》避《漸》，退一辰貞亥；《旅》避《豐》，退一辰貞午；《兌》避《巽》，退一辰貞戌（筆者案：黃宗羲、黃元炳皆以《巽》貞九月戌，《兌》貞八月酉。〔註8〕張惠言以《巽》貞八月酉，《兌》貞九月戌。〔註9〕陽卦《巽》於六日七分卦氣在八月酉，陰卦《兌》於六日七分卦氣在八月酉，退一辰貞戌。故張說符合上述貞辰規則，二黃之說爲誤）。

　　另外，在六十四卦的貞辰中，有三卦不遵從六日七分卦氣卦序，而成爲變例。這三卦是《乾》《坤》《小過》。按六日七分卦氣卦序，《乾》初爻應貞四月巳，《坤》初爻應貞十月亥，《小過》初爻應貞正月寅。但卦主歲術將《乾》初爻貞十一月子；《坤》初爻本要貞五月午，但作爲陰卦爲避陽卦《乾》而退一辰，貞六月未。《中孚》《小過》效法《乾》《坤》，《中孚》初爻貞十一月子，《小過》初爻本要貞五月午，但作爲陰卦爲避陽卦《中孚》而退一辰，貞六月未。卦主歲術的這種變例，可能仍是本之於卦氣之旨。案《乾鑿度》卷上曰：「《乾》《坤》，陰陽之主也。陽始於亥，形於丑。陰始於巳，形於未。」鄭玄注：「陽氣始於亥，生於子，形於丑。陰氣始於巳，生於午，形於未。」在六日七分卦氣卦序中，《乾》在四月巳，《坤》在十月亥，其地位同於眾卦。但《乾》《坤》作爲其餘眾卦之父母，實統攝眾卦，因而可只用《乾》《坤》兩卦表示卦氣，這應該是卦氣的深層簡易形式。在這種簡易的卦氣中，《乾》初爻直十一月子，表示陽氣生於子；《坤》初爻本要直五月午，表示陰氣生於午，但由於子午相衝，故避《乾》而直未。很明顯，卦主歲術以《乾》貞子、《坤》貞未，正是襲用了卦氣的簡易形式。因此，卦主歲術的《乾》《坤》貞辰，從不合於六日七分卦氣卦序來說，是變例；但從襲用《乾》《坤》卦氣簡易形式來看，卦氣思想仍是它的基本原則。六日七分卦氣起《中孚》，《中孚》直十一月子，表示陽氣之生，這頗類似於卦氣簡易形式的《乾》。因此，卦主歲術使《中孚》及與它同歲的《小過》，效法《乾》《坤》的貞辰，而將《小過》貞未，其思路仍是本於卦氣宗旨。

〔註8〕黃宗羲《易學象數論》卷四《乾坤鑿度二》，四庫全書本。黃元炳《卦氣集解》之《全圖重數概說》之四之第十一節，民國三十二年排印本。

〔註9〕張惠言《易緯略義》卷一《六十四卦主歲》，廣雅書局本。

　　總之，依照以上規則，可得出卦主歲術六十四卦的貞辰。具體來說，十一月子貞辰之卦爲《坎》《乾》《中孚》《頤》《蹇》《未濟》《艮》，十二月丑爲《屯》《謙》《臨》《睽》《復》，正月寅爲《泰》《蒙》《漸》《升》，二月卯爲《震》《需》《隨》《晉》《解》《益》，三月辰爲《訟》《豫》《蠱》《革》《夬》《大壯》，四月巳爲《師》《小畜》，五月午爲《咸》《家人》《比》《旅》，六月未爲《離》《坤》《小過》《大有》《遯》《豐》《鼎》《渙》《姤》《井》，七月申爲《否》《同人》《損》《節》《履》，八月酉爲《大畜》《萃》《巽》《恒》，九月戌爲《兌》《剝》《无妄》《明夷》《困》《觀》《賁》，十月亥爲《噬嗑》《大過》《既濟》《歸妹》。

　　第二步，在確定六十四卦初爻貞辰後，再確定每卦其餘各爻各主的辰月。

　　其方法是這樣的：主同一歲的兩卦，陽卦各爻左行，陰卦各爻右行，二者一順一逆，各隔一辰（即間辰）而配納各辰月。如陽《乾》六爻左行，從初爻至上爻間辰而主十一月子、正月寅、三月辰、五月午、七月申、九月戌；陰《坤》六爻右行，從初爻至上爻間辰而主六月未、四月巳、二月卯、十二月丑、十月亥、八月酉。其餘類推。

　　但在六十四卦中，《泰》《否》兩卦各爻主辰月，卻不遵從上述規則，而成爲例外。按照貞辰和爻主辰月的規則，陽《泰》初爻貞正月寅，六爻左行分別主正月寅、三月辰、五月午、七月申、九月戌、十一月子；陰《否》退一辰貞八月酉，六爻右行分別主八月酉、六月未、四月巳、二月卯、十二月丑、十月亥。但《乾鑿度》曰：「《泰》《否》之卦，共比辰左行相隨也。」鄭玄注曰：「北（筆者案：應爲比）辰左行，謂《泰》從正月至六月，《否》從七月至十二月。」如此，《泰》卦六爻從初爻至上爻分別主正月寅、二月卯、三月辰、四月巳、五月午、六月未，《否》卦六爻從初爻至上爻分別主七月申、八月酉、九月戌、十月亥、十一月子、十二月丑。這既不符合貞辰規則，也不符合爻主辰月的規則。

　　對於《泰》《否》兩卦這種例外的原因，《乾鑿度》正文和鄭注都沒有作出解釋。我們認爲，《泰》《否》兩卦的這種安排，可能本之於卦氣古義。案《泰》卦辭言「小往大來」，古人皆以「小」指「陰」，「大」指「陽」，如虞翻釋此卦辭曰：「坤陰詘外爲『小往』，乾陽信內稱『大來』。」〔註10〕蜀才曰：

〔註10〕李道平《周易集解纂疏》，中華書局，1994 年，163 頁。

「『小』謂陰也，『大』謂陽也。」〔註11〕因此，「小往大來」指陰氣衰微下去，陽氣盛壯起來。故以歲時來說，所謂《泰》者，乃表示一歲中陽盛陰衰，為一月至六月。《否》卦辭曰：「大往小來」，指陽氣衰微下去，陰氣盛壯起來。故以歲時來說，所謂《否》者，乃表示一歲中陰盛陽衰，為七至十二月。傳統看法認為，《周易》古經文形成於周初，因此很可能在西周存在著以《泰》《否》兩卦主一歲十二個月的卦氣形式，即以《泰》主一至六月，以《否》主七至十二月。若如此，則卦主歲說《泰》《否》看似「例外」的排法，很可能正是本之於卦氣古義。

　　總之，通過以上方法，六十四卦及其每卦的各爻，就被分配到三十二歲、三百八十四個月中，而形成六十四卦主歲的內容。為簡明，可列表如下：

六十四卦主歲表

直歲	1		2		3		4		5		6		7		8	
64卦	乾	坤	屯	蒙	需	訟	師	比	小畜	履	泰	否	同人	大有	謙	豫
爻主辰（上↑初）	戌申午辰寅子	酉亥丑卯巳未	亥酉未巳卯丑	辰午申戌子寅	丑亥酉未巳卯	午申戌子寅辰	卯丑亥酉未巳	申戌子寅辰午	卯丑亥酉未巳	戌子寅辰午申	未午巳辰卯寅	丑子亥戌酉申	午辰寅子戌申	酉亥丑卯巳未	亥酉未巳卯丑	午申戌子寅辰
爻主月（上↑初）	9 7 5 3 正 11	8 10 12 2 4 6	10 8 6 4 2 12	3 5 7 9 11 正	12 10 8 6 4 2	5 7 9 11 正 3	2 12 10 8 6 4	7 9 11 正 3 5	2 12 10 8 6 4	9 11 正 3 5 7	6 5 4 3 2 正	12 11 10 9 8 7	5 3 正 11 9 7	8 10 12 2 4 6	10 8 6 4 2 12	5 7 9 11 正 3

〔註11〕李道平《周易集解纂疏》，中華書局，1994年，163頁。

直歲	9		10		11		12		13		14		15		16	
64卦	隨	蠱	臨	觀	噬嗑	賁	剝	復	无妄	大畜	頤	大過	坎	離	咸	恒
爻主辰（上↑初）	丑亥酉未巳卯	午申戌子寅辰	亥酉未巳卯丑	子寅辰午申戌	酉未巳卯丑亥	子寅辰午申戌	申午辰寅子戌	卯巳未酉亥丑	申午辰寅子戌	亥丑卯巳未酉	戌申午辰寅子	丑卯巳未酉亥	戌申午辰寅子	酉亥丑卯巳未	辰寅子戌申午	亥丑卯巳未酉
爻主月（上↑初）	12 10 8 6 4 2	5 7 9 11 正 3	10 8 6 4 2 12	11 正 3 5 7 9	8 6 4 2 12 10	11 正 3 5 7 9	7 5 3 正 11 9	2 4 6 8 10 12	7 5 3 正 11 9	10 12 2 4 6 8	9 7 5 3 正 11	12 2 4 6 8 10	9 7 5 3 正 11	8 10 12 2 4 6	3 正 11 9 7 5	10 12 2 4 6 8

直歲	17		18		19		20		21		22		23		24	
64卦	遯	大壯	晉	明夷	家人	睽	蹇	解	損	益	夬	姤	萃	升	困	井
爻主辰（上↑初）	巳卯丑亥酉未	午申戌子寅辰	丑亥酉未巳卯	子寅辰午申戌	辰寅子戌申午	卯巳未酉亥丑	戌申午辰寅子	巳未酉亥丑卯	午辰寅子戌申	巳未酉亥丑卯	寅子戌申午辰	酉亥丑卯巳未	未巳卯丑亥酉	辰午申戌子寅	申午辰寅子戌	酉亥丑卯巳未
爻主月（上↑初）	4 2 12 10 8 6	5 7 9 11 正 3	12 10 8 6 4 2	11 正 3 5 7 9	3 正 11 9 7 5	2 4 6 8 10 12	9 7 5 3 正 11	4 6 8 10 12 2	5 3 正 11 9 7	4 6 8 10 12 2	正 11 9 7 5 3	8 10 12 2 4 6	6 4 2 12 10 8	3 5 7 9 11 正	7 5 3 正 11 9	8 10 12 2 4 6

直歲	25		26		27		28		29		30		31		32	
64卦	革	鼎	震	艮	漸	歸妹	豐	旅	巽	兌	渙	節	中孚	小過	既濟	未濟
爻主辰（上↑初）	寅子戌申午辰	酉亥丑卯巳未	丑亥酉未巳卯	寅辰午申戌子	子戌申午辰寅	丑卯巳未酉亥	巳卯丑亥酉未	申戌子寅辰午	未巳卯丑亥酉	子寅辰午申戌	巳卯丑亥酉未	戌申午辰寅子	戌申午辰寅子	酉亥丑卯巳未	酉未巳卯丑亥	寅辰午申戌子
爻主月（上↑初）	正11 9 7 5 3	8 10 12 2 4 6	12 10 8 6 4 2	正3 5 7 9 11	11 9 7 5 3 正	12 2 4 6 8 10	4 2 12 10 8 6	7 9 11 正 3 5	6 4 2 12 10 8	11 正 3 5 7 9	4 2 12 10 8 6	9 11 正 3 5 7	9 7 5 3 正 11	8 10 12 2 4 6	8 6 4 2 12 10	正3 5 7 9 11

二、六十四卦策軌術的算法

與六十四卦主歲術密切有關，《易緯》又有六十四卦策術、軌術，我們合稱之爲六十四卦策軌術。關於六十四卦策軌術的算法，《乾鑿度》和《稽覽圖》都有記載，而主要見於《稽覽圖》。《乾鑿度》卷下曰：

> 陽析九，陰析六。陰陽之析，各百九十二。以四時乘之八而周，三十二而大周。三百八十四爻，萬一千五百二十析也。故卦當歲，爻當月，析當日。

案「析」字，在《稽覽圖》卷下又被稱爲「策」、「折」，三字通用，即《繫辭》上「大衍之數」所講的「策」。張惠言於《易緯略義》卷一《六十四卦主歲》指出：「析，古策字。」「策」指筮占所用的蓍草根數，一根蓍草叫一策。這裡的「析」「折」「策」指陰陽爻的策數。「析當日」涉及到策術。「卦當歲，爻當月，析當日」連言，可見「析當日」的策術與六十四卦主歲術爲同一大的系統，而密切相關。

關於六十四卦策術，《稽覽圖》卷下有記載：

> 六十四卦策術曰：陽爻九（鄭注：以四時乘之，得三十六），陰爻六
> （鄭注：以四時乘之，得二十四）。

可知，六十四卦 384 爻，陰陽爻各為 192，陽爻的策數為 9×4＝36，陰爻的策數為 6×4＝24。如此，可計算六十四卦各卦的策數。如《乾》卦六陽爻，其策數為 36×6＝216。《坤》六陰爻，其策數為 24×6＝144。《乾》《坤》兩卦同主一歲，合其策數為 216＋144＝360，正與一平年 360 日相當。《屯》卦二陽爻，其策數為 36×2＝72；四陰爻，其策數為 24×4＝96。《蒙》卦二陽爻，其策數為 36×2＝72；四陰爻，其策數為 24×4＝96。《屯》《蒙》兩卦同主一歲，合其策數為 72＋96＋72＋96＝336。這與一平年的 360 日並不相當。按照六十四卦主歲術，將三十二年每年兩卦的總策數計算出來，可看到有 14 年兩卦的總策數為 360。而其它年兩卦的總策數，多者為 408，少者為 312，都不為 360（見後《六十四卦策軌術表》）。但從平均數看，每年的策數又正為 360。案六十四卦，其陽爻為 192，策數為 192×36＝6912；其陰爻為 192，策數為 192×24＝4608。合陰陽爻，六十四卦的總策數為 6912＋4608＝11520。將六十四卦的總策數，分配到 32 年，則每年兩卦的平均策數為 11520／32＝360，正相當於一平年的 360 日。因此，「析當日」乃指平均策數而言。

《稽覽圖》卷下又記軌術：

> 軌術曰：陽爻九七（鄭注：各以四時乘之，而並倍之，得一百二十
> 八），陰爻八六（鄭注：各以四時乘之，而並倍之，得一百一十二）。
> 凡陽爻用六十四為法，乘得倍之。凡陰爻用五十六為法，乘得數倍
> 之。

可知，陽爻的軌數為（9×4＋7×4）×2＝64×2＝128，陰爻的軌數為（8×4＋6×4）×2＝56×2＝112。如此，可計算六十四卦各卦的軌數，以及主一歲的兩卦的總軌數。如《乾》卦六陽爻，其軌數為 128×6＝768。《坤》卦六陰爻，其軌數為 112×6＝672。主同一歲的《乾》《坤》兩卦的總軌數為 768＋672＝1440。其餘可類似計算。

《稽覽圖》卷下記有「六十四卦流轉圖」，[註12] 實際為六十四卦策軌表。該表依六十四卦主歲術，列出三十二歲各主歲的兩卦。下面又列有兩卦的策

〔註12〕見安居香山、中村璋八《緯書集成》上，河北人民出版社，1994 年，157～166 頁。

數（稱爲「分各折」）和軌數（稱爲「分各軌」），以及總策數（稱爲「二合折」）和總軌數（稱爲「二軌合」）。鄭玄在諸項下依次注出各數字，特別是注出各卦世爻納支以及初爻納辰。其各卦世爻納支，同於京房八宮卦的世爻納支。而對於各卦初爻的納支，張惠言總結出規律爲：「陽卦以子寅辰午申戌爲次，陰卦以未巳卯丑亥酉爲次。」〔註13〕依《稽覽圖》所記及鄭注，列表如下（原文的錯誤，依張成孫案語和張惠言意校正〔註14〕）：

六十四卦策軌表

歲	主歲卦	世爻納支	初爻納辰	二合折	二軌合	分各折	分各軌
1	乾	戌	子	360	1440	216	768
	坤	酉	未			144	672
2	屯	寅	寅	336	1408	168	704
	蒙	戌	巳			168	704
3	需	申	辰	384	1472	192	736
	訟	午	卯			192	736
4	師	午	午	312	1376	156	688
	比	卯	丑			156	688
5	小畜	子	申	408	1504	204	752
	履	申	亥			204	752
6	泰	辰	戌	360	1440	180	720
	否	卯	酉			180	720
7	同人	亥	子	408	1504	204	752
	大有	辰	未			204	752
8	謙	亥	寅	312	1376	156	688
	豫	未	巳			156	688
9	隨	辰	辰	360	1440	180	720
	蠱	酉	卯			180	720
10	臨	卯	午	336	1408	168	704
	觀	未	丑			168	704
11	噬嗑	未	申	360	1440	180	720
	賁	卯	亥			180	720

〔註13〕張惠言《易緯略義》卷二《卦軌》，廣雅書局本。
〔註14〕同上。

12	剝	子	戌	312	1376	156	688
	復	子	酉			156	688
13	无妄	午	子	384	1472	192	736
	大畜	寅	未			192	736
14	頤	戌	寅	360	1440	168	704
	大過	亥	巳			192	736
15	坎	子	辰	360	1440	168	704
	離	子	卯			192	736
16	咸	申	午	360	1440	180	720
	恒	酉	丑			180	720
17	遯	午	申	384	1472	192	736
	大壯	午	亥			192	736
18	晉	酉	戌	336	1408	168	704
	明夷	丑	酉			168	704
19	家人	丑	子	384	1472	192	736
	睽	丑	未			192	736
20	蹇	申	寅	336	1408	168	704
	解	辰	巳			168	704
21	損	丑	辰	360	1440	180	720
	益	辰	卯			180	720
22	夬	酉	午	408	1504	204	752
	姤	酉	丑			204	752
23	萃	巳	申	336	1408	168	704
	升	丑	亥			168	704
24	困	寅	戌	360	1440	180	720
	井	戌	酉			180	720
25	革	亥	子〔註15〕	384	1472	192	736
	鼎	亥	未〔註16〕			192	736
26	震	戌	寅	336	1408	168	704
	艮	寅	巳			168	704

〔註15〕 筆者案：《革》初爻所納辰原文作「未」。按張惠言總結的規律，應納「子」，據改。

〔註16〕 筆者案：《鼎》初爻所納辰原文作「寅」。按張惠言總結的規律，應納「未」，據改。

27	漸	申	辰〔註17〕	360	1440	180	720
	歸妹	丑	卯			180	720
28	豐	申	午	360	1440	180	720
	旅	辰	丑			180	720
29	巽	卯	申	384	1472	192	736
	兌	未	亥			192	736
30	渙	巳	戌	360	1440	180	720
	節	巳	酉			180	720
31	中孚	未	子	360	1440	192	736
	小過	午	未			168	704
32	既濟	亥	寅	360	1440	180	720
	未濟	未	巳			180	720

三、卦主歲術和策軌術占王命功用

上文說過，六十四卦主歲術和六十四卦策軌術密切相連，實際為同一個系統。卦主歲術確定 32 歲的周期中，每歲的所主之卦；策軌術確定主歲卦的軌數。由天元至帝王受命的積年，以及卦主歲術和策軌術，可推知此一個朝代的天命年數，亦即歷年。《稽覽圖》卷下記其推術曰：「置天元甲寅以來，數之受命位之年數，以三十二數除之。不足除者，以《乾》《坤》始數，算末即得主歲之卦。」可見，其推術是採用《殷曆》天元甲寅，以甲寅至某帝王受命的積年，除以卦主歲的周期 32。以其所得餘數，從《乾》《坤》主首歲始數，得受命之歲的所主卦。再由受命歲所主之卦，得到其軌數，其軌數即帝王朝代的歷年。這可以《易緯》對文王周代歷年的推算作為一個例子。據《乾鑿度》卷下記載：「今入天元二百七十五萬九千二百八十歲，昌以西伯受命。」天元至周文王受命的積年為 2759280 歲，以 2759280 歲除以 32，商為 86227，餘數為 16。由上面《六十四卦策軌表》，16 歲入《咸》《恒》軌，其軌數皆為 720，由此推知周代的歷年為 720 歲。故鄭玄注《乾鑿度》卷下曰：「文王推爻為一世，凡七百二十歲。歲軌是其居位年數也。」〔註18〕《稽覽圖》卷下有後人所附益的以策軌術推劉宋歷年的內容。它以天元至宋高祖劉裕禪晉的

〔註17〕 筆者案：《漸》初爻所納辰原文作「午」。按張惠言總結的規律，應納「辰」，據改。

〔註18〕 安居香山、中村璋八《緯書集成》上，河北人民出版社，1994 年，42～43 頁。

永初元年爲積年 2760847 年，以 32 除之，餘數爲 15，入《坎》《離》軌，取《離》軌數 736，得劉宋歷年 736 歲。

《左傳‧宣公三年》曰：「（周）成王定鼎於郟鄏，卜世三十，卜年七百。」周王朝自武王至顯王共三十世，三十一王（不計哀王、思王）。自周顯王三十三年起，六國次第稱王，《左傳》所載，當指是時。《孟子‧公孫丑下》：「由周而來，七百有餘年矣。」《乾鑿度》卷上亦曰：「大任順季，享國七百。」案「季」爲季歷，爲文王之父，「大任」即太任，爲文王之母，這也是講周代的歷年約爲七百。因此，從表面上看，《易緯》「卦主歲說」和「策軌說」對周代歷年的推算與實際年數基本上是吻合的。但這實際上只是例外，並且是唯一的例外，因爲觀上面「六十四卦策軌表」可知，以此法推算，各朝的享年最少爲 688 年，最多爲 768 年。觀三代以來至今，只有周代一個王朝符合此推算範圍，其餘都不符合。如上面方士以此法推劉宋王朝歷年爲 736 歲，實際上從武帝劉裕永初元年（公元 420 年）立國，至順帝劉準昇明三年（公元 479 年）亡國，只有短短的 59 年，遠遠少於此推算的最少 688 年的歷年數。因此，《易緯》以「卦主歲說」和「策軌說」推算朝代歷年實際上所應甚少。

總之，《易緯》所記載的六十四卦主歲術和策軌術，其功用和目的是推算帝王朝代的統治年限，即歷年。

四、卦主歲術和策軌術形成時間初考

一、六十四卦主歲術的形成時間。

上文已經說過，六十四卦主歲術的貞辰，以六日七分卦氣卦序爲基本原則，可見卦主歲術採用了六日七分卦氣術。六日七分卦氣術，最遲當形成於戰國，這在本書第四章《六日七分術》有詳細考辨。因此，六十四卦主歲術應當遲於六日七分卦氣術的形成，它有可能形成於戰國末期。

二、六十四卦策軌術的形成時間。

六十四卦策軌術的算法是以大衍筮法的演算爲基礎的。《繫辭上》記錄大衍筮法有關內容曰：「大衍之數五十，其用四十有九。分而爲二，以象兩；掛一，以象三；揲之以四，以象四時；歸奇於扐，以象閏。五歲再閏，故再扐而後掛。《乾》之策二百一十有六，《坤》之策百四十有四。凡三百有六十，當期之日。二篇之策，萬有一千五百二十，當萬物之數也。」細觀這段文字，

具體的大衍筮法如分二、掛一、揲四、歸奇等，可能淵源早一些，而「以象四時」、「以象閏」、「當期之數」之語，可能是戰國時人對大衍筮法的進一步加工。〔註19〕這種加工表明，戰國時人已援《曆》說《易》或以《曆》說《易》，已將大衍筮法與曆法結合。將《繫辭》大衍筮法的這段內容與《易緯》記載的六十四卦策軌術相對照，可看到，六十四卦策軌術的作者秉承戰國時以《曆》說《易》的思路，並直接採用前者的內容，而進一步構建出策軌術。由此，我們推想，六十四卦策軌術也有可能形成於戰國時代。

第三節　一軌享國術和推厄術

　　由六十四卦軌術，可知軌數即一個朝代的天定年數，即曆年。《易緯》又載有「一軌享國術」，旨在推算一個朝代的曆年即一軌數中，其享國的帝王有幾代，即世數，以及即位者的品性和異表等。另外，對於一軌內即位者所遭水旱等災厄的推算，《易緯》載有推厄術。

一、一軌享國術

　　一軌享國術包括一軌內世數、一軌內即位者的品性和異表等兩個方面的推算。

　　其一、推算一軌內的世數。

　　《乾鑿度》卷下曰：

　　　　《乾》，三十二世消。《坤》，三十六世消。《復》十八世消，以三六也。《臨》十二世消，以二六也。《泰》三十世消，以二九、二六也。《大壯》二十四世消，以二九、一、五也。《夬》三十二世消，以三九、一、四也。（鄭注：皆以爻正爲之世數也）《姤》一世消，無所據也。《遯》一世消，據不正也。《否》十世消，以二五也。《觀》二十世消，以二五、四、六也。《剝》十二世消，以三四（張惠言於《易緯略義》曰：三作二，四當爲六）也。

可見，關於一軌內的世數，是以十二辟卦來推算的。從鄭注，可知其基本原則，是「皆以爻正爲之世數」，即以每卦的得正之爻來推算，但實際又不嚴格遵守這一原則。十二辟卦所主的世數，其具體推算是這樣的：

〔註19〕參見劉大鈞《周易概論》，齊魯書社，1986年，103～104頁。

　　（1）《復》卦，其得正之爻爲初九、六二、六四、上六。《乾鑿度》言「《復》十八世消，以三六也」，即《復》卦世數爲 3×6＝18，爲十八世。初九也得正，爲何不用呢？鄭玄注釋曰：「《復》及《臨》，不以一九數者，初九無據。」黃宗羲解釋說：「初陽得正不數，陽少故也。」〔註20〕

　　（2）《臨》卦，其得正之爻爲初九、六四、上六。《乾鑿度》言「《臨》十二世消，以二六也」，即《臨》卦世數爲 2×6＝12，爲十二世。至於初九得正而不用，其原因同上鄭玄所釋。

　　（3）《泰》卦，其得正之爻爲初九、九三、六四、上六。《乾鑿度》言「《泰》三十世消，以二九、二六也」，即《泰》卦世數爲 2×9＋2×6＝30，爲三十世。《泰》卦世數的推算符合以爻正爲世數的原則。

　　（4）《大壯》卦，其得正之爻爲初九、九三、上六。《乾鑿度》言「《大壯》以二十四世消，以二九、一、五也」，即《大壯》世數爲 2×9＋1＋5＝24，爲二十四世。《大壯》世數的這種算法，不用符合原則的得正之爻的數六，卻用一、五，實爲自亂其例，使人摸不著頭腦。

　　（5）《夬》卦，其得正之爻爲初九、九三、九五。《乾鑿度》言「《夬》三十二世消，以三九、一、四也」，即《夬》世數爲 3×9＋1＋4＝32，爲 32 世。爲何用一、四，不可曉。

　　（6）《乾》卦，其得正之爻爲初九、九三、九五。《乾鑿度》只指出「《乾》三十二世消」，沒有具體算法。黃宗羲曰：「《乾》三九二十七而三十二世者，於五兼數其位也。」〔註21〕據黃氏意，《乾》世數計算爲 3×9＋5＝32，故爲 32 世。但爲何兼五，其因不明。

　　（7）《姤》卦，其得正之爻爲九三、九五。《乾鑿度》曰「《姤》一世消，無所據也」，這完全不用得正之爻，而直以其世爲一。於其原因，鄭玄注釋曰：「《姤》變一爻世，陰少故也。」黃宗羲解釋說：「《姤》主陰，雖三、五得正而皆陽也，故止一世。」〔註22〕皆以《姤》卦只有初爻一個陰爻爲解。

　　（8）《遯》卦，其得正之爻爲九三、九五。《乾鑿度》言「《遯》一世消，據不正也」，這也是不用得正之爻，而直以其世爲一，而其原因是《遯》卦世爻六二不正。鄭玄注釋曰：「《遯》變二爻世，陰少故也。」黃宗羲解釋說：「《遯》

〔註20〕黃宗羲《易學象數論》卷四《〈乾坤鑿度〉三》，廣雅書局本。
〔註21〕同上。
〔註22〕同上。

主陰，雖三、五得正而皆陽也，故止一世。」〔註23〕鄭、黃二人也皆以世爻為解。

（9）《否》卦，其得正之爻為六二、九五。《乾鑿度》言「《否》十世消，以二五也」，即《否》卦世數為 2×5＝10，為 10 世。顯然其計算沒用得正之爻。黃宗羲曰：「《否》二、五得正，一九、一六得十五，世以非盛時，故即以二五為世數。」〔註24〕黃氏認為，按得正之爻演算，9＋6＝15，《否》世數應為十五。所以以 2×5＝10 為世數，是因為《否》六三為世爻，陰氣未盛。筆者認為，這可能仍取得正的二爻、五爻，不過不是以陰陽數的九六，而是以爻位演算，即 2×5＝10。

（10）《觀》卦，其得正之爻為六二、六四、九五。《乾鑿度》言「《觀》二十世消，以二五、四、六也」，可見其世數演算是 2×5＋4＋6＝20，為 20 世。黃宗羲指出：「二、四、五得正，而二、五只數其位，四則數位兼數，並之二十也。」〔註25〕可見，《觀》卦世數的推算，是取得正的六二、六四、九五爻，以二、五爻的爻位相乘 2×5＝10，以六四爻的陰數和位數相加 6＋4＝10，二者相併 10＋10＝20，故世數為 20。

（11）《剝》卦，其得正之爻為六二、六四。《乾鑿度》言「《剝》十二世消，以二六也」，即《剝》卦世數為 2×6＝12，為 12 世。這符合以得正之爻為世數的原則。

（12）《坤》卦，其得正之爻為六二、六四、上六。《乾鑿度》言「《坤》三十六世消」，但沒指出具體算法。黃宗羲認為：「《坤》三六十八而三十六世者，偶其數也。」〔註26〕依黃氏之意，《坤》卦世數的算法是取三得正之爻的陰數 6，並加倍，即 3×6×2＝36，故為 36 世。

通過以上推算，十二辟卦所主的世數分別為：《復》18 世，《臨》12 世，《泰》30 世，《大壯》24 世，《夬》32 世，《乾》32 世，《姤》1 世，《遯》1 世，《否》10 世，《觀》20 世，《剝》12 世，《坤》36 世。

由以上的推算，可以看出，鄭玄所說的「皆以爻正為之世數」的原則，只有《泰》《剝》兩卦嚴格遵循，其餘則不盡符合，甚至《姤》《遯》兩卦根

〔註23〕黃宗羲《易學象數論》卷四《〈乾坤鑿度〉三》，廣雅書局本。
〔註24〕同上。
〔註25〕同上。
〔註26〕同上。

本不用得正之爻。這使得演算有混亂之處，正如黃宗羲所批評的：「其言自相違背，不審於理。」〔註27〕究其原因，有可能是除以爻正為世數的原則外，還有其他原則，而講其他原則的文字已佚失，不可曉了。

十二辟卦所主世數，除了上引《乾鑿度》卷下的內容外，《乾元序制記》也有記載。《乾元序制記》曰：「《復》三十六世，《臨》七十二世，《泰》三十六世，《大壯》百三十世，《姤》二十八世，《遯》五十六世，《否》七十二世，《觀》百三十世，《剝》百二十世。」這些數位與《乾鑿度》相差頗遠，可能屬另一種推算系統，但其不近情理昭然可見。

其二、推求一軌內即位者的品性和異表。《乾鑿度》卷下和《稽覽圖》卷下載有「推即位之術」，實際上是推算一軌內即位者的品性。《乾鑿度》卷下曰：

> 孔子曰：推即位之術，《乾》《坤》三，上中下。《坤》變初六，《復》，日正陽在下為聖人。故一聖，二庸，三君子（筆者案：由下面鄭注的推算原則，「君子」當為聖人。下「十五君子」、「二十七君子」也當為聖人），四庸，五聖，六庸，七小人，八君子，九小人，十君子，十一小人，十二君子，十三聖人，十四庸人，十五君子，十六庸人，十七聖人，十八庸人，十九小人，二十君子，二十一小人，二十二君子，二十三小人，二十四君子，二十五聖人，二十六庸人，二十七君子，二十八庸人，二十九聖人，三十庸人，三十一小人，三十二君子，三十三小人，三十四君子，三十五小人，三十六君子，三十七聖人，三十八庸人，三十九君子，四十小人，四十一聖人，四十二庸人。（鄭注：陽得正為聖人，失正為庸人。陰失正為小人，得正為君子。）

《稽覽圖》卷下曰：

《復》一	十三	二十五
《臨》二	十四	二十六
《泰》三	十五	二十七
《大壯》四	十六	二十八
《夬》五	十七	二十九
《乾》六	十八	三十

〔註27〕黃宗羲《易學象數論》卷四《〈乾坤鑿度〉三》，廣雅書局本。

《姤》七	十九	三十一
《遯》八	二十	三十二
《否》九	二十一	三十三
《觀》十	二十二	三十四
《剝》十一	二十三	三十五
《坤》十二	二十四	三十六
《震》三十七		
《巽》三十八		
《坎》三十九		
《離》四十		
《艮》四十一		
《兌》四十二		

　　右易姓四十二，消息三十六，六子在其中，合八十四戒，各有所繫
而出之。

此推即位之術，是以十二辟卦循環三次，並六子卦，而主四十二軌。四十二
軌表示「易姓四十二」，即四十二個朝代。每軌即位者的品性，可以推算。其
推算之法，在十二辟卦所主軌中，是以各卦世爻的得正或失正決定的。由鄭
注知：世爻爲陽爻者，得正爲聖人，失正爲庸人。世爻爲陰爻者，得正爲君
子，失正爲小人。六子卦所主軌不遵從此規則，其法已不明。四十二軌再周
一次，爲八十四軌，即《稽覽圖》所謂「八十四戒」。

　　另外，推即位術還以十二辟卦來推求即位者的異表。《乾鑿度》卷下曰：
「《復》，表日角。《臨》，表龍顏。《泰》，表載干。《大壯》，表握訴，龍角大
辰。《夬》，表升骨履文。《姤》，表耳三漏，足履王，知多權。《遯》，表日角
連理。《否》，表二好文。《觀》，表出準虎脣。《剝》，表重童明歷元。」這些
異表，是通過觀十二辟卦卦象得到的。其具體觀法，雖然鄭玄以它自創的爻
辰、爻題來注釋，但當時實際的觀法已不清楚。

　　總之，一軌享國術對一軌內的世數、一軌內即位者的品性和異表等，都
可進行推算。對其內容，可列表觀之：

一軌享國術表

軌數	1	2	3	4	5	6	7	8	9	10	11	12	13	14
世數	18	12	30	24	32	32	1	1	10	20	12	36	18	12
十二辟卦	復	臨	泰	大壯	夬	乾	姤	遯	否	觀	剝	坤	復	臨
世爻	初九得正	九二失正	九三得正	九四失正	九五得正	上九失正	初六失正	六二得正	六三失正	六四得正	六五失正	上六得正	初九得正	九二失正
即位者品性	聖人	庸人	聖人	庸人	聖人	庸人	小人	君子	小人	君子	小人	君子	聖人	庸人
即位者異表	日角	龍顏	載干	握訴龍角大辰	升骨履文		耳三漏足履王知多權	日角連理	二好文	出準虎脣	重童明歷元		日角	龍顏

軌數	15	16	17	18	19	20	21	22	23	24	25	26	27	28
世數	30	24	32	32	1	1	10	20	12	36	18	12	30	24
十二辟卦	泰	大壯	夬	乾	姤	遯	否	觀	剝	坤	復	臨	泰	大壯
世爻	九三得正	九四失正	九五得正	上九失正	初六失正	六二得正	六三失正	六四得正	六五失正	上六得正	初九得正	九二失正	九三得正	九四失正

即位者品性	聖人	庸人	聖人	庸人	小人	君子	小人	君子	小人	君子	聖人	庸人	聖人	庸人
即位者異表	載干	握訴龍角大辰	升骨履文	耳三漏足履王知多權	日角連理	二好文	出準虎脣	重童明歷元			日角	龍顏	載干	握訴龍角大辰

軌數	29	30	31	32	33	34	35	36	37	38	39	40	41	42
世數	32	32	1	1	10	20	12	36						
十二辟卦	夬	乾	姤	遯	否	觀	剝	坤	震	巽	坎	離	艮	兌
世爻	九五得正	上九失正	初六失正	六二得正	六三失正	六四得正	六五失正	上六得正						
即位者品性	聖人	庸人	小人	君子	小人	君子	小人	君子	聖人	庸人	君子	小人	聖人	庸人
即位者異表	升骨履文	耳三漏足履王知多權	日角連理	二好文	出準虎脣	重童明歷元								

二、推厄術

《易緯》認爲，在一軌即位者的享國期間，會發生水旱兵饑等災厄，這

些都可以推求。《乾鑿度》和《稽覽圖》記載了這種推厄術。《乾鑿度》卷下曰：

> 欲求水旱之厄，以位入軌年數，除軌算盡，則厄所遭也。甲乙爲饑，丙丁爲旱，戊巳爲中興，庚辛爲兵，壬癸爲水。必除先入軌年數，水旱兵饑得矣。如是乃救災度厄矣。

《稽覽圖》卷下的記載與此同：

> 推厄所遭法：以入位年數除軌數，算盡，厄所遭。甲乙爲饑，丙丁爲旱，戊巳爲中興，庚辛爲兵，壬癸爲水。

張惠言指出：「此法以受命年卦爲軌，以通入位年除之，餘算以受命年太歲依次呼之。」〔註 28〕《稽覽圖》卷下附益有劉宋術士的推厄內容，正用此法。宋高祖劉裕禪晉受命於永初元年（公元 420 年），爲庚申年，由前面的軌術推算知，入《坎》《離》軌，其軌數爲 736。至文帝劉義隆甲申歲（公元 445 年），爲入位 25 年，除軌數 736，餘數爲 11。從庚申順數 11 位，爲庚午，庚爲兵，據說「其年九州發兵征蠻」。又如，文帝乙酉歲（公元 446 年）爲入位 26 年，除軌數 736，餘數爲 8。從庚申順數 8 位，爲丁卯，丁主旱，據說「其年大旱，不收豆麥，豫州禾粟皆旱死。」等等。元嘉術士用推厄法，推出了文帝元嘉 30 年間的災厄情況，如丙寅歲的起兵，癸未歲的饑災，甲申歲的發兵，乙酉歲的旱災，丙戌歲的旱災，丁亥歲的旱災，戊子歲的大兵，己丑歲的饑災，庚寅歲的水災，辛卯歲的兵災，壬辰歲的中興，癸巳歲的兵災，等等，據說都「果應」。

〔註 28〕張惠言《易緯略義》卷二《入厄》，廣雅書局刊本。

第三章 《易緯》卦氣占術（上）

卦氣爲《易緯》重要內容之一。所謂「卦氣」，實質是卦（包括爻）與歲時相配。《易緯》卦氣占術有多種，有四正卦占候、八卦氣占候、十二消息辟卦占候、六日七分術、一爻直一日術等，下面分別辨析之。

第一節 四正卦占候

《易緯・通卦驗》卷下有云：

> 凡此陰陽之雲，天之雲，天之便氣也，《坎》、《震》、《離》、《兌》爲之，每卦六爻，既通於四時，二十四氣、人之四支、二十四脈，亦存於期。

《清河郡本》引《通卦驗》曰：

> 冬至《坎》始用事，而主六氣，初六爻也。小寒於《坎》直九二，大寒於《坎》直六三，立春於《坎》直六四，雨水於《坎》直九五，驚蟄於《坎》直上六。春分於《震》直初九，清明於《震》直六二，穀雨於《震》直六三，立夏於《震》直九四，小滿於《震》直六五，芒種於《震》直上六。夏至於《離》直初九，小暑於《離》直六二，大暑於《離》直九三，立秋於《離》直九四，處暑於《離》直六五，白露於《離》直上九。秋分於《兌》直初九，寒露於《兌》直九二，霜降於《兌》直六三，立冬於《兌》直九四，小雪於《兌》直九五，大雪於《兌》直上六。

這是古代四正卦占候之術。其具體內容，是以晷影長度來測定二十四氣臨至之日，然後以《坎》、《震》、《離》、《兌》四正卦二十四爻分別配之，並以四正卦二十四爻當值各時之常氣。若常氣適時而至，則會有正常的雲氣、

物候出現。否則，若當至不至或未當至而至，則有萬物或人身（主要在四肢二十四脈）災異發生。如晷影長一丈三尺時，爲冬至之日，此時爲《坎》卦初六爻當值常氣。若此常氣適時而至，則有相應的雲氣出現：陰氣離去，陽雲現於箕宿之位，其形如樹木之狀。有相應的物候出現：廣莫風至，蘭射干生，麋角隕解，曷旦鳥不鳴。若當至不至，則有災異：萬物大旱，大豆不爲，人足太陰脈虛，多病振寒。若未當至而至，則有災異：人足太陰脈盛，多病暴逆，臚張心痛，而大旱應於夏至時發生。又如晷影長一尺四寸八分〔註1〕，爲夏至之日，此時爲《離》卦初九爻當值常氣。若此常氣適時而至，則有相應的雲氣出現：少陰雲出現，其形如水波。相應的物候出現：景風至，暑且濕，蟬鳴，螳蜋生，鹿角隕解，木堇榮盛。若當至不至，則有災異：邦有大殃，陰陽並傷，口乾嗌痛。若未當至而至，則有災異：人手陽脈盛，多病肩痛，其災異應在冬至。等等。爲明瞭直觀，列表如下：

四正卦占候表

四正卦	二十四爻	二十四氣	晷長	適時常氣		不適時災異	
				雲氣	物候	當至不至	未當至而至
《坎》	初六	冬至	丈三尺	陰氣去，陽雲出箕，其莖末如樹木之狀。	廣莫風至，蘭射干生，麋角解，曷旦不鳴。	萬物大旱，大豆不爲，人足太陰脈虛，多病振寒。	人足太陰脈盛，多病暴逆，臚張心痛，大旱應在夏至。
	九二	小寒	丈二尺四分	倉陽雲出尾，南倉北黑。	合凍，虎始交，祭坻垂首，曷旦入穴。	先小旱，後小水，人手太陰脈虛，人多病喉脾。	人手太陰脈盛，人多熱，來年麻不爲。
	六三	大寒	丈一尺八分	黑陽雲出心，南黑北黃。	雪降〔註2〕，草木多生心，鵲始巢。	旱後水，麥不成，人足少陰脈虛，多病蹶逆，惕善驚。	人足少陰脈盛，人多病，上氣嗌腫，應在大暑。
	六四	立春	丈一尺二分	青陽雲出房，如積水。	雨水降，條風至，雉雊雞乳，冰解，楊柳樟〔註3〕。	兵起，來年麥不成，人足少陽脈虛，多病疫癘。	人足少陽脈盛，人多病粟疾疫，應在立秋。

〔註1〕「一尺」二字本缺。《後漢書》注：夏至晷長一尺四寸八分，據補。

〔註2〕《玉燭寶典》作「隆」，注作「隆盛」，意似較勝。

〔註3〕鄭注：「樟」，讀如柘，楊稊狀，如女桑秀然也。

《坎》	九五	雨水	九尺一寸六分	黃陽雲出亢，南黃北黑。	凍冰釋，猛風至，獺祭魚，鶬鶊鳴，蝙蝠出。	旱，麥不爲，人手少陽脈虛，人多病心痛。	人手少陽脈盛，人多病目痛，應在處暑。
	上六	驚蟄	八尺二寸	赤陽雲出翼，南赤北白。	雷候應北〔註4〕。	霧，稚禾不爲，人足太陽脈虛，人多病疫癘。	人足太陰〔註5〕脈盛，多病癰疽脛腫，應在白露。
《震》	初九	春分	七尺二寸四分	正陽雲出張，如積鶴〔註6〕。	明庶風至，雷雨行，桃始花，日月同道。	先旱後水，歲惡，重來不爲〔註7〕，人手太陽脈盛，人多病痺痛。	人手太陽脈盛，人多病癘疥，身養，應在秋分。
	六二	清明	六尺二寸八分	白陽雲出，南白北黃。	雷鳴，雨下，清明風至，玄鳥來。	菽豆不爲，人足陽明脈虛，人多病疥癘，振寒洞泄。	人足陽明脈盛，人多病溫暴死，應在寒露。
	六三	穀雨	五尺三寸二分	太陽雲出張，上如車蓋，不如薄〔註8〕。	田鼠化爲駕。	水物稻等不爲，人足陽明脈虛，人多病癰疽癘，振寒霍亂。	人足陽明脈盛，人多病溫，黑腫，應在霜降。
	九四	立夏	四尺三寸六分	當陽雲出觜〔註9〕，紫赤如珠。	清明風至而暑，鵙聲蜇，電見早出，龍升天〔註10〕。	旱，五穀大傷，牛畜病，人手陽明脈虛，多病寒熱，齒齲。	人手陽明脈盛，多病頭腫嗌，喉痺，應在立冬。
	六五	小滿	三尺四寸	上陽霍七星，赤而饒〔註11〕。	雀子蜇，螻蛄鳴。	多凶言，有大喪。先水後旱，人足太陽脈虛，人多病滿筋急，痺痛。	人足太陽脈盛，人多病衝氣腫，應在小雪。

〔註 4〕 孫詒讓案：《寶典》引作「雷電候雁北」，是也。

〔註 5〕 張惠言曰：「陰」當爲陽。

〔註 6〕 《古微書》引作「白鶴」。疑脫「白」字。

〔註 7〕 《後漢書注》作「先旱後水，歲惡，米不成」，「重來」二字恐誤。

〔註 8〕 張惠言曰：「不如薄」，「不」當爲「下」。

〔註 9〕 孫詒讓案：《寶典》引「當陽」作「常陽」。

〔註 10〕 鄭注：龍，心星也。《古微書》引宋均注：龍，心星名。

〔註 11〕 《太平御覽》卷八引作「上陽雲出七星」。孫詒讓案：《寶典》引作「上陽雲出，七星赤而饒饒」。

《震》	上六	芒種	二尺四分	長陽雲，集赤如曼曼。	蚯蚓出。	多凶言，國有狂令，人足太陽脈虛，多病血痹。	人足太陽脈盛，多蹶眩頭痛痺，應在大雪。
《離》	初九	夏至	一尺四寸八分	少陰雲出，如水波崇崇。	景風至，暑且濕，蟬鳴，螳蜋生，鹿角解，木堇榮。	邦有大殃，陰陽並傷，口乾嗌痛。〔註12〕	人手陽脈盛，多病肩痛。應在冬至。
	六二	小暑	二尺四寸四分	黑陰雲出，南黃北黑。	雲五色出，伯勞鳴，蝦蟇無聲。	前小水，後小旱，有兵，人足陽明脈虛，多病泄注腹痛。	人足陽明脈盛，多病臚腫。應在小寒。
	九三	大暑	三尺四寸	陰雲出，南赤北倉。	雨濕，半夏生。	外兵作，來年饑，人手少陽脈虛，多病筋痺胸痛。	人手少陽脈盛，多病脛痛惡氣。應在大寒。
	九四	立秋	四尺三寸六分	濁陰雲出，上如赤繒，列下黃弊〔註13〕。	涼風至，白露下，虎嘯，腐草為螢〔註14〕，蜻蛚鳴。	暴風為災，年歲不入，人足少陽脈虛，〔註15〕多病癘，少陽氣中寒，白芒芒。	人足少陽脈盛，多病咳嗽上氣，咽喉腫。應在立春。
	六五	處暑	五尺三寸二分	赤陰雲出，南黃北黑。	雨水，寒蟬鳴。	國有淫令，四方兵起，人手太陰脈虛，〔註16〕多病脹，身熱，來年麥不為。	人手太陰脈盛，多病脹，身熱不汗出。應在雨水。

〔註12〕案《後漢書注》又有「草木夏落，有大寒」。鄭注：夏至氣不至，則衝氣乘之，故多大寒，令草木夏落也。合《後漢書注》與鄭注，此文似脫「草木夏落，有大寒」句。又疑脫「人手陽脈虛」句。

〔註13〕張惠言曰：「弊」當為「幣」。

〔註14〕《古微書》「螠」作「螢」。

〔註15〕鄭注：「人足」者，例宜言「手」。愚案：下接言「人足少陽脈盛，……應在立春」，「足」亦當為「手」。

〔註16〕張惠言曰：於例宜言「足脈」，言「手」誤。愚案：下接言「人手太陰脈盛，多病脹，身熱不汗出，應在雨水」，「手」亦當為「足」。

《離》	上九	白露	六尺二寸八分	黃陰雲出，南黑北黃。	雲氣五色，蜻蜓上堂，鷹祭鳥，燕子去室，鳥雌雄別。	六畜多傷，人足太陰脈虛，〔註17〕人多病痤疽泄。	人足太陰脈盛，多病心脹閉疝瘕。應在驚蟄。
《兌》	初九	秋分	七尺二寸四分	白陽雲出，南黃北白。	風涼滲，雷始收，鷙鳥擊，玄鳥歸，昌盍風至。	草木復榮，人手少陽脈虛，多病溫悲心痛。	人手少陽脈盛，多病胸脇鬲痛。應在春分。
	九二	寒露	八尺二寸	正陽雲出，如冠纓。	霜小下，秋草死，眾鳥去。	來年穀不成，六畜鳥獸被殃，人足蹶陰脈虛〔註18〕，多病疝疼腰痛。	人足蹶陰脈盛，多病痛痁中熱，應在清明。
	六三	霜降	九尺一寸六分	太陽雲出，上如羊，下如磻石。	候雁南向，豺祭獸，霜大下，草禾死。	萬物大耗，來年多大風，人足蹶陰脈虛，多病腰痛。	人足蹶陰脈盛，多病喉風腫，應在穀雨。
	九四	立冬	丈一寸二分	陰雲出接。	不周風至，始冰，薺麥生，賓爵入水為蛤。	地氣不藏，立夏反寒，旱旱晚水，萬物不成，人手少陽脈虛，多病溫心煩。	人手少陽脈盛，多病臂掌痛，應在立夏。
	九五	小雪	丈一尺八分	陰雲出而黑。	陰寒，熊羆如穴，雉入水為蜃。	來年五穀傷，蟲麥不為，人心主脈虛，多病肘腋痛。	人心主脈盛，人多病腹耳痛，應在小滿。
	上六	大雪	丈二尺四分	長雲出，黑如介。	魚負冰，雨雪。	溫氣泄，夏蝗生，大水，人手心主脈虛，多病少氣，五疽水腫。	人手心主脈盛，多病癰疽腫痛，應在芒種。

對於《易緯》四正卦占候術，有以下數端需辨析：

其一、形成的時間。

從內容上看，四正卦占候是綜合了古代物候災異思想、數術中的雲氣占候以及方技中的醫經、醫方而形成的。在古人的心目中，物候是判斷有無災

〔註17〕 鄭注：人足於例亦為「手」也。愚案：下接言「人足太陰脈盛，多病心脹閉疝瘕，應在驚蟄」，「足」亦當為「手」。

〔註18〕 鄭注：人足於例宜為「手」也。愚案：下接言「人足蹶陰脈盛，多病痛痁中熱，應在清明」，「足」亦當為「手」。

異的重要標準。這種思想由來已久。如四正卦占候中《坎》六四卦氣所對應的立春時物候「雉雊」，早在與夏代有密切關係的《夏小正》中就有記載。《夏小正》經文正月云：「雉震呴。」傳曰：「震也者，鳴也。呴也者，鼓其翼也。正月必雷，雷不必聞，惟雉為必聞。何以謂之？雷者雉震呴，相識以雷。」「呴」，《說文》作「雊」，故《夏小正》的「雉震呴」即《易緯》的「雉雊」。古人認為，正月立春之時陽氣漸盛，雷隱隱欲發動，雉必能聞之而鳴，此為常氣適時而至的物候正常表現。若正月立春後雉不鳴，或不應時而鳴，則表明氣有異常，會有災異發生。在殷墟出土的甲骨卜辭中，也發現有以雉鳴為災異的記事，〔註19〕而《尚書·高宗肜日》所載「高宗肜日，越有雊雉」更是一個顯例。這說明早在夏商時已有了以雉鳴為物候，並以雉非時而鳴為災異的思想。四正卦占候術中其它的一些物候，在《夏小正》中也有記載，如《通卦驗》卷下所載：「穀雨（三月）田鼠化為駕」，「夏至（五月）蟬鳴」，「處暑（七月）雨水，寒蟬鳴」，「立冬（十月）賓爵入水為蛤」，「小雪（十月）雉入水為蜃」，「冬至（十一月）麋角解」等，在《夏小正》的相應記載為：「三月田鼠化為駕」，「五月良蜩（即蟬）鳴」，「七月寒蟬鳴，時有霖雨」，「九月雀入於海為蛤」，「十月玄雉入於淮為蜃」，「十一月隕麋角」等。以「雉鳴」災異的思想，可推想這些物候在夏商時也當有災異占候的內容。《逸周書·時訓解》完整記載的周時二十四氣、七十二候，更向我們展示了周人物候災異的觀念，如它說：「雨水之日，獺祭魚。又五日，鴻雁來。又五日，草木萌動。獺不祭魚，國多盜賊。鴻雁不來，遠人不服。草木不萌動，果蔬不熟。」又如：「夏至之日，鹿角解。又五日，蜩始鳴。又五日，半夏生。鹿角不解，兵戈不息。蜩不鳴，貴臣放逸。半夏不生，民多厲疾。」〔註20〕等等。可見，物候災異思想淵源甚古，四正卦占候直接利用了這些思想。

古代數術中有雲氣占候術。這種思想也相當古老。據《周禮》記載，周天文官中有眡祲和保章氏。眡祲的職責是：「掌十煇之法，以觀妖祥，辨吉凶。一曰祲，二曰象，三曰鑴，四曰監，五曰闇，六曰瞢，七曰彌，八曰敘，九曰隋，十曰想。」〔註21〕「煇」通「暈」。鄭眾釋「十煇」曰：「祲，陰陽氣

〔註19〕 如《棪齋甲骨展覽》21 胛骨：「……之日夕屮（有）鳴雉。」《殷虛文字綴合》36 胛骨：「屮（有）鳴雉。」見李學勤《〈夏小正〉新證》，《古文獻叢論》，上海遠東出版社，1996 年，213、214 頁。

〔註20〕 《逸周書》，《漢魏叢書》，吉林大學出版社，1992 年，281 頁。

〔註21〕 《周禮》，《十三經注疏》上，上海古籍出版社，1997 年，808 頁。

相侵也。象者，如赤鳥（案：一作鳥）也。鑱，謂日旁氣，四面反向，如煇狀也。監，雲氣臨日也。闇，日月食也。蕃，日月蕃蕃無光也。彌者，白虹彌天也。敘，雲有次序也，如山在日上也。隮者，升氣也。想者，煇光也。」〔註22〕鄭玄釋曰：「鑱，謂日旁氣刺日也。監，冠珥也。彌，氣貫日也。隮，虹也。想，雜氣有似，可形想。」〔註23〕合二鄭之注，可知十煇當中，除「闇」指日月食外，其餘九煇都屬雲氣（案：古人認爲虹是氣形成的）。在保章氏的工作中，有「以五雲之物，辨吉凶、水旱、降豐荒之祲象」〔註24〕的任務。鄭眾注：「以二至二分觀雲色，青爲蟲，白爲喪，赤爲兵荒，黑爲水，黃爲豐。」〔註25〕《清河郡本》引《通卦驗》載有這種二至二分占雲氣之法，而稍有不同，其曰：「二至二分，必占雲氣。黃如覆車，五穀大熟。青致蟲，白致盜，黑致水，赤致火。」〔註26〕這些說明在周代，作爲天文官的眡祲和保章氏，其職責之一是通過觀雲氣占候災異。《漢書‧藝文志》也把雲氣占候列入「數術略」的天文類。〔註27〕在春秋中葉以前，已有專職官員占驗雲氣。《左傳‧僖公五年》載：「春，王正月，辛亥朔，日南至。公既視朔，遂登觀臺以望，而書，禮也。凡分、至、啓、閉，必書雲物，爲備故也。」〔註28〕杜注：「雲物，氣色災變也。」〔註29〕可知春秋時，魯國天文官在二分、二至日以及立春、立夏、立秋、立冬等日子，都有觀察雲氣以占驗災變的慣例。事實上，占候雲氣在春秋時相當流行。如《國語‧晉語》記有晉獻公在公元前 661 年之前一次田獵中，「見翟祖之氛」，因而攻伐翟祖的故事。〔註30〕又如《左傳‧昭公十五年》記有魯國數術家梓愼相氣，《左傳‧襄公二十七年》提到晉國相氣，《左傳‧哀公六年》記有楚昭王和雲氣，等等。〔註31〕延至戰國、秦、漢，

〔註22〕《周禮》，《十三經注疏》上，上海古籍出版社，1997 年，808 頁。

〔註23〕同上。

〔註24〕同上，819 頁。

〔註25〕同上。

〔註26〕安居香山、中村璋八《緯書集成‧易緯通卦驗‧補遺》，河北人民出版社，1994年，262 頁。

〔註27〕《漢書‧藝文志‧數術略》「天文」有：《黃帝雜子氣》三十三篇，《泰壹雜子雲雨》三十四卷，《國章觀霓雲雨》三十四卷，《漢日旁氣行事占驗》三卷。

〔註28〕《春秋左傳正義》，《十三經注疏》下，上海古籍出版社，1997 年，1794 頁。

〔註29〕同上。

〔註30〕《國語》上冊，上海古籍出版社，1978 年，266～267 頁。

〔註31〕《左傳‧昭公十五年》：「春，將禘於武公，戒百官。梓愼曰：『禘之日，其有咎乎？吾見赤黑之祲，非祭祥也，喪氛也，其在涖事乎？』」《左傳‧襄公二

雲氣占候一直流行，《史記·天官書》載戰國時「因以饑謹疾疫焦苦，臣主共憂患，其察機祥、候星氣尤急」；《史記·秦始皇本紀》載秦統一後，朝中「候星氣者至三百人」；漢代「靈臺待詔，……十二人候氣」。〔註 32〕因此，雲氣占候也有悠遠的傳統，而被四正卦占候所利用。

四正卦占術中的物候和雲氣占候雖淵源古久，但並不能幫助我們確定四正卦占術的成立時間。四正卦占術中所載屬於古代方技中醫經的十二脈，則為解決這個問題提供了證據。案《通卦驗》卷下所載四正卦占候中的二十四脈，實為十二脈，它們為：手太陰脈，手心主脈，心主脈，手陽明脈，手少陽脈，手太陽脈，足太陰脈，足蹶陰脈，足少陰脈，足陽明脈，足少陽脈，足太陽脈。1973～74 年長沙馬王堆漢墓出土帛書，其中有屬於古代方技醫經的《陰陽十一脈灸經》和《足臂十一脈灸經》。《陰陽十一脈灸經》的命名為：鉅陽脈、少陽脈、陽明脈、肩脈、耳脈、齒脈、太陰脈、蹶陰脈、少陰脈（乙本是少陰脈在前，蹶陰脈在後）、鉅陰脈、少陰脈。《足臂十一脈灸經》命名是：足泰陽脈、足少陽脈、足陽明脈、足少陰脈、足泰陰脈、足厥陰脈、臂泰陰脈、臂少陰脈、臂泰陽脈、臂少陽脈、臂陽明脈。有學者將馬王堆帛書《陰陽十一脈灸經》、《足臂十一脈灸經》、《通卦驗》卷下十二脈以及《靈樞·經脈》手足十二經結合起來，通過比較，發現《足臂十一脈灸經》的命名與《易緯·通卦驗》接近，而《陰陽十一脈灸經》尚有「肩脈」、「耳脈」、「齒脈」等原始名稱，沒有和陰陽的概念結合起來，距《易緯·通卦驗》較遠，反映了對經絡現象的命名從《陰陽十一脈灸經》開始，經過《足臂十一脈灸經》、《易緯·通卦驗》十二脈的逐漸完善，到《靈樞·經脈》命名完成的過程。〔註 33〕以表示之〔註 34〕：

《陰陽十一脈灸經》	《足臂十一脈灸經》	《易緯·通卦驗》	《靈樞·經脈》
鉅陰脈	臂太陰脈	手太陰脈	手太陰經
（缺）	（缺）	手心主脈	手厥陰經

十七年》：「秋七月，……晉、楚各處其偏，伯夙謂趙孟曰：『楚氛甚惡，懼難。』」
《左傳·哀公六年》：「是歲也，有雲如眾赤鳥，夾日以飛三日。」

〔註 32〕姚振宗《漢書藝文志條理》引《續漢書·百官志》劉昭補注，卷五，144 頁（《二十五史補編》，冊二，1668 頁）。

〔註 33〕黃自元《〈黃帝內經〉理論體系的易理透析》，王洪圖總主編《〈黃帝內經〉研究大成》下，北京出版社，1997 年，2043、2044 頁。

〔註 34〕同上，2044 頁。

少陰脈	臂少陰脈	心主脈	手少陰經
齒脈	臂陽明脈	手陽明脈	手陽明經
耳脈	臂少陽脈	手少陽脈	手少陽經
肩脈	臂太陽脈	手太陽脈	手太陽經
太陰脈	足泰陰脈	足太陰脈	足太陰經
厥陰脈	足厥陰脈	足蹶陰脈	足厥陰經
少陰脈	足少陰脈	足少陰脈	足少陰經
陽明脈	足陽明脈	足陽明脈	足陽明經
少陽脈	足少陽脈	足少陽脈	足少陽經
鉅陽脈	足泰陽脈	足太陽脈	足太陽經

因此，《通卦驗》十二脈的形成應在馬王堆帛書《足臂十一脈灸經》和《靈樞・經脈》二者形成時間的中間，也即在《足臂十一脈灸經》形成後，《靈樞・經脈》形成前。案馬王堆帛書抄寫於秦漢之際，下限不晚於漢文帝十三年（前168 年）。因此，《足臂十一脈灸經》的形成時間，下限也當不晚於此。《黃帝內經》的創作年代，歷來看法不同，〔註 35〕劉長林先生認為：「《內經》主要部分的創作，可能在西漢中期和前期，而以中期為主。」〔註 36〕依這種觀點，則《通卦驗》十二脈的形成時間不晚於西漢中期。考慮到馬王堆帛書《足臂十一脈灸經》的形成時間，則《通卦驗》十二脈的形成可能在西漢前期。

　　由此，我們推測，四正卦占候術當形成於西漢前期。西漢前期的一些方術之士採用當時流行的十二脈醫經方技內容，以及淵源甚古的物候災異思想和雲氣占候數術，整合成了四正卦占候術。

　　其二、雲氣出現的星宿位置。

〔註 35〕 大體分為三類：西晉皇甫謐、北宋高保衡、林億認為，《內經》確係黃帝及其臣子所述所著；宋代邵雍、程灝、朱熹，明代方以智、胡應麟，清代魏荔彤等人認為，《內經》作於春秋戰國時代，或戰國時代；宋代司馬光、明人方孝孺、清人崔述等認為，《內經》作於周末、秦、漢三個歷史時期，而並未對這三個時期分出主次。見劉長林《黃帝內經》，《中國古代佚名哲學名著評述》第二卷，齊魯書社，1984 年，408、409 頁。

〔註 36〕 他的根據是：「將《內經》與西漢初年著名民間醫家淳于意的醫學思想以及西漢時代重要學術著作《淮南子》、《春秋繁露》進行比較，發現《內經》的醫理與淳于意大體相當或略高，在哲學上則與《淮南子》、《春秋繁露》有著更為緊密的聯繫和極其接近的思維水準。」劉長林《黃帝內經》，《中國古代佚名哲學名著評述》第二卷，齊魯書社，1984 年，420 頁。

四正卦占候中，雲氣適時出現的位置應是二十八宿之位，但由於文字脫落，24 處雲氣出現的星宿位置中，只有 9 處有明確記載。其餘 15 處中可考見者，尚有 5 處。《震》六二爻值清明常氣時「白陽雲出」，《太平御覽》卷八引作「清明白陽雲出奎」，《古微書》同。《離》初九爻值夏至常氣時「少陰雲出」，《開元占經・雲氣犯宿占》引作「夏至少陰雲出尾畢間」。《離》九四爻值立秋常氣時「濁陰雲出」，《開元占經・雲氣犯宿占》引作「立秋濁陰雲出奎婁」。《離》上九值白露常氣時「黃陰雲出」，《古微書》「出」下有「觜」字。《兌》九四值立冬常氣時「陰雲出接」，《開元占經・雲氣犯宿占》引作「立冬正陰雲出胃昴」。其餘 10 處已不可曉。

其三、陰、陽爻與手、足脈的相配。

鄭玄認為，《通卦驗》卷下所載四正卦占候術十二脈的相配中三處有錯。對這些錯誤，他都依「例」改之：與《離》九四爻相配的「人足少陽脈」，與《離》上九爻相配的「人足太陰脈」，與《兌》九二爻相配的「人足蹶陰脈」，三處「人足」於「例」皆當為「人手」。張惠言同意並採用鄭氏之「例」，對《通卦驗》的另一處錯誤也作了修正：與《離》六五爻相配的「人手太陽脈」，張氏認為依「例」宜言「足脈」。案鄭氏、張氏所言的「例」，實即陰、陽爻與手、足脈相配的規律。這種規律其實非常簡單：除了與《兌》九五、上六爻分別相配的人心主脈、人手心主脈外（這兩脈與陰陽的相配還不明確），其餘十脈中，陽爻與手脈相配，陰爻與足脈相配。鄭注《坎》六三大寒用事曰「《坎》六三，陰爻也，屬足」，注《坎》六四立春用事曰「《坎》六四，陰爻也，屬足也」等，皆為其證。

其四、卦氣非時而至與十二脈的虛盛。

卦氣當至不至則其氣虛，氣虛則人脈亦虛。卦氣未當至而至則氣盛，氣盛則人脈盛。人脈虛盛，則人身發生病變。

其五、災異亦應於相衝之時。

四正卦氣非時而至，災異不但發生於當時，而且應於相衝之時。二十四氣的相衝之方可以表示之：

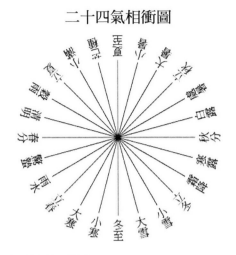

二十四氣相衝圖

其六、觀卦爻象知雲氣及災異。

古人認為，四正卦占候中雲氣、物候以及災異都是由當值的卦爻之象決定的，故觀其卦象，可知災異。由於古易象的佚失，其具體的觀象占候災異的內容理路，大多已不可知。《通卦驗》卷下所保留的鄭玄注中，鄭玄採用爻辰、爻體、互體等象數體例對這種理路作了一些揭示。下面對鄭玄的注解做一整理，藉此或可有助於理解古人的象數理路：

（1）《坎》初六冬至用事，陽雲「如樹木之狀」，鄭注：「《坎》初六，巽爻也，巽為木，如樹木之狀。」案：依鄭氏爻體說，《坎》初六為巽爻。巽為木，故如樹木之狀。

（2）《坎》九二小寒用事，倉陽雲「南倉北黑」，鄭注：「小寒於《坎》直九二，九二得寅氣，木也，為南倉。從坎也，為北黑。」案：依鄭氏爻辰說，《坎》九二在寅，故得寅氣。寅為木，色倉，故南倉。坎位北，色黑，故北黑。

（3）《坎》六三大寒用事，黑陽雲「南黑北黃」，鄭注：「大寒於《坎》直六三，六三得亥氣，水也，為南黑。冬季，土也，為北黃。」案：依鄭氏爻辰說，《坎》六三為亥，故得亥氣。亥為水，色黑，故南黑。土與水同性，冬季位北，為水，也為土，色黃，故北黃。

又，卦氣當至不至，「人足少陰脈虛」，鄭注：「《坎》六三，陰爻也，屬足，不至，故令人脈虛。」

（4）《坎》六四立春用事，「青陽雲如積水」，鄭注：「六四巽爻，得木氣之雲，『如積水』似誤。」案：依鄭氏爻體說，《坎》六四為巽爻。巽為木，

故得木氣之雲。

（5）《坎》九五雨水用事，黃陽雲「南黃」，鄭注：「雨水於《坎》直九五，九五辰在申，得坤氣，爲南黃。」案：依鄭氏爻辰說，《坎》九五辰在申。申在坤位，故得坤氣。坤位西南，色黃，故南黃。

又，卦氣當至不至，「人心痛」，鄭注：「心痛，坎也。」案：本卦爲《坎》，《說卦》云「坎爲心病」，故心痛。

（6）《坎》上六驚蟄用事，赤陽雲「南赤北白」，鄭注：「驚蟄於《坎》直上六，上六得巳氣，巳，火也，爲南赤。又得巽氣，故北白也。」案：依鄭氏爻辰說，《坎》上六爲巳，故得巳氣。巳爲火，故南赤。又巳位於巽位，巽爲白，故北白。

又，卦氣當至不至，「人多疫病癅」，鄭注：「上六得巽之氣，爲白，又爲寡發而白，是老人也。」案：鄭氏認爲此「人」爲老人，並由巽象釋之。巽爲白，爲寡發，故爲老人。

（7）《震》初九春分用事，正陽雲「如積鵠之象」，鄭注：「《震》初九辰在子，震爻也，如積鵠之象。」案：依鄭氏爻辰說，《震》初九辰在子。依鄭氏爻體說，又爲震爻。震爲積鵠之象，爲鄭氏逸象。

（8）《震》六二清明用事，白陽雲「南白北黃」，鄭注：「清明《震》直六二，六二，震在酉，得兌氣，爲南白。互體有艮，故北黃也。」案：依鄭氏爻辰說，《震》六二爲酉，酉在兌位，故得兌氣。兌爲白，故南白。《震》二、三、四爻互爲艮，艮處東北，艮爲土，色黃，故北黃。

又，卦氣當至不至，「菽豆不爲」，鄭注：「震於稼爲反生，豆菽之類。」案：鄭氏引《說卦》之象。《說卦》：「震於稼也，爲反生。」

（9）《震》六三穀雨用事，太陽雲「上如車蓋，不（張惠言曰：『不』當爲『下』）如薄」，鄭注：「《震》六三辰在辰，得乾氣，形似車蓋。震爲萑葦，故不如薄也。」案：依鄭氏爻辰說，《震》六三爲辰，辰位於乾位，故得乾氣。馬融於《小畜》九三爻注曰：「乾爲車。」《周易集解》引盧氏注《大有》九二《象》曰：「乾爲大車。」可知乾有車的古逸象。又乾爲圓，故形似車蓋。「震爲萑葦」，爲《說卦》之象。

又，卦氣當至不至，「水物稻等不爲，人多病癃疽癅，振寒霍亂」，鄭注：「六三，兌爻也；互體坎氣不至，故水澤之物不爲。癃疽癅，振寒霍亂，亦垢、兌之病。」案：依鄭氏爻體，六三爲兌爻，兌爲澤；《震》三、四、五爻

互體為坎，坎為水，故水澤之物不為。鄭氏認為癰疽瘺、振寒霍亂等病也是由《姤》、兌卦象決定的，其因已不可曉。

（10）《震》九四立夏用事，當陽雲「紫赤如珠」，鄭注：「《震》九四辰在午也，午為火，互體坎氣相亂也，故赤色皆如珠也。」案：依鄭氏爻辰說，《震》九四為午，午為火，火色赤。又《震》三、四、五爻互體為坎，坎為水。水火相克相亂，故赤色如珠。

又，卦氣當至不至，「牛畜病」，鄭注：「四互體艮，艮在丑，故牛畜病也。」案：《震》二、三、四互體為艮，艮位於丑，丑為牛，故牛畜病。

（11）《震》六五小滿用事，上陽雲「赤而饒」，鄭注：「六五辰在卯，與震木同位。震木可曲可直。五六（張惠言曰：『五六』當作『六五』）離爻。亦有互體坎，（脫坎字）之為輪也。饒，言其刑行四也（張惠言曰：『刑行四』當為『刑紆曲』）。」案：依鄭氏爻辰說，六五在卯，卯與震同位，震為木，《尚書・洪範》云「木曰曲直」。依鄭氏爻體說，六五為離爻，離為赤。《震》三、四、五爻互體為坎，坎為輪，其形圓曲。由以上卦爻象，故曰赤而饒。

（12）《震》上六芒種用事，長陽雲「集赤如曼曼」，鄭注：「上六辰在巳，又得巽氣，故集赤不純。巽又長，故曼之也。」案：依鄭氏爻辰說，上六辰在巳，巳為赤；巳在巽位，得巽氣，巽為白，故赤不純。巽為長，故曼（案：曼，長也）。

（13）《離》初九夏至用事，少陰雲「如水波崇崇」，鄭注：「夏至離用事，位直初九，辰子也。故水波崇崇。」案：依鄭氏爻辰說，初九為子，子為水，故水波崇崇。

（14）《離》六二小暑用事，「黑陰雲出，南黃北黑」，鄭注：「六二，離爻也，為南黃。互體巽，巽為（孫詒讓案：《寶典》引『為』下有『黑』字，當據補），故北黑也。」案：依鄭氏爻體說，六二為離爻，離位南，故南黃。又，《離》二、三、四爻互體為巽，鄭氏逸象巽為黑，故北黑。

（15）《離》九三大暑用事，陰雲「南赤北倉」，鄭注：「大暑於《離》直九三，九三辰在辰，得巽氣。離為火，故南赤。巽木，故北倉。」案：依鄭氏爻辰說，九三在辰，辰與巽同位，故得巽氣。巽色倉，故北倉。本卦離位南，色赤，故南赤。

又，卦氣當至不至，「外兵作，來年饑」，鄭注：「互體兌，上直畢，畢

為（張惠言云：下脫『邊兵』字），故外兵作也。兌又為剛鹵，當國，不生物。故來年饑。」案：《離》三、四、五互體為兌，兌上直畢宿，古星占畢主邊兵，故外兵作。《說卦》云「兌為剛鹵」，鹼為鹵，鹼性土地不生物，故來年饑。

（16）《離》九四立秋用事，濁陰雲「上如赤繒，列下黃幣」，鄭注：「立秋於《離》直九四，辰在午。又互體巽，故上如赤繒。立秋直坤，黃色，故名黃幣也。」案：依鄭氏爻辰說，九四在午，午為火為赤；又《離》二、三、四爻互體為巽，巽為繒為鄭氏逸象，故曰赤繒。依八卦卦氣，立秋坤用事，坤為土，黃色，故曰黃幣。

又，卦氣當至不至，「暴風為災，年歲不入」，鄭注：「四互體巽，巽為風災也。風有散物，故年不入也。」案：《離》二、三、四互體為巽，巽為風，故暴風為災。又風為散象，故年不入。

（17）《離》六五處暑用事，赤陰雲「南黃北黑」，鄭注：「處暑於《離》直六五，六五辰在卯，得震氣，震為（孫詒讓案：《寶典》引『震為』下有『玄黃』二字，當據補），故南黃也。」案：依鄭氏爻辰說，六五在卯，卯與震同位，故得震氣。《說卦》云「震為玄黃」，故曰南黃。

（18）《離》上九白露用事，黃陰雲「南黑北黃」，鄭注：「白露於《離》直上九。上九，艮爻也，故北黃。辰在戌，得乾氣，故南黑也。」案：依鄭氏爻體說，上九為艮爻，艮處東北，故北黃。依鄭氏爻辰說，上九在戌，戌與乾同位，故得乾氣。尚秉和從《焦氏易林》得乾南的古逸象，〔註37〕故南黑。

（19）《兌》初九秋分用事，白陽雲「南黃北白」，鄭注：「秋分於《兌》直初九。初九震爻，為南黃。猶兌，故北白。」案：依鄭氏爻體說，初九為震爻，《說卦》云「震為玄黃」，故南黃。本卦為兌，兌為白，故北白。

（20）《兌》九二寒露用事，正陽雲「如冠纓」，鄭注：「寒露於《兌》直九二。九二辰在寅，得艮氣。形似冠纓者，艮象也。」案：依鄭氏爻辰說，九二辰在寅，寅在艮位，故得艮氣。艮為冠纓，為鄭氏逸象。

又，卦氣當至不至，「人多病疕疼」，鄭注：「九二，坎爻也，為脊氣，不至，疕疼也。」案：依鄭氏爻體說，九二為坎爻，《說卦》云「坎為美脊」，故為脊氣。卦氣不至，則疕疼。

〔註37〕尚秉和《焦氏易詁》，中華書局，1991年，11、257、258頁。

（21）《兌》六三霜降用事，太陽雲「上如羊，下如礦石」，鄭注：「霜降於《兌》直六三。六三兌爻，爲羊；又上直礦石之星，故上如羊，下如礦石。」案：依鄭氏爻體說，六三爲兌爻，兌爲羊。依鄭氏爻辰說，兌上直礦石之星，故上如羊，下如礦石。

又，卦氣不至，「來年多大風，人腰痛」，鄭注：「六又（張惠言曰：疑『又』當爲『三』）互體巽，則暴發，來年則爲大風也。又撓屈萬物，故令人患其腰痛也。」案：《兌》三、四、五爻互體爲巽，巽爲風，故來年爲大風。《說卦》曰「撓萬物者莫疾於風」，風撓屈萬物，故使人腰痛屈腰。

又，卦氣不至，「人多病喉風腫」，鄭注：「又互體離，離巽火得風腫。」案：《兌》二、三、四爻互體爲離，又互體巽，離爲火，巽爲風，故得風腫。

（22）《兌》九四立多用事，「陰雲出接」，鄭注：「立多於《兌》直九四。九四辰在午，火性炎上，故接。」案：依鄭氏爻辰說，九四在午，午爲火，《尚書‧洪範》云「火曰炎上」，故曰接。

（23）《兌》九五小雪用事，「陰雲出而黑」，鄭注：「小雪於《兌》直九五。九五兌（張惠言曰：『兌』當爲『坎』）爻，得坎氣，故黑。」案：依鄭氏爻體說，九五爲坎爻，得坎氣，坎位北，色黑，故出而黑。

又，卦氣不至，「人多病腹耳痛」，鄭注：「九五坎爻，故耳病也。辰在申，氣得（張惠言曰：脫『坤』字），故腹痛。」案：依鄭氏爻體，九五爲坎爻，《說卦》云「坎爲耳病」，故耳病。依鄭氏爻辰說，九五在申，申在坤位，故得坤氣，《說卦》云「坤爲腹」，故腹痛。

（24）《兌》上六大雪用事，「長雲出」，鄭注：「大雪於《兌》直上六。上六辰在巳，得巽氣，爲長。」案：依鄭氏爻辰說，上六在巳，巳位巽位，《說卦》云「巽爲長」，故曰長雲。

第二節 八卦氣占候

《易緯》有兩處記載了八卦氣說，一處爲《乾鑿度》卷上，另一處爲《通卦驗》卷下。下面分別作一辨析。

一、《乾鑿度》卷上八卦氣說

《乾鑿度》卷上載有八卦於一年中用事的八卦氣說，其曰：

其（八卦）布散用事也，震生物於東方，位在二月。巽散之於東南，位在四月。離長之於南方，位在五月。坤養之於西南方，位在六月。兌收之於西方，位在八月。乾剝之於西北方，位在十月。坎藏之於北方，位在十一月。艮終始之於東北方，位在十二月。八卦之氣終，則四正四維之分明，生長收藏之道備，陰陽之體定，神明之德通，而萬物各以其類成矣，皆易之所包也。至矣哉，易之德也！孔子曰：歲三百六十日而天氣周，八卦用事各四十五日，方備歲焉。故艮漸正月，巽漸三月，坤漸七月，乾漸九月，而各以卦之所言爲月也。……四維正紀，經緯仲序。

案「四正」、「四維」、「經緯仲」，是古人表達空間結構的術語，涉及到四方、八位、十二度的空間結構。對此，《淮南子‧天文》有明確記載。其曰：「子午、卯酉爲二繩，丑寅、辰巳、未申、戌亥爲四鉤。東北爲報德之維（高注：報，復也。陰氣極於北方，陽氣發於東方，自陰復陽，故曰報德之維。四角爲維也）也，西南爲背陽之維（高注：西南已過，陽將復陰，故曰背陽之維），東南爲常羊之維（高注：常羊，不進不退之貌。東南純陽用事，不盛不衰，常如此，故曰常羊之維。莊逵吉曰：常羊即相羊，亦即倘佯，《漢書‧吳王濞傳》又作方洋，司馬相如《上林賦》又作襄羊，皆是也，亦古字通用），西北爲蹏通之維（高注：西北純陰，陰氣閉結，陽氣將萌，蹏始通之，故曰蹏通之維）。」〔註38〕又曰「太陰在四仲」，高注：「仲，中也。四中，謂太陰在卯、酉、子、午四面之中也。」〔註39〕鄭玄注釋這些術語說：「四維，正四時之紀。則坎、離爲經，震、兌爲緯，此四正之卦，爲四仲之次序也。」綜合《淮南子》、高注和鄭注，「四正」即「四仲」，即「四中」，即「二繩」，指子午卯酉四方，其中子午爲經繩，卯酉爲緯繩。「四維」即「四鉤」，指東北、東南、西南、西北四角，用地支表示即丑寅、辰巳、未申、戌亥。十二支表示八方，即十二度。馬王堆漢墓出土《禹藏圖》小圖和雙古堆出土古式地盤背面，有這種圖式，圖示如下〔註40〕：

〔註38〕劉文典《〈淮南鴻烈〉集解》，安徽大學出版社，雲南大學出版社，1998年，94頁。

〔註39〕同上。

〔註40〕參考李零《中國方術考》（修訂版），東方出版社，2000年，133頁。

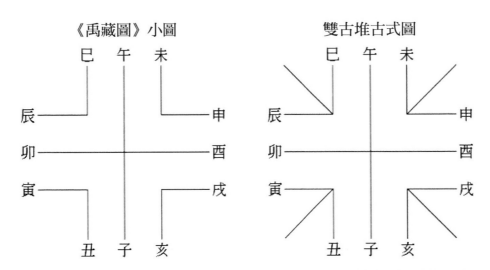

《禹藏圖》小圖　　　雙古堆古式圖

因此，《乾鑿度》卷上八卦氣說，是八卦與歲時和空間相配納的一種象數體例。在時間上，它以一平年三百六十日八分，一卦用事四十五日。又以八卦與十二月相配，其中坎離震兌各主一月，其餘四卦各主兩月。在空間上，以坎離震兌主四正之位，為四正卦，其餘四卦主四維之位，為四維卦。圖示如下：

《乾鑿度》卷上八卦氣圖

值得注意的是，《乾鑿度》卷上對八卦氣說中的四維卦相配原理專門作一解釋，它說：

　　乾者，天也，終而為萬物始，北方萬物所始也，故乾位在於十月。

艮者，止物者也，故在四時之終，位在十二月。巽者，陰始順陽者
也，陽始壯於東南方，故位在四月。坤者，地之道也，形正六月。
孔子曰：乾坤，陰陽之主也。陽始於亥，形於丑。乾位在西北，陽
祖微據始也。陰始於巳，形於未，據正立位，故坤位在西南，陰之
正也。君道倡始，臣道終正，是以乾位在亥，坤位在未，所以明陰
陽之職，定君臣之位也。

這段話說明，四維卦與月份、方位的配納，是依據卦象和歲時陰陽二氣之理。
案乾爲天，爲始，《乾·象》曰：「大哉乾元，萬物資始，乃統天。」《乾》卦
辭曰「元亨利貞」，子夏注曰：「元，始也。」〔註41〕鄭玄於《通卦驗》卷上
注兩引「乾爲始」。鄭玄注曰「陽氣始於亥，生於子，形於丑」，古人認爲，
陽氣始於十月西北亥方，生於子，形於丑，故以乾天、始的卦象配十月西北
亥方，正恰當表示了元陽之氣發生的形上（案：天指形上之意）始據。《說卦》
曰：「坤爲地。」《乾坤鑿度》卷上曰：「坤爲形。」故坤有形的古逸象。鄭玄
注曰「陰氣始於巳，生於午，形於未」，古人認爲，陰氣始於巳，生於午，形
於六月西南未方，故以坤地、形的卦象配六月西南未方，正恰當表示了陰凝
之氣成物之形的形下（案：地爲形下之意）事實。《說卦》曰：「艮，止也。」
十二月爲一歲之終止，故以艮配十二月。《乾鑿度》卷上曰：「巽，順也。」
陸績注《巽·象》曰：「巽，順也。」〔註42〕王肅注《中孚·象傳》曰：「巽，
順。」〔註43〕故巽有順的逸象。四月於東南巳位，陽氣壯盛，陰始順之，故
以巽順的卦象配四月巳位。

從《乾鑿度》以上對四維卦相配原理的說明，可推知八卦氣的配納是八
卦之象與一歲陰陽二氣之理的精密契合，亦即象理合一，此即「陰陽之體定」，
亦即「《易》以道陰陽」的本質。

《乾鑿度》卷上這種八卦氣說，其八卦一年用事以震卦爲首，這是一個
重要特點。案《逸周書·周月解》曰：「萬物春生，夏長，秋收，冬藏。天地
之正，四時之極，不易之道。夏數得天，百王所同。其在商湯，……改正朔，……
以建丑之月爲正。……亦越我周王，致伐於商，改正異械，以垂三統。至於

〔註41〕李鼎祚《周易集解》引。
〔註42〕方申《諸家易象別錄》，《方氏易學五書》，續修四庫全書本。
〔註43〕同上。

敬授民時，巡狩祭享，猶自夏焉。」〔註44〕周人在解釋周代曆法時說：春生、夏長、秋收、冬藏，這是天地運行的正道，四時流行的常軌，是不可變易的道理。這種道理，夏人早就體悟並依之制訂了曆法。這種曆法以正月寅春為首，與天道運行的度數相符合。而商、周皆改正朔，商以建丑之月（十二月）為正，周以子月（十一月）為正。但周代在敬授民時、巡狩祭享等方面仍然實行夏曆，以春為一年開始。由此看來，以春夏秋冬、生長收藏為一年次序，這種思想早在夏代已經出現，至周人仍然實行，可謂源遠流長。《乾鑿度》八卦氣說以震春為首，一年用事，正反映了源於夏人的這種「生長收藏之道」。

把《乾鑿度》卷上八卦氣說的卦序與《說卦》所載八卦用事之序相對照，可看到二者相同，當為同一系統。《說卦》記載：「帝出乎震，齊乎巽，相見乎離，致役乎坤，說言乎兌，戰乎乾，勞乎坎，成言乎艮。」晉人干寶認為這章文字屬於《連山》內容。朱彝尊《經義考》引干寶之言曰：「帝出乎震，齊乎巽，相見乎離，致役乎坤，說言乎兌，戰乎乾，勞乎坎，成言乎艮，此《連山》之易也。」〔註45〕《連山》為古三《易》之一，鄭玄、桓譚、姚信、皇甫謐、孔穎達等人指出為夏人之《易》，其卦序以艮為首。〔註46〕案「艮漸正月」，以艮為首也即以春為首，這確實符合夏人以春為一年之首的思路和曆法。皇甫謐指出了這一點：「夏以十三月為正，人統，艮漸正月，故以艮為首。」〔註47〕因此，以震春為首的《說卦》這段內容，與以艮為首的《連山》有同一的古代易學知識背景，確應歸入《連山》系統，干寶之言確有見地。而由此推之，《乾鑿度》的八卦氣說也當屬於《連山》系統。這樣看來，它的來源很可能非常早。

劉大鈞先生指出：「《說卦》此章，實際上乃是記錄了古人『卦氣』之說。」

〔註44〕 《逸周書》卷六，《漢魏叢書》，吉林大學出版社，1992 年，281 頁。案《逸周書》的來源，或說是孔子刪書之餘所編，或說是古書流行於民間，後人搜集起來的，有很高的史料價值。

〔註45〕 朱彝尊《經義考》，中華書局，1998 年，23 頁。

〔註46〕 《周禮・春官・大卜》：「（大卜）掌三《易》之法，一曰《連山》，二曰《歸藏》，三曰《周易》。」又《周禮・春官・簭人》：「簭人掌三《易》，以辨九簭之名，一曰《連山》，二曰《歸藏》，三曰《周易》。」賈公彥疏曰：「此《連山易》，其卦以純艮為首。」又見《周易正義・卷首》第三《論三代之〈易〉》。又，桓譚、姚信、皇甫謐等人都有論及，見朱彝尊《經義考》引，中華書局，1998 年，23 頁。

〔註47〕 朱彝尊《經義考》引，中華書局，1998 年，23 頁。

〔註48〕案《說卦》內容甚古，其成書在戰國。由此推之，《乾鑿度》八卦氣說當淵源甚古，最遲當在戰國時已經存在。

二、《通卦驗》卷下八卦氣占候

《通卦驗》卷下記載了另一種八卦氣說，在內容、卦序、功用等方面與《乾鑿度》卷下八卦氣說有所不同。其曰：

> 冬至四十五日以次，周天三百六十五日復當。乾，西北也，主立冬，人定，白氣出，直乾。坎，北方也，主冬至，夜半，黑氣出，直坎。艮，東北也，主立春，雞鳴，黃氣出，直艮。震，東方也，主春分，日出，青氣出，直震。巽，東南也，主立夏，食時，青氣出，直巽。離，南方也，主夏至，日中，赤氣出，直離。坤，西南也，主立秋，晡時，黃氣出，直坤。兌，西方也，主秋分，日（孫詒讓案：《寶典》引「日」下有「入」字，當據補），白氣出，直兌。

可見，在內容上，它是以八卦與八方、八節（即二分、二至、四立）、五色和一日中的八時相配。與《乾鑿度》卷上八卦氣按一平年三百六十日八均分不同，《通卦驗》採用古四分曆《殷曆》，按一年三百六十五日八分爲八節，八節的日數是不可能均等的。《通卦驗》只指出「冬至四十五日」，其餘則闕如。那麼，其餘七節的日數如何呢？《淮南子·天文》所記錄的《殷曆》可幫助我們解決這個問題。《淮南子·天文》記八節之日數曰：

> 斗指子則冬至，音比黃鍾；加十五日指癸則小寒，音比應鍾；加十五日指丑則大寒，音比无射；加十五日指報德之維，則越陰在地，故曰距日冬至四十六日而立春，陽氣凍解，音比南呂；加十五日指寅則雨水，音比夷則；加十五日指甲則雷驚蟄，音比林鍾；加十五日指卯中繩，故曰春分則雷行，音比蕤賓；加十五日指乙則清明風至，音比仲呂；加十五日指辰則穀雨，音比姑洗；加十五日指常羊之維則春分盡，故曰有四十六日而立夏，大風濟，音比夾鍾；加十五日指巳則小滿，音比太蔟；加十五日指丙則芒種，音比大呂；加十五日指午則陽氣極，故曰有四十六日而夏至，音比黃鍾；加十五日指丁則小暑，音比大呂；加十五日指未則大暑，音比太蔟；加十

〔註48〕劉大鈞〈「卦氣」溯源〉，《中國社會科學》，2000 年第 5 期，127 頁。

> 五日指背陽之維則夏分盡，故日有四十六日而立秋，涼風至，音比
> 夾鍾；加十五日指申則處暑，音比姑洗；加十五日指庚則白露降，
> 音比仲呂；加十五日指酉中繩，故曰秋分雷戒，蟄蟲北向，音比蕤
> 賓；加十五日指辛則寒露，音比林鍾；加十五日指戌則霜降，音比
> 夷則；加十五日指蹠通之維則秋分盡，故日有四十六日而立冬，草
> 木畢死，音比南呂；加十五日指亥則小雪，音比无射；加十五日指
> 壬則大雪，音比應鍾；加十五日指子。

由此，可知八節的時間為：多至四十六日，立春四十五日，春分四十六日，立夏四十六日，夏至四十六日，立秋四十五日，秋分四十六日，立冬四十五日。由此，我們推測《通卦驗》的八節日數應與此同：多至四十六日（《通卦驗》卷下載「四十五日」疑誤，當為四十六日），立春四十五日，春分四十六日，立夏四十六日，夏至四十六日，立秋四十五日，秋分四十六日，立冬四十五日。

　　由此，我們可將《通卦驗》卷下八卦氣中，八卦與八方、八節、一日中的八時、五色、日數的相配，圖示如下：

《通卦驗》八卦氣圖

與《乾鑿度》八卦氣以震為首的卦序不同，《通卦驗》八卦氣以乾為首，這表明它應屬於《周易》系統。作為三《易》之一，《周易》系統的重要特點之一是它的卦序以乾為首，不論是傳本《易經》六十四卦卦序、《說卦》「乾

坤震巽坎離艮兌」的卦序，還是出土帛書《易經》的分宮卦序，皆如此。賈公彥疏《周禮・春官・大卜》「掌三《易》之法……三曰《周易》」曰：「《周易》以純《乾》爲首。」《通卦驗》八卦氣以乾爲首的做法，也定當本之於《周易》系統的這種結構特徵。對這種乾爲首的八卦氣卦序，我們推測它可能形成於秦代。秦以十月爲正，據《史記・秦始皇本紀》載：「秦初併天下，……改年始，朝賀皆自十月朔。」《通卦驗》八卦氣以乾配十月立冬，作爲一年的開始，顯然是有秦曆法的背景。因此，不能排除它在秦代形成的這種可能。

從功用而言，《通卦驗》八卦氣是一種占候災異的占術。《通卦驗》卷下曰：「凡易八卦之氣，驗應各如其法度，則陰陽和，六律調，風雨時，五穀成熟，人民取昌，此聖帝明王所以致太平法。八卦氣不效，則災異氣臻，八卦氣應失常。」八卦氣的驗應，有兩種情況：若卦氣適時而至，則呈現爲祥瑞，如立冬人定時乾氣出直，白氣出，則一切正常，社會太平，可謂正氣，等等；若卦氣非時而至，則爲災異。災異的情況，按較詳細的一年二十四氣來看，又可分爲兩種情形，即卦氣出右和卦氣出左。卦氣出右即先時而至，先時而至則有災異，如艮氣正常應出直立春，若出右直大寒之地，則萬物霜。卦氣出左即後時而至，如艮氣若出左直驚蟄之地，則山崩，湧水出。又按較簡略的一年八節來看，亦可分爲兩種情形，即氣進和氣退。氣進即卦氣出直下一節，如艮氣見於春分之分，則萬物不成，氣過山崩。氣退即卦氣出直上一節，如艮氣見於冬至之分，則數有雲霧霜。災異除應於當時外，還應於其衝之時，如直立春的艮氣不至，則立秋山陵多崩，萬物華實不成，五穀不入。依據《通卦驗》卷下所載，以及鄭玄之注，列表如下：

《通卦驗》八卦氣占候

八卦氣	災　　異　　占　　驗				
	氣出右	氣出左	氣　進	氣　退	應在其衝
乾氣	氣出霜降之地，萬物半死。〔註49〕	氣出小雪之地，萬物傷。	乾氣見於冬至之分，則陽氣火盛，當藏不藏，蟄蟲多行。	乾氣退，見於秋分之分，傷萬物。	乾氣不至，則立夏有寒，傷禾稼，萬物多死，人民疾疫。於是歲，立夏蚤蟄，夏至寒。

〔註49〕案：鄭玄注曰「立冬之左霜降之地，右小雪之地」，「左」「右」疑有誤，應爲「立冬之右霜降之地，左小雪之地」。

坎氣	氣出大雪之地，天下旱。〔註50〕	氣出小寒之地，湧水出。〔註51〕	坎氣見立春之分，則水氣乘出，於是歲多水災，江河決，山水湧出。	坎氣退，見於立冬之分，則天下旱。	坎氣不至，則夏至大寒雨雪，湧泉出，歲多大水。
艮氣	氣出大寒之地，萬物霜。	氣出驚蟄之地，山崩，湧水出。	艮氣見於春分之分，則萬物不成，氣過山崩。	艮氣見於冬至之分，則數有雲霧霜。	艮氣不至，則立秋山陵多崩，萬物華實不成，五穀不入。
震氣	氣出雨水之地，萬物半死。	氣出清明之地，蛟龍出。	震氣見立夏之分，雷氣盛，萬物蒙而死，不實，龍蛇數見，不雲而雷，冬至乃至。	震氣見於立春之分，歲中少雷，萬物不茂。	震氣不至，則歲中少雷，萬物不實，人民疾熱。
巽氣	氣出穀雨之地，風橇木。	氣出小滿之地，萬物傷，人民疾濕。	巽氣見夏至之分，則風，氣過折木。	巽氣見於春分之地，則盲風至，萬物不成，濕傷人民。	巽氣不至，則歲中多大風，發屋揚砂，禾稼盡臥。
離氣	氣出芒種之地，萬物半死。	氣出小暑之地，赤地千里。	離氣見於立秋之分，兵起。	離氣見於立夏之分，則其歲日無光，陰必害之。	離氣不至，則日無光，五穀不榮，人民病目痛，冬無冰。
坤氣	氣出大暑之地，萬物半死。	氣出處暑之地，地動。	坤氣見於秋分之分，則其歲地動搖，江河水乍存乍亡。	坤氣見於夏至之分，則地分裂，水泉不泯。	坤氣不至，則萬物不茂，地數震，牛羊多死。
兌氣	氣出白露之地，萬物不生。	氣出寒露之地，則虎傷人。	兌氣見於立冬之分，則萬物不成，虎狼為災，在澤中。	兌氣見於立秋之分，則澤枯，萬物不成。	兌氣不至，則歲中多霜，草木枯落，人民疥瘙。

　　關於八卦氣占候的原理，《通卦驗》卷下明確指出：「夫八卦謬亂，則綱紀壞敗，日月星辰失其行，陰陽不和，四時易政。八卦氣不效，則災異氣臻，八卦氣應失常。」又曰：「故設卦觀象，以知有亡。」在八卦氣作者們看來，表示卦氣的八卦是整個占候的核心，發生災異的原因是由於當直的八卦謬

〔註50〕鄭注：「冬至右小雪之地。」孫詒讓案：「《寶典》引作『冬至之右大雪之地』。」
　　　　張惠言謂：「右小雪，『小』當作大。」據改。
〔註51〕鄭注：「小雪水方盛。」孫詒讓案：「《寶典》引作『左小寒之地，小寒水方盛』。」
　　　　張惠言曰：「『雪』當為寒。冬至左小寒之地，『水』當為冰，十二月冰方盛也。」
　　　　據改。

亂，即八卦氣不能夠按時起效。因此，通過設卦觀象，即可測知災異。《通卦驗》卷下記載的一些卦象，以及鄭玄的卦象注釋，就表現了古人的這一理路。下面對此作一初步探討。

（1）《說卦》曰「乾爲君，爲父，爲玉，爲金，爲寒，爲冰」，故乾氣不時主要引致這些方面的災異。《通卦驗》於乾氣見於冬至日：「乾爲君、父，爲寒，爲冰，爲金，爲玉。於是歲，則立夏蚤蟄，夏至寒。」鄭玄注曰：「爲君爲父，言或有偶（張惠言曰：時當有僭君父者）。爲金爲玉，寶物將用也。」由鄭注可知，《通卦驗》當脫落「時有僭君父者」、「寶物將用」類似文字。案：由乾爲寒，故夏至寒。由乾爲君爲父，故時當有僭君父者。由乾爲金爲玉，故寶物將用。

（2）《說卦》曰「坎爲水」，故坎氣不時主要致水災。《通卦驗》於坎氣見於立春日：「坎爲溝瀆，於是歲多水災，江河決，山水湧出。」鄭注：「立春之分，分屬於艮，坎氣見焉，是謂水氣乘出，故歲多水災，江河決，溝瀆壞也。」案：立春本屬艮分直，坎氣進現，發生災異。由坎爲水，爲溝瀆，艮爲山（皆見《說卦》），故多水災，山水湧出，溝瀆壞。

（3）《說卦》曰「艮爲山」，故艮氣不時主要致山崩之災。《通卦驗》於艮氣見於春分日：「艮爲山，爲止不止，則氣過山崩。」鄭注：「春分之分，分屬於震，艮氣見焉，過而動，是以崩也。」案：春分本屬震分直，艮氣進現，發生災異。由艮爲山爲止，震爲動，故有山崩之災。

（4）《說卦》曰「震爲雷」，故震氣不時主要致少雷或雷盛的災異，即《通卦驗》所言：「震氣不至，則歲中少雷。」「震氣見立夏之分，雷氣盛，不雲而雷。」

（5）《說卦》曰「巽爲風」，故巽氣不至主要致風災，即《通卦驗》所言：「氣出右，風樕木。」「巽氣不至，則歲中多大風，發屋揚砂。」「巽氣見夏至之分，則風，氣過折木。」「巽氣退，則盲風至。」

（6）《說卦》曰「離爲日，爲目，爲戈兵」，故離氣不至主要引致這些方面的災異，即《通卦驗》所言：「離氣不至，則無日光，人民病目痛。」「離氣見於立秋之分（鄭注：離爲戈兵，失氣，故兵起也。張惠言曰：『立秋之分』下，脫『兵起』句）。」「離氣退，則其歲日無光。」

（7）《說卦》曰「坤爲地」，故坤氣不時則發生地震、地裂等災異，即《通卦驗》所言：「氣出左，地動。」「坤氣不至，地數震。」「坤氣見於秋分之分，

則其歲地動搖。」「坤氣退，則地分裂。」

（8）《說卦》曰：「兌爲澤，爲毀折。」馬融注《頤》六四爻曰：「兌爲虎。」〔註52〕陸績注《革》上六《象》曰：「兌稱虎。」〔註53〕看來，兌當有虎的古逸象。因此，兌氣不時則發生這些方面的災異，即《通卦驗》所言：「氣出右，萬物不生。氣出左，則虎害人。」「兌氣不至，則草木枯落。」「兌氣見於立冬之分，則萬物不成，虎狼爲災，在澤中。」「兌氣退，則澤枯，萬物不成。」

第三節　十二消息卦占候

一、《通卦驗》十二消息卦占候

　　《通卦驗》卷下記載了十二消息卦的一些占候內容。它把十二消息卦按一年春夏秋冬的順序分配，各候其卦氣。《泰》、《大壯》、《夬》爲春三月候卦氣者，《乾》、《姤》、《遯》爲夏三月候卦氣者，《否》、《觀》、《剝》爲秋三月候卦氣者，《坤》、《復》、《臨》爲冬三月候卦氣者。十二消息卦氣按實氣有寒、溫之分，其中候春夏實氣爲溫，候秋冬實氣爲寒。詳細地說，候春三月氣的《泰》、《大壯》、《夬》三卦，其三爻皆爲陽，上爻皆爲陰，即皆爲九三、上六，稱爲決溫；候夏三月氣的《乾》、《姤》、《遯》三卦，其三爻皆爲陽，上爻皆爲陽，即皆爲九三、上九，稱爲微溫；候秋三月氣的《否》、《觀》、《剝》三卦，其三爻皆爲陰爻，上爻皆爲陽爻，即皆爲六三、上九，稱爲決寒；候冬三月氣的《坤》、《復》、《臨》三卦，其三爻皆爲陰，上爻皆爲陰，即皆爲六三、上六，稱爲微寒。若各月卦氣適時而至，則各呈現其形貌：春爲青，夏爲赤，秋爲白，冬爲黑。若十二消息卦氣非時，則有災異。災異除現於當時外，還應於相衝之時，即春應於秋，秋應於春，夏應於冬，冬應於夏，等等。現依《通卦驗》卷下所載，以及鄭玄之注，列表如下：

〔註52〕轉引清儒方申《諸家易象別錄》，見《方氏易學五書》，續修四庫全書本。
〔註53〕同上。

十二消息卦占候

四時	消息卦	卦爻	實氣	形貌	災　異			
					一卦不至	二卦不至	三卦不至	比不至、應在其衝
春三月	《泰》《大壯》《夬》	皆九三、上六	決溫	青氣	秋蚤霜。	雷不發蟄。	三公有憂，在八月。	日食無光，君失政，臣有謀。白氣應之，期百日二旬。臣有誅者，則各降。
夏三月	《乾》《姤》《遯》	皆九三、上九	微溫	赤氣	秋草木早死。	冬無冰，人民病。	臣內殺，三公有繯経之服，崩，以三月爲期。	大風折木發屋，期百日二旬。地動應之，大風。
秋三月	《否》《觀》《剝》	皆六三、上九	決寒	白氣	中臣有用事者，春卜霜。	霜著木，在二月。	臣專政，草木春落，臣有免者則已。	君私外家，中不慎刑，臣不盡職，大旱而荒。青氣應之，期百有二旬。
冬三月	《坤》《復》《臨》	皆六三、上六	微寒	黑氣	夏雨雪。	水。	湧水出。	赤氣應之，期在百二十日，內有兵、日食之災。

二、《通卦驗》七十二候占術

　　《通卦驗》卷下這種十二消息卦占候比較簡單。《通卦驗》還記錄了另一種十二消息卦爻與七十二候相配的占術。《太平御覽》卷 967 引《通卦驗》曰：「驚蟄，《大壯》初九，候桃始華。桃不華，倉庫多火。」卷 944 引《通卦驗》曰：「《遘》上九，候蟬始鳴。不鳴，國多妖言。」這兩條，《緯捃》、《古微書》、《緯書》、《集緯》、《黃氏逸書考》、《緯書集成》皆輯入，其它版本未輯。《逸周書·時訓》載：「驚蟄之日，桃始華。」桃始華爲驚蟄的初候。由《太平御覽》所引，可知《通卦驗》以《大壯》初九配驚蟄初候桃始華。「遘」即「姤」之古文，《經典釋文·周易音義》曰：「姤，薛云：古文作『遘』。鄭同。」由《太平御覽》所引，可知《通卦驗》以《姤》上九配蟬始鳴之候。由此推測《通卦驗》當有以十二消息卦七十二爻配七十二候的占術。這種占術，現僅見《大壯》初九、《姤》上九與桃始華、蟬始鳴的配納，其它皆佚失不存。

　　宋人李溉有卦氣方圖，〔註 54〕其最外兩層表示十二消息卦爻與七十二候的配納。其圖如下：

〔註 54〕朱震《漢上易傳·卦圖中》引，見《四庫易類叢書》第 5 冊，上海古籍出版社，1990 年，323 頁。惠棟《易漢學》亦引，見《易漢學卷一·孟長卿易上·卦氣圖說》，經訓堂叢書本。

卦氣七十二候方圖

右側（由上而下）：

- 涼風至　否初六
- 白露降　否九二
- 寒蟬鳴　否六三
- 鷹乃祭鳥　否九四
- 天地始肅　否九五
- 禾乃登　否上九
- 鴻雁來　觀初六
- 玄鳥歸　觀六二
- 群鳥養羞　觀六三
- 雷乃收聲　觀六四
- 蟄蟲坏戶　觀九五
- 水始涸　觀上九
- 鴻雁來賓　剝初六
- 雀入大水爲蛤　剝六二
- 菊有黃華　剝六三
- 豺乃祭獸　剝六四
- 草木黃落　剝六五
- 蟄蟲咸俯　剝上九

下方（由右而左）：

- 水始冰　坤初六
- 地始凍　坤六二
- 雉入大水爲蜃　坤六三
- 虹藏不見　坤六四
- 天氣騰地氣降　坤六五
- 閉塞成冬　坤上六
- 鶡旦不鳴　復初九
- 虎始交　復六二
- 荔挺出　復六三
- 蚯蚓結　復六四
- 麋角解　復六五
- 水泉動　復上六
- 雁北鄉　臨初九
- 鵲始巢　臨九二
- 雉始雊　臨六三
- 雞始乳　臨六四
- 鷙鳥厲疾　臨六五
- 水澤腹堅　臨上六

　　宋人朱震於《漢上易傳》引李溉此圖，認爲：「其說源於《易緯》。」〔註55〕清儒惠棟把李溉此圖變爲圓圖，並同意朱震觀點，也認爲「其說原於《易緯》」。〔註56〕其圓圖如下（見下頁）：

〔註55〕朱震《漢上易傳·卦圖中》，見《四庫易類叢書》第 5 冊，上海古籍出版社，1990 年，323 頁。

〔註56〕惠棟《易漢學》卷一，經訓堂叢書本。見《易學集成》第 3 卷，四川大學出版社，1998 年，2466 頁。

卦氣七十二候圓圖

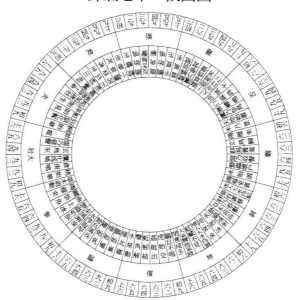

又，清儒黃宗羲也認爲《易緯》有十二消息卦爻與七十二候相配之法。他說：「《易緯》有卦氣之法，其學……又於六十卦中，別置《復》、《臨》、《泰》、《大壯》、《夬》、《乾》、《姤》、《遯》、《否》、《觀》、《剝》、《坤》十二以爲辟卦，每爻各主一候。」〔註57〕他於「六日七分圖」中表示了十二辟卦七十二爻與七十二候的相配，其內容與李溉的幾乎完全相同。〔註58〕此不贅引。

李溉卦氣圖中的七十二候，當是取自於《逸周書·時訓》。《逸周書·時訓》載有的七十二候，非常完整，並且它本身即爲物候占驗。如在立春節氣十五日內，正常情況下，應有三候相繼出現，即立春起五日內東風解凍，爲初候；又五日內蟄蟲始振，爲中候；又五日內魚上冰，爲末候。若三候不能適時出現，則有災異：立春起五日內風不解凍，則號令不行；又五日內蟄蟲不振，則陰奸陽；又五日內魚不上冰，則甲冑私藏。等等。爲具體瞭解七十二候占驗，將《逸周書·時訓》內容列表如下（依《漢魏叢書》本，原文缺字以□表示）：

〔註57〕黃宗羲《易學象數論》卷二《卦氣一》，見《四庫易類叢書》第 34 冊，上海古籍出版社，1990 年，24 頁。

〔註58〕案：黃宗羲於《乾》上九配物候麥秋至，不同於李溉的小暑至，其餘都相同。見黃宗羲《易學象數論》卷二《卦氣一》，《四庫易類叢書》第 34 冊，上海古籍出版社，1990 年，27、28 頁。

《逸周書・時訓》七十二候占驗

24氣 ＼ 72候	初 候		中 候		末 候	
	常 候	災異占驗	常 候	災異占驗	常 候	災異占驗
立春	東風解凍	號令不行	蟄蟲始振	陰奸陽	魚上冰	甲冑私藏
雨水	獺祭魚	國多盜賊	鴻雁來	遠人不服	草木萌動	果蔬不熟
驚蟄	桃始華	陽否	倉庚鳴	臣不□主	鷹化爲鳩	寇戎數起
春分	玄鳥至	婦人不□	雷乃發聲	諸侯□民	始電	君無威振
清明	桐始華	歲有大寒	田鼠化爲駕	國多貪賊	虹始見	婦人苞亂
穀雨	萍始生	陰氣憤盈	鳴鳩拂其羽	國不治兵	戴勝降於桑	政教不中
立夏	螻蟈鳴	水潦淫漫	蚯蚓出	嬖奪后	王瓜生	困於百姓
小滿	苦荼秀	賢人潛伏	靡草死	國縱盜賊	小暑至	陰慝
芒種	螳螂生	陰息	鵙始鳴	令奸壅偪	反舌無聲	佞人在側
夏至	鹿角解	兵戈不息	蜩始鳴	貴臣放逸	半夏生	民多屬疾
小暑	溫風至	國無寬教	蟋蟀居壁	急迫之暴	鷹乃學習	不備戎盜
大暑	腐草化爲螢	穀實鮮落	土潤溽濕	物不應罰	大雨時行	國無恩澤
立秋	涼風至	無嚴政	白露降	民多邪病	寒蟬鳴	人皆力爭
處暑	鷹乃祭鳥	師旅無功	天地始肅	君臣乃□	禾乃登	暖氣爲災
白露	鴻雁來	遠人背畔	玄鳥歸	室家離散	群鳥養羞	下臣驕慢
秋分	雷始收	諸侯淫佚	蟄蟲培戶	□靡有賴	水始涸	甲蟲爲害
寒露	鴻雁來賓	小民不服	爵入大水化爲蛤	失時之極	菊有黃花	土不稼穡
霜降	豺乃祭獸	爪牙不良	草木黃落	愆陽	蟄蟲咸俯	民多流亡
立冬	水始冰	伏陰負	地始凍	咎徵之咎	雉入大水爲蜃	國多淫婦
小雪	虹藏不見	婦不專一	天氣上騰地氣下降	君臣相嫉	閉塞而成冬	母后淫佚
大雪	鶡鳥不鳴	□□	虎始交	□□□□	荔挺生	卿士專權
冬至	蚯蚓結	君政不行	麋角解	兵甲不藏	水泉動	陰不承陽
小寒	雁北向	民不懷主	鵲始巢	國不寧	雉始雊	國大水
大寒	雞始乳	淫女亂男	鷙鳥厲疾	國不除兵	水澤腹堅	言乃不從

　　可見，在周人的觀念中，七十二候本爲物候占驗的內容，李溉卦氣圖中
記錄的以十二消息卦爻與其相配納的做法，雖沒有列出占驗的內容，但可推
知當屬古代十二消息卦氣占候的體系。但我們應明確的是，上引李溉的方圖
或惠棟的圓圖，以及黃宗羲的圖，其內容與《通卦驗》十二消息卦爻和七十
二候相配的占術內容有所不同，並不符合《通卦驗》的原文。把現在殘缺不
全的《通卦驗》卷下所記錄的古代物候（見前引《四正卦占候表》中「物候」
內容），與《逸周書・時訓》相比，可看到有兩點不同：（一）前者有七十五

候（包括八風有八十三候），有許多內容不同於後者，並且各節氣中的分配不均衡，多者如立春、雨水、夏至、白露等有五候，而少者如驚蟄、穀雨、芒種等只有一候。後者整齊的七十二候，是按五日爲候、三候爲氣的理路進一步整理的結果。因此，《時訓》的內容當晚於《通卦驗》的內容。（二）《通卦驗》中物候有許多晚於《時訓》，也有的早於《時訓》。據朱震統計晚者 24，早者 3。〔註59〕據筆者統計，當如下表：

《通卦驗》物候晚於《時訓》表

物候	《通卦驗》節氣	《時訓》節氣	物候	《通卦驗》節氣	《時訓》節氣
雉雊	立春	小寒（作雉始雊）	半夏生	大暑	夏至
雞乳	立春	大寒（作雞始乳）	腐草爲螢	立秋	大暑
凍冰釋	雨水	立春（作東風解凍）	雨水	處暑	大暑（作大雨時行）
桃始華	春分	驚蟄	寒蟬鳴	處暑	立秋
雷鳴	清明	春分（作雷乃發聲）	鷹祭鳥	白露	處暑（作鷹乃祭鳥）
玄鳥來	清明	春分	玄鳥歸	秋分	白露
田鼠化爲鴽	穀雨	清明	候雁南向	霜降	寒露（作鴻雁來賓）
電見	立夏	春分（作始電）	賓爵入水爲蛤	立冬	寒露（作爵入大水化爲蛤）
螻蛄鳴	小滿	立夏	雉入水爲蜃	小雪	立冬（作雉入大水爲蜃）
蚯蚓出	芒種	立夏	曷旦不鳴	冬至	大雪（作鶡鳥不鳴）
螳螂生	夏至	芒種	虎始交	小寒	大雪
伯勞鳴	小暑	芒種（作鵙始鳴）〔註60〕	鵲始巢	大寒	小寒

〔註59〕 朱震曰：「《易通卦驗》，易家傳先師之言。所記氣候，比之《時訓》，晚者二十有四，早者三。」見朱震《漢上易傳》之《卦圖中》，《四庫易類叢書》第 5 冊，上海古籍出版社，1990 年，325 頁。

〔註60〕 案：「鵙」，《月令》作「鶪」。鄭注：「鶪，博勞也。」

至於《通卦驗》物候早於《時訓》的三條是：《通卦驗》驚蟄時雷、立夏時暑、大雪時魚負冰，皆分別早於《時訓》的春分時雷乃發聲、小滿時小暑至、立春時魚上冰。有這些物候的早晚不同，也證明《通卦驗》和《時訓》所記錄的物候定當形成於不同的時間。值得我們注意的是，《通卦驗》晚於《時訓》的 24 候中，有一些同於《夏小正》。如雉雊在《夏小正》作「雉震呴」，同在正月。雞乳在《夏小正》作「雞桴粥」，同在正月。雨水在《夏小正》作「時有霖雨」，同在七月。雉入水為蜃在《夏小正》作「玄雉入於淮為蜃」，同在十月。看來，《通卦驗》所記錄的物候，與《時訓》相比，似乎應更接近《夏小正》。這也證明《通卦驗》的物候應早於《時訓》。

總之，李溉卦氣圖中十二消息卦爻與七十二候相配的內容，當晚於《通卦驗》十二消息卦爻與七十二候的內容。因此，李溉的卦氣方圖、惠棟的圓圖或黃宗羲的圖（其實是一個圖）所表示的十二消息卦爻與七十二候的相配，都不是《通卦驗》十二消息卦七十二爻與七十二候相配的內容。從現存的資料看，僅存《大壯》初九與桃始華、《姤》上九與蟬始鳴相配的這兩條內容，其餘的已不可曉。

第四章 《易緯》卦氣占術（下）

第四節 六日七分術

　　《易緯》記錄了兩種六日七分占術。《稽覽圖》卷下和《乾元序制記》所載為一種，《稽覽圖》卷上所載為另一種。下面分別考辨之。

一、《稽覽圖》卷下六日七分術

　　《稽覽圖》卷下曰：

　　　　《小過》、《蒙》、《益》、《漸》、《泰》寅，《需》、《隨》、《晉》、《解》、《大壯》卯，《豫》、《訟》、《蠱》、《革》、《夬》辰，《旅》、《師》、《比》、《小畜》、《乾》巳，《大有》、《家人》、《井》、《咸》、《姤》午，《鼎》、《豐》、《渙》、《履》、《遯》未，《恒》、《節》、《同人》、《損》、《否》申，《巽》、《萃》、《大畜》、《賁》、《觀》酉，《歸妹》、《无妄》、《明夷》、《困》、《剝》戌，《艮》、《既濟》、《噬嗑》、《大過》、《坤》亥，《未濟》、《蹇》、《頤》、《中孚》、《復》子，《屯》、《謙》、《睽》、《升》、《臨》丑。

　　　　《坎》六，《震》八，《離》七，《兌》九。

　　　　以上四卦者，四正卦，為四象。每歲十二月，每月五月（《易緯八種》本按：「月」字當作「卦」），卦六日七分，每期三百六十六日，每四分（《易緯八種》本按：「六日」當作「五日」，「四分」當作「四分日之一」）。

---103---

《乾元序制記》曰：

> 一歲十二月，三百六十五日四分度之一，餘二十。四分一日，以爲
> 八十分，二十爲之。消息十二月，月居六日七分，十二月居七十三
> 日一百八十分（案：「一百」衍），居四分。三公，十二月，月居六
> 日七分，十二月居七十三日一百八十分（案：「一百」衍），居四分。
> （《易緯八種》本按：此下尚應有「九卿」一條，方合五德之數，蓋
> 有脫文。）二十七大夫，十二月，月居六日七分，十二月居七十三
> 日一百八十分（案：「一百」衍），居四分。八百一十二諸侯，十二
> 月，月居六日七分，十二月居七十三日一百八十分（案：「一百」衍），
> 居四分，合德之分（鄭注：五德，辟、公、卿、大夫、諸侯也。張
> 惠言曰：按注，正文「合德」，「合」當爲「五」。）

這種占術是把六十四卦分配到一年節氣和日子中去。六十四卦中，以《坎》《震》
《離》《兌》四正卦直一年二十四節氣，其餘六十卦直三百六十五又四分之一
日，以每日爲八十分，每卦直六日七分。一年十二月中，每月五卦，五卦有
辟、公、卿、大夫、諸侯的五德之分。關於四正卦直二十四節氣，與前面所
引四正卦占術的配法相同，《稽覽圖》卷下也有明確記載 [註 1]。關於每月五
卦的五德之分，據《稽覽圖》卷下記載，可列表如下：

月　份	侯　卦	大夫卦	卿　卦	公　卦	辟　卦
正（寅）	《小過》	《蒙》	《益》	《漸》	《泰》
二（卯）	《需》	《隨》	《晉》	《解》	《大壯》
三（辰）	《豫》	《訟》	《蠱》	《革》	《夬》
四（巳）	《旅》	《師》	《比》	《小畜》	《乾》
五（午）	《大有》	《家人》	《井》	《咸》	《姤》
六（未）	《鼎》	《豐》	《渙》	《履》	《遯》

[註 1]　《稽覽圖》卷下曰：「純《坎》初六冬至十一月中，九二小寒十二月節，六三
　　　　大寒十二月中，六四立春正月節，九五雨水正月中，上六驚蟄二月節。純《震》
　　　　初九春分二月中，六二清明三月節，六三穀雨三月中，九四立夏四月節，六
　　　　五小滿四月中，上六芒種五月節。純《離》初九夏至五月中，六二小暑六月
　　　　節，九三大暑六月中，九四立秋七月節，六五處暑七月中，上九白露八月節。
　　　　純《兌》初九秋分八月中，九二寒露九月節，六三霜降九月中，九四立冬十
　　　　月節，九五小雪十月中，上六大雪十一月節。」見《緯書集成》上冊，河北
　　　　人民出版社，1994 年，172～174 頁。

七（申）	《恒》	《節》	《同人》	《損》	《否》
八（酉）	《巽》	《萃》	《大畜》	《賁》	《觀》
九（戌）	《歸妹》	《无妄》	《明夷》	《困》	《剝》
十（亥）	《艮》	《既濟》	《噬嗑》	《大過》	《坤》
十一（子）	《未濟》	《蹇》	《頤》	《中孚》	《復》
十二（丑）	《屯》	《謙》	《睽》	《升》	《臨》

　　由此，可將這種六日七分卦氣圖示如下：

《稽覽圖》卷下六日七分卦氣圖

　　對於這種六日七分的卦氣說（下面稱為《稽覽圖》卷下六日七分說），有幾點需要著重考辨。

　　其一，《稽覽圖》卷下六日七分卦氣術起於十一月冬至甲子日，有古代四分曆《殷曆》的曆法背景，這是它的一個重要特點。

　　其一，《稽覽圖》卷下六日七分卦氣術起於十一月多至甲子日，有古代四分曆《殷曆》的曆法背景，這是它的一個重要特點。

　　據《稽覽圖》卷上載：

　　　　甲子卦氣起《中孚》。

　　這句話雖然在《稽覽圖》卷上，但它所說的正是《稽覽圖》卷下六日七分說內容，因爲《稽覽圖》卷上六日七分說起於坎，不起於《中孚》，而《稽覽圖》卷下六日七分說起於《坎》，同時起於《中孚》，筆者懷疑這句話可能在《稽覽圖》卷下（下有詳論）。在《稽覽圖》卷下六日七分卦氣中，《中孚》直多至。「甲子卦氣起《中孚》」，即六日七分卦氣起始於多至甲子日，由此六十四卦依次用事於一年三百六十五又四分之一日而周遍。這實際是基於古代四分曆《殷曆》的曆法背景而形成的。由於先秦四分曆確定於戰國中期，因此《稽覽圖》卷下六日七分說的形成不可能早於戰國中期。

　　《稽覽圖》卷下六日七分說以一年的十一月（子月）起始，說明它可能受周代曆法的影響。周代曆法以十一月爲一年開始，以建子爲正。據《史記·曆書》記載：「周正以十一月。」《逸周書·周月》曰：「惟一月，既南至。日短極。是月，斗柄建子。」「既南至」即多至，「建子」即建十一月，周代以十一月爲一月，爲一年的開始。緯書也有記載，《樂緯·稽耀嘉》曰：「周以十一月爲正，法物之萌，以夜半爲朔。」六日七分說起於十一月子的做法，很可能是直接在周曆的影響下形成的。

　　從易學自身來講，《稽覽圖》卷下六日七分說以《坎》始效，應屬於《周易》系統。《周易·乾·象傳》曰：「大明終始」，東漢荀爽注：「《乾》起於坎而終於離，《坤》起於離而終於坎。離坎者，《乾》《坤》之家而陰陽之府。」〔註2〕荀氏易學中實保留了一些易學古義，此段話當屬於古義。坎始效的正北方子位、子月，爲元陽之氣始生之處、之時，而《乾》之始即一陽之氣生發之始，故《乾》始於坎。由此可知，《乾》氣起於四正卦的坎，六日七分說起於《坎》，亦可以說起於《乾》。因此，《稽覽圖》卷下六日七分說始於《坎》，與《周易》始《乾》的本旨相同，它應屬於《周易》系統，很可能直接形成於周人易學的背景之中。

　　因此，從受戰國四分曆《殷曆》、周代曆法影響以及有周人易學背景三方面考慮，《稽覽圖》卷下六日七分說有可能形成於周代，具體地說，有可能形

〔註 2〕李道平《周易集解纂疏》，中華書局，1994 年，36 頁。

成於戰國中、晚期。

其二，在《稽覽圖》卷下六日七分說中，四正卦與七八九六相配，表明它採用了先秦「時令」思想，這也是它的一個重要特點。

先秦「時令」思想中，四時已與數相配，這在《禮記・月令》中有明確的記載。《月令》中，春三月之數為八，夏三月之數為七，秋三月之數為九，冬三月之數為六，這表明，在戰國時，已有春八、夏七、秋九、冬六的配法。而四正卦與四方、四時的配法，其源甚古。據劉大鈞先生考證，四正卦與四方的配法，可能在商代已存在。〔註3〕在成書於戰國的《說卦》中，已明確地記載：「兌，正秋也。」說明最遲在戰國時，已有坎冬、震春、離夏、兌秋的四正卦與四時的配法。由此我們可推測，《稽覽圖》卷下六日七分說中四正卦與七八九六的配納，很可能是在戰國時「時令」思想春八、夏七、秋九、冬六思想的影響下形成的。這也從一個側面證明，《稽覽圖》卷下六日七分說最遲當形成於戰國。

其三，《稽覽圖》卷下六日七分說與孟喜卦氣說的關係。

孟喜卦氣說，見於《新唐書・志・曆》，其曰：「自冬至初，《中孚》用事。一月之策，九六七八，是為三十。而卦以地六，候以天五，五六相乘，消息一變。十有二變，而歲復初。《坎》、《震》、《離》、《兌》，二十四氣，次主一爻。其初則二至二分也。……故陽七之靜，始於《坎》；陽九之動，始於《震》；陰八之靜，始於《離》；陰六之動，始於《兌》。故四象之變，皆兼六爻，而中、節之應備矣。」〔註4〕將這種六日七分說與孟喜卦氣說相對照，可看到二者在冬至起《中孚》用事、四正卦直二十四節氣等方面完全相同，而在四正卦與七八九六易數相配方面則有差別。先將孟喜四正卦與易數的相配，圖示如下：

〔註3〕劉大鈞《「卦氣」溯源》，《中國社會科學》2000 年第 5 期，128、129 頁。
〔註4〕《新唐書卷二十七上・志第十七上・曆三上》，僧一行《卦議》引。

孟喜四正卦與易數配納圖

（圖：四正卦與易數配納圖。外圈標示節氣——上「夏至」、右「秋分」、下「冬至」、左「春分」；內圈標示「春」「夏」「秋」「冬」及「少陽」「太陽」「太陰」「少陰」，並配四正卦「震」「離」「兌」「坎」與易數。）

　　孟喜四正卦與易數的這種配法，應是受《乾鑿度》九宮易數思想的影響。《乾鑿度》卷上曰：「陽變七之九，陰變八之六，亦合於十五。」《乾鑿度》卷下曰：「易一陰一陽，合而為十五，之謂道。陽變七之九，陰變八之六。陽動而進，變七之九，象其氣之息也。陰動而退，變八之六，象其氣之消也。」以筮數來說，七為少陽之數，九為老陽之數，八為少陰之數，六為老陰之數。孟喜卦氣說四正卦，從冬至始至夏至，其用事之卦由《坎》而《震》，其主直之易數由七而九，正是「陽動而進，變七之九，象其氣之息也」；從夏至始至冬至，其用事之卦由《離》而《兌》，其主直之易數由八而六，正是「陰動而退，變八之六，象其氣之消也」。這表示的是一種陰陽之氣消息合於易道的思想。

　　而《稽覽圖》卷下的六日七分說，其四正卦《坎》六、《震》八、《離》七、《兌》九的配法，從易數來說，應屬於《乾坤鑿度》五行之數的系統。《乾坤鑿度》卷上曰：「天本一而立，一為數源，地配生六，成天地之數，合而成（注：水）性。天三地八（注：木）。天七地二（注：火）。天五地十（注：土）。天九地四（注：金）。運五行，先水次木，生火，次土及金。」一至十

的天地之數，分為生數和成數，其中一、二、三、四、五為生數，六、七、八、九、十為成數。生數和成數分別與五行相配。四正卦以其所處後天方位與五行之成數相配：《坎》位北，五行為水，其時為冬，其數為六；《震》位東，五行為木，其時為春，其數為八；《離》位南，五行為火，其時為夏，其數為七；《兌》位西，五行為金，其時為秋，其數為九。這表示的是一種萬物之成的思想。《稽覽圖》卷下的六日七分說，其四正卦與數的相配，正是採用了《乾坤鑿度》的五行之數的思想。

因此，《稽覽圖》卷下的六日七分說與孟喜的卦氣說，基本上相同，但在四正卦與數的相配方面有所差異：《稽覽圖》的配法有古代「月令」系統的思想背景，採用的是《乾坤鑿度》五行之數的思想，表示的是一種萬物之成的思想；而孟喜的配法採用的是《乾鑿度》九宮易數的思想，表示的是一種陰陽消息、合於易道的思想。〔註5〕

二、《稽覽圖》卷上六日七分術

《稽覽圖》卷上記錄了另一種六日七分說，其曰：

> 甲子卦氣起《中孚》，太陽一二，以上自雷雷聲（《易緯八種》本按：『自雷雷聲』義不可通）。當雷不雷太陽弱，不當雷而雷太陽弱。不（《易緯八種》本按：『不』字疑衍文）少陽為雷，上侵之比也。……非太平而雜卦，以其度效一辰則可矣。唯消息與四時卦，當盡其日。太平之時，太陰用事，而少陽卦當效，時至則於效分上一時。非太平，以其卦分效則可。未可責時，至立效也。太陽用事，少陰卦爻亦如之。凡形體不相應，皆有其事而不成也。其在位者，有德而不行也。有貌無實，有實無貌，故言從其類也。……陰還雨，陰威色。六日八十分之七而從。四時卦十一辰餘而從。坎常以冬至日始效，《復》生坎七日。消息及雜卦，傳相去各如《中孚》。諸卦氣，溫寒

〔註5〕 案：今人許興無先生注意到二者的差別，指出：「（《稽覽圖》）四正卦之數：坎六、震八、離七、兌九同於《十二紀》、《月令》圖式中的『五數』，而與孟氏『坎七震九離八兌六』之說不同。」並注釋說：「《月令》之『五數』為五行方位之數。孟氏之數則為陰陽刑德之數，即以坎、震為陽為德，故數奇；離、兌為陰為刑，故數偶。」許氏此說有啟發意義。見許興無《〈易緯〉的文本和源流研究》，《中國古籍研究》第1卷，上海古籍出版社，1996年，282、283、301頁。

清濁，各如其所。侵消息者，或陰專政，或陰侵陽。侵之比先蒙。……
有實無貌，屈道人也。有貌無實，佞人也。……陽感天不旋日，諸
侯不旋時，大夫不過期。

對於這段話所敘述的六日七分占術，我們下面分幾點詳加辨析。

其一，關於「甲子卦氣起《中孚》」的位置。

這段話中「甲子卦氣起《中孚》」下，接言「太陽一二，以上自雷雷聲」
至「陰還雨，陰威色」一大段，講的是六日七分術以雷電風雨寒溫占候的內
容。鄭玄注「甲子卦氣起《中孚》」曰：「《經》言『《中孚》豚魚』，言庶人養
也。舉庶人言之，其所養微也。言微陽生於坎，而為雷聲，尚未聞於人，而
知於律曆俞助作也。」在「陰還雨，陰威色」句下，鄭玄注曰：「還暴陰，陽
生於坎，氣尚微，寒溫未知，萬物變形，律氣先得《中孚》。卦氣乃信愛而養
之，故言『卦氣起《中孚》』也。」由鄭注來看，似乎應該由「甲子卦氣起《中
孚》」，跳過「太陽一二……陰還雨，陰威色」這一段，直接與下面的「六日
八十分之七而從」句連屬成文，而原文次序有誤。四庫館臣即這樣認為，他
們說：「據《郎顗傳》（筆者案：指《後漢書·郎顗傳》）注所引，『甲子卦氣
起《中孚》』、『六日八十分之七』，二語本連屬成文。而此本後文『陰還雨，
陰威色』注內『陽生於坎，氣尚微』云云，皆言卦氣起《中孚》之義，與此
注『所養微』云云詞義符合，當為此注原文無疑，其下即與『六日八十分之
七』句相接。『太陽一二』云云，恐亦非本《經》次第，蓋舊時傳寫錯互，遂
並正文而亂之。」

我們認為，此處確實有誤，四庫館臣的看法也有道理，但更主要的錯誤
是，「甲子卦氣起《中孚》」這句話，應在《稽覽圖》卷下。現在放在《稽覽
圖》卷上，很可能是「舊時傳寫錯互」而發生的錯亂。道理很簡單，《稽覽圖》
卷下的六日七分術起於《中孚》，而《稽覽圖》卷上的六日七分術起於《坎》，
不起於《中孚》，這一點下面我們將詳細辨析。並且，從《後漢書·郎顗傳》
注所引「《易稽覽圖》曰：『甲子卦氣起《中孚》，六日八十分日之七。』」來
看，並沒有標明是《稽覽圖》卷上還是卷下。因此，這句話在《稽覽圖》卷
下的可能性是有的。

其二，關於四時卦的值日。

對於《稽覽圖》卷上所說「四時卦十一辰餘而從」，鄭注：「四時卦者，
謂四正卦坎離震兌，四時方伯之卦也。十一辰餘者，七十三分，而從者得一

之卦也。」「四時卦」即四正卦。「七十三分」即四正卦坎離震兌二至二分時起效，各直八十分之七十三日。何爲「十一辰」，鄭注不明。今人周立升先生對此有解，他說：「卦主七十三分，約合十又百分之九十五時辰，幾於十一時辰，故稱『十一辰餘而從』。」〔註6〕案一日爲十二辰，八十分之七十三乘以十二，爲十又二十分之十九辰，也即十又百分之九十五辰，幾於十一辰，故曰「十一辰餘」。

從這裡也可知道，《稽覽圖》所載兩種六日七分術，其四正卦的值日之法是不一樣的。《稽覽圖》卷下是四正卦二十四爻直二十四氣，而《稽覽圖》卷上是四時卦各直二至二分當日的八十分之七十三。

我們認爲，四正卦值日古代可能有兩種，一種是經卦的四正卦直二至二分當日，另一種是重卦的四正卦二十四爻直二十四節氣。《尚書·堯典》記載堯命羲和之官曆象日月星辰、敬授人時日：「分命羲仲，宅嵎夷，曰暘谷。寅賓出日，平秩東作。日中，星鳥，以殷仲春，（孔傳：日中謂春分之日。鳥，南方朱鳥七宿。殷，正也。春分之昏，鳥星畢現，以正仲春之氣節。）厥民析，鳥獸孳尾。申命羲叔，宅南交，平秩南訛，敬致。日永，星火，以正仲夏，（孔傳：永，長也，謂夏至之日。火，蒼龍之中星，舉中則七星見可知，以正仲夏之氣節。）厥民因，鳥獸希革。分命和仲，宅西，曰昧谷。寅餞納日，平秩西成。宵中，星虛，以殷仲秋，（孔傳：虛，玄武之中星，亦言七星皆以秋分日見。）厥民夷，鳥獸毛毨。申命和叔，宅朔方，曰幽都，平在朔易。日短，星昴，以正仲冬，（孔傳：日短，冬至之日。亦以七星並見，以正冬之三節。）厥民隩，鳥獸氄毛。」這段話中，與四方東南西北、四時仲春仲夏仲秋仲冬、二至二分春分夏至秋分冬至相配的四個字「析」、「因」、「夷」、「隩」，據劉大鈞先生考證，即爲四正卦的「震」、「離」、「兌」、「坎」。關於「析」，他說：「古『析』『震』同義。《釋名·釋天》：『震，戰也。所擊輒破，若攻戰也。又曰辟歷。歷，析也，所歷皆破析也。』在後天八卦中，震卦主東方。」關於「因」，在甲骨卜辭四方風中，也稱爲「微」。《殷墟文字綴合》261：「南方曰微。」《戰後京津新獲甲骨集》520：「南方曰因，風曰微。」由此，劉先生論證說：「所謂『南方曰微』，《廣雅·釋詁》：『微，離也。』在後天八卦方位中，離爲南方之卦。」「故『厥民因』即『厥民離』。」關於「夷」，

〔註6〕周立升《京房象數易學探微》，《象數易學研究》第三輯，巴蜀書社2003年，66頁。

劉先生說：「古『夷』『兌』同義。《爾雅・釋言》：『夷，悅也。』在後天八卦中，兌卦主西方。」『厥民夷』即『厥民兌』。」關於「陶」，劉先生說：「案『陶』『藏』同義，《說卦》稱坎為隱伏，亦有『藏』義。」「『厥民陶』即『厥民坎』。」〔註7〕

依劉先生這種說法，這段文字中二至二分與「析」「因」「夷」「陶」的相配，即與經卦四正卦的相配：震主春分（日中），離主夏至（日永），兌主秋分（宵中），坎主冬至（日短）。由此看來，經卦四正卦直二至二分，其源甚為古遠。從《稽覽圖》卷上的記載來看，它也在一直流傳。而重卦的四正卦二十四爻與二十四節氣相配的做法，自然要二十四節氣思想形成後才有可能，因此要晚一些。估計這種二十四爻的配法，是由經卦四正卦配法演變而成的。

其三，關於《稽覽圖》卷上六日七分術起於坎，不起於《中孚》。

《稽覽圖》卷上下面接言「坎常以冬至日始效，《復》生坎七日」，這明確告訴我們，這種六日七分卦氣術從冬至始，先由坎直八十分之七十三日，次由《中孚》直六又八十分之七日（六日七分），至《復》卦當直正好過了七日，即「《復》生坎七日」。因此，《稽覽圖》卷上六日七分術始於坎，而不是《中孚》。

張惠言對《稽覽圖》卷上的「四時卦十一辰餘而從，坎常以冬至日始效，《復》生坎七日」及鄭注發生疑問，他說：「云四時卦每七十三分，然四正卦既爻主一氣，無緣又自侵七十三分。」〔註8〕對此，他作出解釋說：「今詳文義，以為六日八十分之七而從者，此六十卦各主六日七分之通例。四時卦雖爻主一氣，然其候之，當於分至之日首，入《中孚》七十三分，是坎卦始倣之候。故又曰『四時卦十一辰餘而從，坎常以冬至日始效，《復》生坎七日』。」〔註9〕看來，張氏是把《稽覽圖》卷上、卷下所載的兩種六日七分術混為一體了，以為《稽覽圖》卷上的六日七分術也像卷下的一樣，四正卦用事也是以二十四爻直二十四節氣。對於「坎常以冬至日始效」，認為是指坎卦初爻直冬至當日的八十分之七十三，同時《中孚》卦也從冬至始起效，直六日七分。因此，張氏由於不理解經卦四正卦和重卦四正卦值日法的不同，以及《稽覽

〔註7〕劉大鈞〈「卦氣」溯源〉，《中國社會科學》2000年第5期，128、129頁。
〔註8〕張惠言《易緯略義》卷一之《六日七分》，廣雅書局本。
〔註9〕同上。

圖》卷上六日七分術不起於《中孚》，而發生了誤解。

其四，關於除四時卦外的其它六十卦所值日數。

《稽覽圖》卷上六日七分術，由於四時卦各直二至二分的 73/80 日，其餘六十卦不可能都直六日七分，肯定有的卦少於此日數。但具體是那些卦，不見載於《稽覽圖》卷上，應是本有而佚失了。

《新唐書・志・曆》引一行《卦議》曰：「京氏又以卦爻配期之日，坎、離、震、兌，其用事自分至之首，皆得八十分之七十三。《頤》、《晉》、《井》、《大畜》，皆五日十四分，餘皆六日七分。」〔註10〕張惠言認爲，一行所引的京房六日七分說，「其原蓋出此文」。〔註11〕吳翊寅認爲：「《稽覽圖》《通卦驗》皆京房所述者也。」〔註12〕他論證說：「至《稽覽圖》，則論消息四正，立太陽、少陽、太陰、少陰、雜卦之名，及風雨寒溫之候，消息勝雜卦爲吉，雜卦乘消息爲凶，有貌無實爲佞人，有實無貌爲道人，與《京房傳》及所上封事說合。又言『陽感天不旋日，諸侯不旋時，大夫不過期』；又言『當雷不雷太陽弱』，皆與郎顗所引《易內傳》合。顗治京易，此蓋稱其師說，與《孟氏京房災異》六十六篇相表裏者也。……則《稽覽圖》爲京所述。」〔註13〕案吳氏所說「《稽覽圖》爲京所述」，意思是京房的六日七分說源於《稽覽圖》。吳氏於《易漢學考》卷一的《〈易緯〉考下》明確地說：「故辨而證之，使天下後世知孟、京、鄭、荀之學皆原本於此（指《易緯》）。」將《稽覽圖》卷上所載與京房六日七分說相對照，應該說，張氏和吳氏的看法是有道理的，京房的六日七分說應該源於《稽覽圖》卷上內容，二者的內容當一致。因此，由一行所記錄的京房六日七分說，我們知道《稽覽圖》卷上六日七分術中，四正卦外的其它六十卦的值日是這樣的：《頤》、《晉》、《井》、《大畜》四卦各直五日十四分，其餘直六日七分。

《稽覽圖》卷上把除去四時卦的六十卦，根據每卦三爻的陰陽屬性，分爲陰卦和陽卦。其中《泰》、《大壯》、《夬》、《乾》、《姤》、《遯》、《否》、《觀》、《剝》、《坤》、《復》、《臨》十二消息卦，前六卦三爻爲陽，稱爲太陽卦；後六卦三爻爲陰，稱爲太陰卦。十二消息卦外的其它四十八卦稱爲雜卦，其中

〔註10〕 《新唐書卷二十七上・志第十七上・曆三上》。
〔註11〕 張惠言《易緯略義》卷一之《六日七分》，廣雅書局本。
〔註12〕 吳翊寅《易漢學考》卷一之《〈易緯〉考上》，廣雅書局本。
〔註13〕 同上。

三爻爲陽者稱爲少陽卦，三爻爲陰者稱爲少陰卦。

這樣，我們可將《稽覽圖》卷上六日七分說值日列表如下：

《稽覽圖》卷上六日七分說值日表

四時卦	消息卦	雜　　卦	直　　　日
坎（直冬至）			1 分～73/80 日
		少陰《中孚》	74/80～7 日
	太陰《復》		7 日 1 分～13 日 7 分
		少陰《屯》	13 日 8 分～19 日 14 分
		少陽《謙》	19 日 15 分～25 日 21 分
		少陰《睽》	25 日 22 分～31 日 28 分
		少陽《升》	31 日 29 分～37 日 35 分
	太陰《臨》		37 日 36 分～43 日 42 分
		少陽《小過》	43 日 43 分～49 日 49 分
		少陰《蒙》	49 日 50 分～55 日 56 分
		少陰《益》	55 日 57 分～61 日 63 分
		少陽《漸》	61 分 64 分～67 日 70 分
	太陽《泰》		67 日 71 分～73 日 77 分
		少陽《需》	73 日 78 分～80 日 4 分
		少陰《隨》	80 日 5 分～86 日 11 分
		少陰《晉》	86 日 12 分～91 日 25 分
震（直春分）			91 日 26 分～92 日 18 分
		少陰《解》	92 日 19 分～98 日 25 分
	太陽《大壯》		98 日 26 分～104 日 32 分
		少陰《豫》	104 日 33 分～110 日 39 分
		少陰《訟》	110 日 40 分～116 日 46 分
		少陽《蠱》	116 日 47 分～122 日 53 分
		少陽《革》	122 日 54 分～128 日 60 分
	太陽《夬》		128 日 61 分～134 日 67 分
		少陽《旅》	134 列 68 分～140 日 74 分
		少陰《師》	140 日 75 分～147 日 1 分
		少陰《比》	147 日 2 分～153 日 8 分
		少陽《小畜》	153 日 9 分～159 日 15 分
	太陽《乾》		159 日 16 分～165 日 22 分
		少陽《大有》	165 日 23 分～171 日 29 分
		少陽《家人》	171 日 30 分～177 日 36 分

		少陽《井》	177 日 37 分～182 日 50 分
離（直夏至）			182 日 51 分～183 日 43 分
		少陽《咸》	183 日 44 分～189 日 50 分
	太陽《姤》		189 日 51 分～195 日 57 分
		少陽《鼎》	195 日 58 分～201 日 64 分
		少陽《豐》	201 日 65 分～207 日 71 分
		少陰《渙》	207 日 72 分～213 日 78 分
		少陰《履》	213 日 79 分～220 日 5 分
	太陽《遯》		220 日 6 分～226 日 12 分
		少陽《恒》	226 日 13 分～232 日 19 分
		少陰《節》	232 日 20 分～238 日 26 分
		少陽《同人》	238 日 27 分～244 日 33 分
		少陰《損》	244 日 34 分～250 日 40 分
	太陰《否》		250 日 41 分～256 日 47 分
		少陽《巽》	256 日 48 分～262 日 54 分
		少陰《萃》	262 日 55 分～268 日 61 分
		少陽《大畜》	268 日 62 分～273 日 75 分
兌（直秋分）			273 日 76 分～274 日 68 分
		少陽《賁》	274 日 69 分～280 日 75 分
	太陰《觀》		280 日 76 分～287 日 2 分
		少陰《歸妹》	287 日 3 分～293 日 9 分
		少陰《无妄》	293 日 10 分～299 日 16 分
		少陽《明夷》	299 日 17 分～305 日 22 分
		少陰《困》	305 日 23 分～311 日 29 分
	太陰《剝》		311 日 30 分～317 日 36 分
		少陽《艮》	317 日 37 分～323 日 43 分
		少陽《既濟》	323 日 44 分～329 日 51 分
		少陰《噬嗑》	329 日 52 分～335 日 58 分
		少陽《大過》	335 日 59 分～341 日 65 分
	太陰《坤》		341 日 66 分～347 日 72 分
		少陰《未濟》	347 日 73 分～353 日 79 分
		少陽《蹇》	353 日 80 分～360 日 6 分
		少陰《頤》	360 日 7 分～365 日 20 分

其五，《稽覽圖》卷上六日七分術的占法。

《稽覽圖》卷上六日七分術作爲占術，主要用於君臣之占。它以消息卦作爲君卦，雜卦作爲臣卦，通過觀察消息卦所直之氣與雜卦所直之氣的關係

來判斷君臣關係。若消息卦氣和雜卦氣適時而至，在各當直之日正常起效，就表示君臣關係是正常的。若消息卦氣和雜卦氣非時而至，則發生消息卦氣與雜卦氣相侵的兩種情況，由此可占斷君臣的兩種關係：（1）消息卦氣侵雜卦氣，指消息卦氣早至或晚至而侵入雜卦氣，此種情況爲君強臣弱。（2）雜卦氣侵消息卦氣，指雜卦氣早至或晚至而侵入消息卦氣，此種情況爲君弱臣強，可能會發生臣主君政、臣謀殺君等事。

關於消息卦氣和雜卦氣是正常起效還是相侵，是根據各值日之卦三爻和上爻的陰陽屬性來判斷氣之形體，通過觀察氣之形體而作出占斷。因此卦爻之象乃是前提，這也是六日七分占術的核心內容。所謂氣之形體，「形」也稱爲「貌」，指卦氣的清淨白濁。「體」也稱爲「實」，指卦氣的寒溫。卦三爻爲陽，則卦氣其體爲溫，其形爲清淨；卦三爻爲陰，則卦氣其體爲寒，其形爲白濁。從每卦的三爻和上爻的關係來看，卦氣形體有四種情況：（1）九三、上九，俱陽，卦氣稱爲微溫。（2）九三、上六，爲地上有陽，天上有陰，爲應，卦氣稱爲決溫，其貌清淨。（3）六三、上六，俱陰，卦氣稱爲微寒。（4）六三、上九，地上有陰，天上有陽，爲應，卦氣稱爲決寒，其貌白濁。

若卦氣形體相應，溫則清淨，寒則白濁，則卦氣起正常的效應，即《稽覽圖》卷上所說「諸卦氣，溫寒清濁，各如其所」。若卦氣形體不相應，可占斷四種君臣異常情況：（1）有實無貌，卦氣寒溫效，白濁清淨不效，此爲賢者屈道仕爲不肖之君，《稽覽圖》所謂「有實無貌，屈道人也」。（2）有貌無實，卦氣以白濁、清淨起效，而寒溫不效，此爲佞人以便巧仕於世，《稽覽圖》所謂「有貌無實，佞人也」。（3）卦氣溫而不清淨和（4）卦氣寒而不白濁，則有事不成，在位者不行帝王之道。

第五節　爻直一日術

《稽覽圖》卷下記載了一種六十卦（除四正卦外）直三百六十日，一爻直一日的卦氣術，其曰：

> 八百諸侯正月　侯三月　侯五月　侯七月　侯九月　侯十一月
>
> 《小過》立春　《豫》清明　《大有》芒種　《恒》立秋　《歸妹》寒露　《未濟》大雪
>
> 初六　一日　六二　六日　九三　十一日　九四　十六日　六五　二十

一日　上六　二十六日

二十七大夫《蒙》正月　大夫《訟》三月　大夫《家人》五月　大夫《節》七月　大夫《无妄》九月　大夫《蹇》十一月

初六　二日　九二　七日　六三　十二日　六四　十七日　六五　二十二日　上九　二十七日

九卿《益》正月　九卿《蠱》三月　九卿《井》五月　九卿《同人》七月　九卿《明夷》九月　九卿《頤》十一月

初九　三日　六二　八日　六三　十三日　六四　十八日　九五　二十三日　上九　二十八日

三公《漸》正月　三公《革》三月　三公《咸》五月　三公《損》七月　三公《困》九月　三公《中孚》十一月

初六　四日　六二　九日　九三　十四日　六四　十九日　九五　二十四日　上九　二十九日

天子《泰》正月　天子《夬》三月　天子《姤》五月　天子《否》七月　天子《剝》九月　天子《復》十一月

初九　五日　九二　十日　九三　十五日　六四　二十日　六五　二十五日　上六　三十日

右是六陽月三十卦直事日，依氣定，日主一爻。

八百諸侯二月　侯四月　侯六月　侯八月　侯十月　侯十二月

《需》驚蟄　《旅》立夏　《鼎》小暑　《巽》白露　《艮》立冬　《屯》小寒

初九　一日　九二　六日　九三　十一日　六四　十六日　九五　二十一日　上六　二十六日

二十七大夫《隨》二月　大夫《師》四月　大夫《豐》六月　大夫《萃》八月　大夫《既濟》十月　大夫《謙》十二月

初九　二日　九（筆者案：「九」誤，應爲六）二　七日　九（筆者案：「九」誤，應爲六）三　十二日　六（筆者案：「六」誤，應爲九）四　十七日　九五　二十二日　上六　二十七日

九卿《晉》二月　九卿《比》四月　九卿《渙》六月　九卿《大畜》八月　九卿《噬嗑》十月　九卿《睽》十二月

初六　三日　六二　八日　六三　十三日　九四　十八日　六五　二十

三日　上九　二十八日

三公《解》二月　三公《小畜》四月　三公《履》六月　三公《賁》

八月　三公《大過》十月　三公《升》十二月

初六　四日　九二　九日　六三　十四日　九四　十九日　六五　二十

四日　上六　二十九日

天子《大壯》二月　天子《乾》四月　天子《遯》六月　天子《觀》

八月　天子《坤》十月　天子《臨》十二月

初九　五日　九二　十日　九三　十五日　九四　二十日　六五　二十

五日　上六　三十日

右是六陰月三十卦直事日，依氣定，日主一爻。

此記載似乎採用了圖表的形式，乍一看不得要領，但實際上也很簡單。四庫館臣已指出：「按上文各卦圖，俱取五德首一卦六爻，依日配之。」〔註14〕表中所列卦爻配日，是分別取五德（八百諸侯、二十七大夫、九卿、三公、天子）之卦的首卦，以其六爻配日。如「八百諸侯正月……《未濟》大雪」後所列六爻值日，爲侯卦之首《小過》之爻值日；「二十七大夫《蒙》……大夫《蹇》十一月」後的六爻配日，爲大夫卦之首《蒙》六爻配日，等等。

　　《稽覽圖》卷下的這種一爻直一日術，是以六十卦（四正卦不用）三百六十爻直一平年三百六十日。從十二月來說，每月有五卦，又配兩個節氣。可列表如下：

《稽覽圖》卷下一爻直一日術表

月	節氣	諸侯卦爻值日		大夫卦爻值日		九卿卦爻值日		三公卦爻值日		天子卦爻值日	
正	雨水	上六	26	上九	27	上九	28	上九	29	上六	30
		六五	21	六五	22	九五	23	九五	24	六五	25
		九四	16	六四	17	六四	18	六四	19	六四	20
	立春	九三	11	六三	12	六三	13	九三	14	九三	15
		六二	6	九二	7	六二	8	六二	9	九二	10
		初六	1	初六	2	初九	3	初六	4	初九	5
		《小過》		《蒙》		《益》		《漸》		《泰》	

〔註14〕《易緯八種》本（武英殿聚珍本）《稽覽圖》卷下的按文。

二	春分	上六	26	上六	27	上九	28	上六	29	上六	30
		九五	21	九五	22	六五	23	六五	24	六五	25
		六四	16	九四	17	九四	18	九四	19	九四	20
	驚蟄	九三	11	六三	12	六三	13	六三	14	九三	15
		九二	6	六二	7	六二	8	九二	9	九二	10
		初九	1	初九	2	初六	3	初六	4	初九	5
		《需》		《隨》		《晉》		《解》		《大壯》	
三	穀雨	上六	26	上九	27	上九	28	上六	29	上六	30
		六五	21	九五	22	六五	23	九五	24	九五	25
		九四	16	九四	17	六四	18	九四	19	九四	20
	清明	六三	11	六三	12	九三	13	九三	14	九三	15
		六二	6	九二	7	九二	8	六二	9	九二	10
		初六	1	初六	2	初六	3	初九	4	初九	5
		《豫》		《訟》		《蠱》		《革》		《夬》	
四	小滿	上九	26	上六	27	上六	28	上九	29	上九	30
		六五	21	六五	22	九五	23	九五	24	九五	25
		九四	16	六四	17	六四	18	六四	19	九四	20
	立夏	九三	11	六三	12	六三	13	九三	14	九三	15
		六二	6	九二	7	六二	8	九二	9	九二	10
		初六	1	初六	2	初六	3	初九	4	初九	5
		《旅》		《師》		《比》		《小畜》		《乾》	
五	夏至	上九	26	上九	27	上六	28	上六	29	上九	30
		六五	21	九五	22	九五	23	九五	24	九五	25
		九四	16	六四	17	六四	18	九四	19	九四	20
	芒種	九三	11	九三	12	九三	13	九三	14	九三	15
		九二	6	六二	7	九二	8	六二	9	九二	10
		初九	1	初九	2	初六	3	初六	4	初六	5
		《大有》		《家人》		《井》		《咸》		《姤》	
六	大暑	上九	26	上六	27	上九	28	上九	29	上九	30
		六五	21	六五	22	九五	23	九五	24	九五	25
		九四	16	九四	17	六四	18	九四	19	九四	20
	小暑	九三	11	九三	12	六三	13	六三	14	九三	15
		九二	6	六二	7	九二	8	九二	9	六二	10
		初六	1	初九	2	初六	3	初九	4	初六	5
		《鼎》		《豐》		《渙》		《履》		《遯》	

月	節氣	1		2		3		4		5	
七	處暑	上六	26	上六	27	上九	28	上九	29	上九	30
		六五	21	九五	22	九五	23	六五	24	九五	25
		九四	16	六四	17	九四	18	六四	19	九四	20
	立秋	九三	11	六三	12	九三	13	六三	14	六三	15
		九二	6	九二	7	六二	8	九二	9	六二	10
		初六	1	初九	2	初九	3	初九	4	初六	5
		《恒》		《節》		《同人》		《損》		《否》	
八	秋分	上九	26	上六	27	上九	28	上九	29	上九	30
		九五	21	九五	22	六五	23	六五	24	九五	25
		六四	16	九四	17	六四	18	六四	19	六四	20
	白露	九三	11	六三	12	九三	13	九三	14	六三	15
		九二	6	六二	7	九二	8	六二	9	六二	10
		初六	1	初六	2	初九	3	初九	4	初六	5
		《巽》		《萃》		《大畜》		《賁》		《觀》	
九	霜降	上六	26	上九	27	上六	28	上六	29	上九	30
		六五	21	九五	22	六五	23	九五	24	六五	25
		九四	16	九四	17	六四	18	九四	19	六四	20
	寒露	六三	11	六三	12	九三	13	六三	14	六三	15
		九二	6	六二	7	六二	8	九二	9	六二	10
		初九	1	初九	2	初九	3	初六	4	初六	5
		《歸妹》		《无妄》		《明夷》		《困》		《剝》	
十	小雪	上九	26	上六	27	上九	28	上六	29	上六	30
		六五	21	九五	22	六五	23	九五	24	六五	25
		六四	16	六四	17	九四	18	九四	19	六四	20
	立冬	九三	11	九三	12	六三	13	九三	14	六三	15
		六二	6	六二	7	六二	8	九二	9	六二	10
		初六	1	初九	2	初九	3	初六	4	初六	5
		《艮》		《既濟》		《噬嗑》		《大過》		《坤》	
十一	冬至	上九	26	上六	27	上九	28	上六	29	上六	30
		九五	21	九五	22	六五	23	九五	24	六五	25
		九四	16	六四	17	六四	18	六四	19	六四	20
	大雪	六三	11	九三	12	六三	13	六三	14	六三	15
		九二	6	六二	7	六二	8	九二	9	六二	10
		初六	1	初六	2	初九	3	初九	4	初九	5
		《未濟》		《蹇》		《頤》		《中孚》		《復》	

		上六	26	上六	27	上九	28	上六	29	上六	30
	大寒	九五	21	六五	22	六五	23	六五	24	六五	25
十二		六四	16	六四	17	九四	18	六四	19	六四	20
		六三	11	九三	12	六三	13	九三	14	六三	15
	小寒	六二	6	六二	7	九二	8	九二	9	九二	10
		初九	1	初六	2	初九	3	初六	4	初九	5
		《屯》		《謙》		《睽》		《升》		《臨》	

對於《稽覽圖》卷下一爻直一日術，需作幾點辨析。

（一）此術的特點

與《易緯》六日七分術等其它卦氣占術形式相比，《稽覽圖》卷下一爻直一日術有兩個鮮明特點：其一，六日七分術一卦直六日七分，一爻直一日多一點，而一爻直一日術一卦直六日，一爻直一日整。其二，其它形式卦氣值日皆卦爻連直，而一爻直一日術值日則爲間直，即一月中的五卦，其初爻相次用事，然後二、三、四、五、上爻等依次相次用事。這樣就使得它一月中的卦，其下經卦三爻直當月節氣，上經卦三爻直當月中氣。

（二）此術的流傳

《稽覽圖》卷下的一爻直一日術，在北齊和唐時仍可見。北齊的《天保曆》中保留有此術。唐一行對此議論說：「《天保曆》依《易通統軌圖》，自入十有二節，五卦初爻相次用事，及上爻而與中氣偕終。」〔註15〕關於《易通統軌圖》，清儒俞樾考之曰：「按齊曆所依《易通統軌圖》，今無其書。據其說，五卦初爻相次用事，則從大雪節起，一日《未濟》初爻，二日《蹇》初爻，三日《頤》初爻，四日《中孚》初爻，五日《復》初爻。至第六日又直《未濟》二爻。十五日大雪節終，而五卦之內卦終。又十五日冬至節終，而五卦之外卦亦終。其說蓋亦本於《稽覽圖》，非異書也。……《稽覽圖》載有推軌之術，所云《易通統軌圖》，或即此書也。」〔註16〕看來，《易通統軌圖》所載卦氣說就是《稽覽圖》卷下的一爻直一日術。唐李鼎祚在釋《復》卦卦辭「七日來復」時說：「案《易軌》，一歲十二月，三百六十五日四分日之一，以《坎》《震》《離》《兌》四方正卦，卦別六爻，爻主一氣。其餘六十卦，三百六十爻，爻主一日，當周天之數。餘五日四分日之一，以通閏餘者也。」

〔註15〕《新唐書卷二十七上·志第十七上·曆三上》引一行「卦議」。
〔註16〕俞樾《卦氣值日考》之《第七考北齊天保曆之說》，春在堂全書曲園襍纂本。

李氏所說《易軌》，可能就是《易通統軌圖》。《易軌》雖然提到一年三百六十五日四分日之一，但在卦氣中，五日四分日之一通閏餘而不用，只以四正卦外的「其餘六十卦，三百六十爻，爻主一日，當周天之數」，因此，它應就是《稽覽圖》卷下的一爻直一日術。由此可知，一爻直一日的卦氣占術，至唐一直在流傳。

（三）焦贛卦氣說與一爻直一日術的關係

值得我們注意的是，焦贛「焦林值日」的卦氣說與《稽覽圖》卷下的一爻直一日術，實有密切的關係。據《漢書》記載，焦氏「其說長於災變，分六十四卦更值日用事，以風雨寒溫爲候，各有占驗」。〔註17〕孟康注云：「分卦值日之法，一爻主一日，六十四卦爲三百六十日。餘四卦，《震》《離》《兌》《坎》，爲方伯監司之官。所以用《震》《離》《兌》《坎》者，是二至二分用事之日，又是四時各專王之氣。各卦主時，其占法，各以其日觀其善惡也。」〔註18〕可見，焦氏的卦氣說，是以四正卦各直二至二分之日，其餘六十卦三百六十爻，一爻直一日，直三百六十日。傳世的《焦氏易林》中，書前即列有六十四卦的值日之法，名曰「焦林值日」。其云：「六十卦，每卦直六日，共直三百六十日。餘四卦，各寄直一日。立春、雨水，《小過》、《蒙》、《益》、《漸》、《泰》。驚蟄、春分（春分震卦直一日），《需》、《隨》、《晉》、《解》、《大壯》。清明、穀雨，《豫》、《訟》、《蠱》、《革》、《夬》。立夏、小滿，《旅》、《師》、《比》、《小畜》、《乾》。芒種、夏至（夏至離卦直一日），《大有》、《家人》、《井》、《咸》、《姤》。小暑、大暑，《鼎》、《豐》、《渙》、《履》、《遯》。立秋、處暑，《恒》、《節》、《同人》、《損》、《否》。白露、秋分（秋分兌卦直一日），《巽》、《萃》、《大畜》、《賁》、《觀》。寒露、霜降，《歸妹》、《无妄》、《明夷》、《困》、《剝》。立冬、小雪，《艮》、《既濟》、《噬嗑》、《大過》、《坤》。大雪、冬至（冬至坎卦直一日），《未濟》、《蹇》、《頤》、《中孚》、《復》。小寒、大寒，《屯》、《謙》、《睽》、《升》、《臨》。每兩節氣共三十日，管五卦。逐日終而復始，排定一卦，相次管六日。凡卜，看本日得何卦，便於本日卦內，尋所卜得卦，看吉凶。」〔註19〕可列表如下：

焦林值日表

〔註17〕《漢書卷七十五・眭兩夏侯京翼李傳》，中華書局，1997年，804頁。
〔註18〕同上。
〔註19〕焦延壽《焦氏易林》，見《四部叢刊初編・子部》。

月份	節氣	六十四卦爻	直　日	月份	節氣	六十四卦爻	直　日
正月	立春驚蟄	《小過》六爻	1～6 日	七月	立秋處暑	《恒》六爻	181～186 日
		《蒙》六爻	7～12 日			《節》六爻	187～192 日
		《益》六爻	13～18 日			《同人》六爻	193～196 日
		《漸》六爻	19～24 日			《損》六爻	197～204 日
		《泰》六爻	25～30 日			《否》六爻	205～210 日
二月	雨水春分	《需》六爻	31～36 日	八月	白露秋分	《巽》六爻	211～216 日
		《隨》六爻	37～42 日			《萃》六爻	217～222 日
		《晉》六爻（震）震寄直 46 日	43～48 日			《大畜》六爻（兌）兌寄直 226 日	223～228 日
		《解》六爻	49～54 日			《賁》六爻	229～234 日
		《大壯》六爻	55～60 日			《觀》六爻	235～240 日
三月	清明穀雨	《豫》六爻	61～66 日	九月	寒露霜降	《歸妹》六爻	241～246 日
		《訟》六爻	67～72 日			《无妄》六爻	247～252 日
		《蠱》六爻	73～78 日			《明夷》六爻	253～258 日
		《革》六爻	79～84 日			《困》六爻	259～264 日
		《夬》六爻	85～90 日			《剝》六爻	265～270 日
四月	立夏小滿	《旅》六爻	91～96 日	十月	立冬小雪	《艮》六爻	271～276 日
		《師》六爻	97～102 日			《既濟》六爻	277～282 日
		《比》六爻	103～108 日			《噬嗑》六爻	283～288 日
		《小畜》六爻	109～114 日			《大過》六爻	289～294 日
		《乾》六爻	115～120 日			《坤》六爻	295～300 日
五月	芒種夏至	《大有》六爻	121～126 日	十一月	大雪冬至	《未濟》六爻	301～306 日
		《家人》六爻	127～132 日			《蹇》六爻	307～312 日
		《井》六爻（離）離寄直 136 日	133～138 日			《頤》六爻（坎）坎寄直 316 日	313～318 日
		《咸》六爻	139～144 日			《中孚》六爻	319～324 日
		《姤》六爻	145～150 日			《復》六爻	325～330 日
六月	小暑大暑	《鼎》六爻	151～156 日	十二月	小寒大寒	《屯》六爻	331～336 日
		《豐》六爻	157～162 日			《謙》六爻	337～342 日
		《渙》六爻	163～168 日			《睽》六爻	343～348 日
		《履》六爻	169～174 日			《升》六爻	349～354 日
		《遯》六爻	175～180 日			《臨》六爻	355～360 日

　　將「焦林值日」法與《稽覽圖》卷下一爻直一日術相比較，可看到二者有兩點相同：（1）二者都以一年為 360 日；（2）都為一爻直一日。有一點不

同：「焦林值日」一卦六爻連直六日，而一爻直一日術爲一卦六爻間直六日。但二者所具有的兩個相同點，使得它們與六日七分卦氣說鮮明區別開來，說明它們應區別於六日七分的《周易》系統，而共屬於另一個易學系統。

　　由第一章考證可知，焦贛易學有來自《易緯》者。由此，我們推想「焦林值日」之法很可能源自《稽覽圖》卷下的一爻直一日術。關於焦氏的易占，由上引《漢書》文和注以及《焦氏易林》一書可知。由於《焦氏易林》一書「某卦（本卦）之某卦（之卦）」的形式，使後人產生了焦氏以卦變占驗的誤解。對此，今人王新春先生有明確的辨析。他說：「焦贛以值日之卦爲本卦，以本卦所值之日內行占所筮遇的卦爲之卦。筮遇的之卦，不外乎六十四卦這六十四種可能之情形。於是以一值日之卦爲本卦，就可組成一個由它所統攝的六十四卦的整體系列；六十四個值日之卦，共可組成六十四種這樣的整體系列。依焦氏之見，在某一本卦所值之日內行占，筮遇何之卦，查閱《易林》中本卦統攝下的該之卦的林辭，就可判明筮問事項的吉凶禍福情狀了。」〔註20〕由此可知，焦氏易占的之卦是沒有變爻的。鄭玄注《乾鑿度》卷上「易一陰一陽合而爲十五，之謂道」曰：「象者，爻之不變動者。」下面注「則象變之數，若之一也」曰：「《連山》《歸藏》占象，本其質性也。《周易》占變者，效其流動也。」可見，從占驗上看，易學可分爲兩大類：《連山》《歸藏》爲一大類，其易占沒有變爻；《周易》爲另一類，其易占有變爻。從這裡看，焦氏易占應屬於《連山》《歸藏》一類。又由「焦林值日表」的排列從正月始，我們判斷它應屬於《連山》系統。

　　因此，由「焦林值日」與《稽覽圖》卷下一爻直一日術屬易學同一系統，且爻主一日說的排列也是從正月開始，我們推想它可能屬於《連山》系統。

〔註20〕王新春《哲學視野下的漢易卦氣說》，《周易研究》2002 年第 6 期，54 頁。

結　語

　　總之，通過以上四章的探討，我們可得出以下結論：

　　（一）先秦至西漢的易學發展中，存在著數術易系統。這一系統源於古代史官，具有推數、觀象等特點，含有星象、五行、卦氣、干支等內容。在春秋末孔子創立人文易後，數術易的流傳發生分化，形成兩條路徑：一是在諸子中的陰陽家、道家、儒家中作少量流傳，二是主要由方士傳習和發展。

　　《易緯》所記載占術爲數術易的內容，《易緯》占術應屬先秦西漢的數術易系統。《易緯》占術的主體部分，應是春秋末和戰國時史官和方士，爲解決當時帝王受命的宗教政治問題，承襲以前的一些數術易占術，並採用當時成熟的「時令」思想和古四分曆的《殷曆》，進一步發展而成的，因此《易緯》占術的主體部分形成於戰國。其後由方士或增益出新的占術，或將原有占術添枝加葉整齊化，最後在西漢中期整體定型。

　　（二）《易緯》占術內容豐富，可分爲王命占術和卦氣占術兩大部分。王命占術旨在推算帝王受命、歷年以及世數等，包括五德終始術、六十四卦主歲術和策軌術以及一軌享國數和推厄數等。五德終始術是戰國鄒衍師徒的學說，用來推算帝王受命的五行之德。六十四卦主歲術和策軌術是用來推算一個朝代歷年的占術，可能形成於戰國時代。一軌享國術用來推算一軌中享國的帝王的世數、品性和異表，推厄術用來推算一軌中發生的水旱等災厄。對王命各占術的具體推算，本書作了清晰的說明。

　　（三）《易緯》卦氣占術，可分爲四正卦占候、八卦氣占候、十二消息卦占候、六日七分術和一爻直一日術。其中八卦氣占候又有《乾鑿度》卷上八卦氣說和《通卦驗》卷下八卦氣占候的不同，十二消息卦占候（廣義）又有

十二消息卦占候（狹義）和七十二候占術的不同，六日七分術有《稽覽圖》卷下、《乾元序制記》六日七分術和《稽覽圖》卷上六日七分術的不同。

這些卦氣占術的不同形式，分屬於不同的易學流派和系統，其形成的時間各不相同。我們初步考證，《通卦驗》卷下所記載的四正卦占候很可能形成於西漢前期或中期；《乾鑿度》卷上的八卦氣說當屬於《連山》系統，其形成當在戰國時代；《通卦驗》卷下八卦氣占候應屬於《周易》系統，有可能形成於秦代；《稽覽圖》卷下、《乾元序制記》六日七分術屬於《周易》系統，有可能形成於戰國中、晚期；《稽覽圖》卷下一爻直一日術應屬於《連山》系統。其餘的則不可考。

西漢孟、焦、京等人卦氣說當源於《易緯》卦氣占術。孟喜的六日七分說源於《稽覽圖》卷下、《乾元序制記》的六日七分術，以及《乾鑿度》的九宮易數思想。焦贛的卦氣說可能源於《稽覽圖》卷下的一爻直一日術。京房的六日七分說可能源於《稽覽圖》卷上的六日七分術。

通過四章的討論，本書較系統、全面地研究了《易緯》的占術，得出了一些新的結論。這些研究中的論證和結論是否成立，肯請專家學者批評指正。

另外，由於資料缺乏等原因，《易緯》的一些占術，本書研究仍然沒有涉及。如清河郡本輯《乾鑿度》佚文中曰：「月三日成魄，八日成光，蟾蜍體就，穴鼻始明。」「月二十七日而月位周，五十六卦用事，各半日，八卦錯乎其間。」注：「朔日朝屬《屯》，暮《蒙》也。未朔屬坤，將望屬乾。故二十七日而月周八卦之位也。」從這寥寥的文字看，可能與「月體納甲」說有關，很可能為古代的「月體納甲」占術。它的內容當既有八卦與月相的相配，也有除八卦外的其他五十六卦的月位用事。此術很可能為東漢魏伯陽、虞翻的「月體納甲」說之所本。但在一個月的二十七天中，六十四卦如何具體直「月」用事，由於資料缺乏，還不清楚。又如，《乾坤鑿度》有四門卦說，此說以乾為天門、坤為人門、巽為風門、艮為鬼冥門，可能與古代的式占有關，可能也屬於先秦的數術易占術。這些都是需要進一步解決的問題。

附　錄

一、中國歷代學者《易緯》研究論著（截止至 2004 年 4 月）

1、黃宗羲《易學象數論》卷二、卷四，四庫全書本。

2、惠棟《易漢學考》卷一，經訓堂叢書本。

3、薛壽《書〈通卦驗〉鄭注後》，《學詁齋文集》卷下。

4、劉毓崧《書〈易緯·通卦驗〉鄭注後》，《通義堂文集》卷二。

5、董立方《讀〈易緯〉》，《董立方文甲集》卷下。

6、王昶《跋〈周易乾鑿度〉》，《春融堂集》卷四三。

7、王昶《〈乾鑿度〉主歲卦解》，《春融堂集》卷三五。

8、盧見曾《〈周易乾鑿度〉序》，《雅雨堂文集》卷一。

9、錢大昕《〈易·稽覽圖〉序》，《潛研堂文集》卷二四。

10、錢塘《書〈稽覽圖〉原本後》，《〈易·稽覽圖〉原本序》，《溉亭述古錄》。

11、洪頤煊《書〈易緯·稽覽圖〉後》，《筠軒文鈔》卷四。

12、龔自珍《最錄〈易緯·是類謀〉遺文》，《定盦文集補編》卷三。

13、馮一梅《卦主六日七分說》，《詁經精舍文集》卷一。

14、劉芬《卦主六日七分說》，《詁經精舍文集》卷一。

15、黃家岱《卦主六日七分說》，《嬹藝軒雜著》卷上。

16、張惠言《易緯略義》，廣雅書局本。

17、俞樾《卦氣值日考》，曲園襍纂本。

18、焦循《易圖略》卷八《論卦氣六日七分上第八》、《論爻辰第十》，皇清經解本。

19、胡渭《易圖明辨》卷二，皇清經解續編本。

20、方申《諸家易象別錄》卷一，見《方氏易學五書》，南菁書院叢書本。

21、黃元炳《卦氣集解》，民國三十二年排印本。

22、丁培仁《〈易乾鑿度〉思想初探》，《四川大學學報》（哲社版）1982年第 3 期，81～86 頁。

23、鍾肇鵬《易緯》，見《中國古代佚名哲學名著評述》，齊魯書社，1985年，97～177 頁。

24、朱伯崑《〈易緯〉和象數之學》，見《易學哲學史》上冊，北京大學出版社，1986 年，152～188 頁。

25、蕭洪恩《〈易緯〉、〈易讖〉辨以及〈易緯〉與河圖、洛書和錄、符、候的關係》，《齊魯學刊》1988 年第 5 期，67～70 頁。

26、連劭名《考古發現與〈易緯〉》，《周易研究》1991 年第 3 期，4～10頁。

27、韓仲民《〈易緯〉拾零》，《帛易說略》，北京師範大學出版社，1992年，107～110 頁。

28、張國華《〈易緯〉思想剖析》，見《中國秦漢思想史》，北京人民出版社，1994 年 1 月，129～145 頁。

29、高懷民《西漢形上學的奇葩——〈易緯〉氣化宇宙思想體系的形成和義蘊》，《東吳哲學傳習錄》第 3 號，1994 年 5 月，13～29 頁。

30、巫俊勳《〈易緯乾鑿度〉術數理論——爻辰說試探》，《輔大中研所學刊》第 3 期，1994 年 6 月，51～70 頁。

31、林忠軍《〈易緯〉象數易學》，見《象數易學發展史》第 1 卷，齊魯書社，1994 年 7 月，120～147 頁。

32、李學勤《〈易緯・乾鑿度〉的幾點研究》，《清華漢學研究》第 1 輯，清華大學出版社，1994 年。又見《古文獻叢論》，上海遠東出版社，1996 年 11 月，244～261 頁。

33、李學勤《論〈易緯・乾元序制記〉》，《清華大學思想文化研究所集刊》第 1 輯，清華大學出版社，1996 年 4 月，84～89 頁。

34、徐興無《〈易緯〉的文本和源流研究》，《中國古籍研究》第一卷，上海古籍出版社，1996 年 11 月，259～302 頁。又見《讖緯文獻與漢代文化構建》，中華書局，2003 年 3 月。

35、馮友蘭《緯書中的世界圖式》，《中國哲學史新編》（中卷），北京人
民出版社，1998 年 12 月，209～232 頁。

36、高懷民《〈易緯・乾鑿度〉殘篇文解析——西漢形上思想的成就》，
《周易研究》2001 年第 1 期，3～9 頁。

37、張健捷《〈易緯・乾鑿度〉的哲學思考》，《周易研究》2002 年第 1 期，
60～65 頁。

38、林忠軍《〈易緯〉宇宙觀與漢代儒道合流趨向》，《哲學研究》2002 年
第 10 期，37～41 頁。

39、林忠軍《〈易緯〉導讀》，齊魯書社，2002 年 11 月。

二、日本學者《易緯》研究論著（截止至 2004 年 4 月）

1、佐藤文四郎講《〈易緯〉雜考》（提要），《斯文》第 15 編 12 號，56
～57 頁，1933 年（昭和 8）12 月。

2、久野昇一《關於能見到的〈易緯〉資料探討》，《東洋學報》第 31 卷
1 號，79～96 頁，1947 年（昭和 22）2 月。

3、久野昇一《〈易緯〉所見之「軌」》，《東洋學報》三一之一，1947 年
（昭和 22）。

4、鈴木由四郎《讖緯學與〈易緯〉》，《漢易研究》第二部第四章。

5、小澤文四郎《關於〈易緯〉》，《東洋大學紀要》（人文科學篇）第 10
號，51～65 頁，1957 年（昭和 32）4 月。

6、中村璋八《從〈易緯〉佚文看現行本〈易緯〉的特點》，《內野博士
還歷紀念東洋學論集》，57～70 頁，東京漢魏文化研究會，1964 年（昭
和 39）12 月。

7、中村璋八《關於〈易緯〉（1）——〈乾鑿度〉〈乾坤鑿度〉》，《論集》
（駒澤大學外國語部）第 21 號，（右）1～17 頁，1985 年（昭和 60）
3 月。

8、中村璋八《關於〈易緯〉（2）》，《駒澤大學外國語部研究紀要》第 14
號，（右）1～14 頁，1985 年（昭和 60）3 月。

9、武田時昌《〈易緯・坤靈圖〉象數考》，《日本中國學會報》第 39 集，
70～83 頁，1987 年（昭和 62）10 月。

10、武田時昌《關於〈易緯・乾元序制記〉所載的易緯佚文》，《中國思

想史研究》第 10 號，1～36 頁，1987 年（昭和 62）12 月。

參考文獻

（截止至 2004 年 4 月）

1. 《周易·乾鑿度》，雅雨堂本。
2. 《易緯·乾鑿度》，武英殿聚珍本。
3. 《易緯·乾鑿度》，古經解匯函本。
4. 《易緯·乾鑿度》，黃氏逸書考本。
5. 《易緯·乾坤鑿度》，武英殿聚珍本。
6. 《易緯·乾坤鑿度》，古經解匯函本。
7. 《易緯·乾坤鑿度》，黃氏逸書考本。
8. 《易緯·辨終備》，武英殿聚珍本。
9. 《易緯·辨終備》，古經解匯函本。
10. 《易緯·辨終備》，黃氏逸書考本。
11. 《易緯·通卦驗》，武英殿聚珍本。
12. 《易緯·通卦驗》，古經解匯函本。
13. 《易緯·通卦驗》，黃氏逸書考本。
14. 《易緯·稽覽圖》，武英殿聚珍本。
15. 《易緯·稽覽圖》，古經解匯函本。
16. 《易緯·稽覽圖》，黃氏逸書考本。
17. 《易緯·乾元序制記》，武英殿聚珍本。
18. 《易緯·乾元序制記》，古經解匯函本。
19. 《易緯·乾元序制記》，黃氏逸書考本。
20. 《易緯·是類謀》，武英殿聚珍本。
21. 《易緯·是類謀》，古經解匯函本。
22. 《易緯·是類謀》，黃氏逸書考本。

23. 《易緯・坤靈圖》，武英殿聚珍本。

24. 《易緯・坤靈圖》，古經解匯函本。

25. 《易緯・坤靈圖》，黃氏逸書考本。

26. 《緯書集成》，〔日〕安居香山、中村璋八著，河北人民出版社，1994 年。

27. 《逸周書》，《漢魏叢書》，〔明〕程榮纂輯，吉林大學出版社，1992 年。

28. 《春秋左傳注》，楊伯峻編著，中華書局，1990 年。

29. 《國語集解》，〔清〕徐元誥撰，中華書局，2002 年。

30. 《尚書正義》，十三經注疏（標點本），李學勤主編，北京大學出版社，
    1999 年。

31. 《尚書今古文注疏》，〔清〕孫星衍撰，中華書局，1986 年。

32. 《周禮注疏》，十三經注疏（標點本），李學勤主編，北京大學出版社，
    1999 年。

33. 《禮記訓纂》，〔清〕朱彬撰，中華書局，1996 年。

34. 《大戴禮記解詁》，十三經清人注疏本，〔清〕王聘珍撰，中華書局，1983
    年。

35. 《老子注譯及評介》，陳鼓應著，中華書局，1984 年。

36. 《論語集釋》，程樹德撰，新編諸子集成本，中華書局，1990 年。

37. 《管子校正》，戴望校正，《諸子集成》（下），浙江古籍出版社，1999 年。

38. 《莊子集釋》，〔清〕郭慶藩撰，新編諸子集成本，中華書局，1961 年。

39. 《呂氏春秋新校釋》，陳奇猷校釋，上海古籍出版社，2002 年。

40. 《馬王堆帛書周易經傳釋文》，廖名春釋讀，《易學集成》第三卷，四川
    大學出版社，1998 年。

41. 《淮南鴻烈集解》，劉文典撰，安徽大學出版社、雲南大學出版社，1998
    年。

42. 《史記》，〔漢〕司馬遷撰，中華書局，1997 年。

43. 《漢書》，〔漢〕班固撰，中華書局，1997 年。

44. 《後漢書》，〔宋〕范曄撰，中華書局，1997 年。

45. 《三國志》，〔宋〕陳壽撰，中華書局，1997 年。

46. 《周易集解》，〔唐〕李鼎祚撰，姑蘇喜墨齋刻本。

47. 《隋書》，〔唐〕魏徵等撰，中華書局，1979 年。

48. 《困學紀聞》，〔宋〕王應麟撰，商務印書館，1935 年。

49. 《漢上易傳》，〔宋〕朱震撰，四庫全書本。

50. 《太平御覽》，〔宋〕李昉等編，中華書局，1960 年。

51. 《唐開元占經》，中國書店，1989 年。

52. 《新唐書》，〔宋〕歐陽修、宋祁撰，中華書局，1975 年。

53. 《文獻通考‧經籍考》，〔元〕馬端臨著，華東師範大學出版社，1985 年。

54. 《古微書》卷十四──十六，〔明〕孫瑴撰，墨海經壺本。

55. 《易學象數論》，〔清〕黃宗羲撰，四庫全書本。

56. 《易漢學》，〔清〕惠棟撰，經訓堂叢書本。

57. 《易緯略義》，〔清〕張惠言撰，廣雅書局本。

58. 《四庫全書總目提要》，〔清〕永瑢等撰，中華書局，1965 年。

59. 《易圖略》，〔清〕焦循撰，皇清經解本。

60. 《卦氣集解》，〔清〕黃元炳撰，民國三十二年排印本。

61. 《易緯札迻》，〔清〕孫詒讓撰，清光緒二十年「札迻」本。

62. 《讀書雜志》，〔清〕王念孫撰，江蘇古籍出版社，2000 年。

63. 《卦氣值日考》，〔清〕俞樾撰，曲園襍纂本。

64. 《經義考》，〔清〕朱彝尊撰，中華書局，1998 年。

65. 《潛研堂文集》，〔清〕錢大昕撰，《嘉定錢大昕全集》（玖），江蘇古籍出版社，1997 年。

66. 《詁經精舍文集》，揚州阮氏琅嬛仙館刊。

67. 《方氏易學五書》，〔清〕方申撰，南菁書院叢書本。

68. 《易圖明辨》，〔清〕胡渭撰，皇清經解續編本。

69. 《定盦全集》，〔清〕龔自珍撰，光緒壬寅浙省文匯書局本。

70. 《易漢學考》，〔清〕吳翊寅撰，廣雅書局本。

71. 《從元光曆譜及馬王堆資料試探顓頊曆問題》，陳久金、陳美東撰，《中國天文學史文集》，科學出版社，1978 年。

72. 《郭沫若全集》，郭沫若著，科學出版社，1982 年。

73. 《〈易乾鑿度〉思想初探》，丁培仁，《四川大學學報》（哲社版），1982 年第 3 期。

74. 《黃帝內經》，劉長林撰，《中國古代佚名哲學名著評述》第二卷，齊魯書社，1984 年。

75. 《中國天文學史》，陳遵嬀著，上海人民出版社，1984 年。

76. 《易緯》，鍾肇鵬著，《中國古代佚名哲學名著評述》第三卷，齊魯書社，1985 年。

77. 《商代的四風與四時》，李學勤撰，《中州學刊》，1985 年第 5 期。

78. 《周易概論》，劉大鈞著，齊魯書社，1986 年。

79. 《易學哲學史》，朱伯崑著，北京大學出版社，1986 年。

80. 《〈易緯〉、〈易讖〉辨以及〈易緯〉與河圖、洛書和錄、符、候的關係》，蕭洪恩撰，《齊魯學刊》，1988 年第 5 期。

81. 《四庫易類叢書》第 5 冊，第 34 冊，上海古籍出版社，1990 年。

82. 《讖緯論略》，鍾肇鵬著，遼寧教育出版社，1991 年。

83. 《古讖緯研討及其書錄解題》，陳槃著，臺北：國立編譯館，1991 年。

84. 《考古發現與〈易緯〉》，連劭名撰，《周易研究》，1991 年第 3 期。

85. 《焦氏易詁》，尚秉和著，中華書局，1991 年。

86. 《帛易說略》，韓仲民著，北京師範大學出版社，1992 年。

87. 《周易集解纂疏》，〔清〕李道平撰，中華書局，1994 年。

88. 《西漢形上學的奇葩——〈易緯〉氣化宇宙思想體系的形成和義蘊》，高懷民撰，《東吳哲學傳習錄》，1994 年第 3 號。

89. 《〈易緯乾鑿度〉術數理論——爻辰說試探》，巫俊勳撰，《輔大中研所學刊》，1994 年第 3 期。

90. 《象數易學發展史》第一卷，林忠軍著，齊魯書社，1994 年。

91. 《〈易緯·乾鑿度〉的幾點研究》，李學勤撰，《清華漢學研究》第 1 輯，清華大學出版社，1994 年。

92. 《論〈易緯·乾元序制記〉》，李學勤撰，《清華大學思想文化研究所集刊》第 1 輯，清華大學出版社，1995 年。

93. 《〈易緯〉的文本和源流研究》，徐興無撰，《中國古籍研究》第一卷，上海古籍出版社，1996 年。

94. 《古文獻叢論》，李學勤著，上海遠東出版社，1996 年。

95. 《內聖外王的貫通》，余敦康著，學林出版社，1997 年。

96. 《〈黃帝內經〉研究大成》，王洪圖總主編，北京出版社，1997 年。

97. 《大易集述》，劉大鈞主編，巴蜀書社，1998 年。

98. 《中國哲學史新編》，馮友蘭著，北京人民出版社，1998 年。

99. 《中國青銅時代》，張光直著，三聯書店，1999 年。

100. 《「卦氣」溯源》，劉大鈞撰，《中國社會科學》，2000 年第 5 期。

101. 《中國古代史研究序論》，顧頡剛講、李得賢記錄，《文史》，2000 年第四輯。

102. 《中國方術考》，李零著，東方出版社，2000 年。

103. 《中國方術續考》，李零著，東方出版社，2000 年。

104. 《〈易緯·乾鑿度〉殘篇文解析——西漢形上思想的成就》，高懷民撰，《周易研究》，2001 年第 1 期。

105. 《經學今詮初編》,《中國哲學》第二十二輯,遼寧教育出版社,2000 年。

106. 《兩漢易學與道家思想》,周立升著,上海文化出版社,2001 年。

107. 《〈周易〉古義考》,劉大鈞撰,《中國社會科學》,2002 年第 5 期。

108. 《〈易緯・乾鑿度〉的哲學思考》,張健捷撰,《周易研究》,2002 年第 1 期。

109. 《〈易緯〉宇宙觀與漢代儒道合流趨向》,林忠軍撰,《哲學研究》,2002 年第 10 期。

110. 《〈易緯〉導讀》,林忠軍著,齊魯書社,2002 年。

111. 《哲學視野下的漢易卦氣說》,王新春撰,《周易研究》,2002 年第 6 期。

112. 《象數易學研究》第三輯,劉大鈞主編,巴蜀書社,2003 年。

113. 《〈淮南子・天文〉研究——從數術史的角度》,陶磊著,齊魯書社,2003 年。

114. 《象數易學研究》第三輯,劉大鈞主編,巴蜀書社,2003 年。

115. 《讖緯文獻與漢代文化構建》,徐興無著,中華書局,2003 年。

後　記

　　本書為本人博士論文修改後的成果。二零零壹年九月至二零零肆年六月，本人有幸考入山東大學易學與中國古代哲學研究中心劉大鈞教授門下，攻讀博士學位。在先生指導下，選定《易緯》占術作為博士論文研究題目。經過三年努力，完成論文寫作，順利通過論文答辯，獲得哲學博士學位。畢業後，又對該論文稍作修改，形成本書現在的內容。

　　本書能夠完成，首先要感謝業師劉大鈞先生。在攻讀博士學位期間，先生諄諄教導，循循善誘，學業上的每一點進步都凝聚著先生的心血。先生深厚的學養，精闢的學識，都給學生留下了深刻的印象。在做人方面，學生時刻感受到先生的人格魅力。先生寬廣的事業胸襟、對學生深厚的關愛，都使學生感動。本書的寫作，凝聚了先生大量的心血。從選題構思到寫作，先生都悉心指導，不斷鞭策、鼓勵學生，使本書最終得以順利完成。

　　學生感謝讀碩士時的導師林忠軍先生。林老師是當代對《易緯》有深入研究的極少數的學者中的一個。他在《象數易學發展史》第一卷中，有專章論及《易緯》象數。又有專著《易緯導讀》，對《易緯》有全面的闡發。這兩書對本書的寫作有重要的啟發。特別是在本書的內容、篇章結構方面，林老師都有具體的指導。

　　本人感謝周立升先生、王新春先生、劉玉建先生、顏炳罡先生、丁原明先生、傅永軍先生等哲學系和易學研究中心的各位老師。求學期間，各位老師無私的傳道、解惑，本人都永遠銘記在心。

　　本人還要感謝李尚信師兄和張文智師弟。二人幫助頗多，在此致謝。

　　由於本人才疏學淺，本書定有錯誤，請專家學者批評指正。

劉　彬

2014 年 5 月

於曲阜師範大學孔子文化研究院